U0637753

权威·前沿·原创

皮书系列为
"十二五""十三五"国家重点图书出版规划项目

BLUE BOOK

智 库 成 果 出 版 与 传 播 平 台

上海蓝皮书
BLUE BOOK OF SHANGHAI

上海经济发展报告（2022）

ANNUAL REPORT ON ECONOMIC DEVELOPMENT OF SHANGHAI (2022)

聚焦"五型经济"发展

主　编／沈开艳

社会科学文献出版社
SOCIAL SCIENCES ACADEMIC PRESS（CHINA）

图书在版编目（CIP）数据

上海经济发展报告.2022：聚焦"五型经济"发展／
沈开艳主编. －－北京：社会科学文献出版社，2022.1
（上海蓝皮书）
ISBN 978 - 7 - 5201 - 9601 - 7

Ⅰ.①上⋯ Ⅱ.①沈⋯ Ⅲ.①区域经济发展－研究报
告－上海－2022 Ⅳ.①F127.51

中国版本图书馆 CIP 数据核字（2021）第 278282 号

上海蓝皮书

上海经济发展报告（2022）
——聚焦"五型经济"发展

主　　编／沈开艳

出 版 人／王利民
组稿编辑／邓泳红
责任编辑／吴　敏
责任印制／王京美

出　　版／社会科学文献出版社·皮书出版分社 （010）59367127
　　　　　　地址：北京市北三环中路甲29号院华龙大厦　邮编：100029
　　　　　　网址：www. ssap. com. cn
发　　行／市场营销中心 （010）59367081　59367083
印　　装／天津千鹤文化传播有限公司

规　　格／开　本：787mm×1092mm　1/16
　　　　　　印　张：16　字　数：236千字
版　　次／2022 年 1 月第 1 版　2022 年 1 月第 1 次印刷
书　　号／ISBN 978 - 7 - 5201 - 9601 - 7
定　　价／128.00 元

本书如有印装质量问题，请与读者服务中心 （010 - 59367028）联系

上海蓝皮书编委会

主编简介

沈开艳 上海社会科学院经济研究所所长、二级研究员、博士生导师。上海市领军人才,上海市政协委员。兼任上海市经济学会副会长,上海市妇女学会副会长。本科毕业于南京大学经济系,硕士、博士毕业于上海社会科学院。曾赴美国麻省理工学院、印度尼赫鲁大学、英国剑桥大学、德国西图克工业咨询公司作访问研究。

主要研究领域有社会主义政治经济学、中国经济改革与发展战略、区域经济与长三角一体化、印度经济等。主持国家社科基金项目、上海市社科基金项目、上海市决策咨询项目等纵向课题十余项,其他社会横向课题 80 余项。发表经济学学术论文 100 多篇。代表作有《上海蓝皮书:上海经济发展报告》《浦东新区蓝皮书:上海浦东经济发展报告》《中国期货市场运行与发展》《中国特色社会主义政治经济学》《印度经济改革 20 年——理论、实证与比较》《结构调整与经济发展方式转变》《印度产业政策演进与重点产业发展》《西藏经济跨越式发展的理论与政策》等。成果先后获上海市邓小平理论研究优秀成果论文一等奖,上海市中国特色社会主义理论优秀论文一等奖,上海市中国特色社会主义理论优秀著作一等奖,上海市哲学社会科学优秀成果著作二等奖,全国优秀皮书一、二、三等奖等。获评上海市先进女职工标兵、上海市"三八"红旗手、上海市优秀网络评论员、上海市宣传系统优秀党务工作者、上海市侨界杰出人物提名奖、上海社科院优秀研究生导师等荣誉称号。

摘　要

　　《上海经济发展报告（2022）》以"聚焦'五型经济'发展"为主题，由 12 篇报告组成。

　　总报告对 2021～2022 年上海宏观经济形势进行了分析。2021 年上海经济超预期反弹，呈现先扬后抑的特征；服务经济仍是上海经济稳定增长的"压舱石"；新经济主导工业经济提质增效；现代服务业有力助推服务业恢复性增长；上海"五型经济"保持良好的增长势头。预计 2021 年上海地区生产总值增长率为 7.9%。2022 年疫情带来的影响进一步减小，上海经济运行基本企稳，增速将回到正常轨道，收敛至 5.5% 左右的新常态。2022 年需继续加大"六稳"工作力度，全面落实"六保"任务，科学精准实施宏观政策，确保经济健康稳定增长，尤其要努力熨平基数、政策效应逐步退出之后可能产生的经济波动，着力化解五个方面的"风险压力"。

　　上海"十四五"规划将"五型经济"作为强化全球资源配置功能的重要抓手，提出要"发展具有引领策源功能的创新型经济，培育和吸引高能级创新主体，提升实体经济的创新含量和质量；发展辐射区域大、附加值高、具有品牌优势的服务型经济，增强集聚辐射带动功能；发展具有全球影响力和控制力的总部型经济，着力培育吸引集聚多功能、高能级的国内外企业总部；发展融入全球产业链价值链中高端、体现高水平投资贸易便利化自由化的开放型经济，着力提升'引进来'的吸引力和'走出去'的竞争力；发展传统线下流量和新型线上流量并重的流量型经济，促进资金、人才、技术、信息、数据等要素资源高频流动、高效配置、高能增值"。

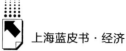

在此背景下，本报告主题聚焦上海"五型经济"发展。采取总分的篇章结构安排，首先总报告对上海"五型经济"发展的逻辑、现状、问题与路径进行系统分析；在此基础上，分别从创新型经济、服务型经济、开放型经济、流量型经济等方面进行了相关的分析和讨论；同时结合上海民营经济发展和"五大新城"建设，论述了推动"五型经济"发展的相关路径和载体。

目 录 ↖

Ⅰ 总报告

Ⅱ 创新型经济篇

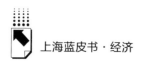

皮书数据库阅读**使用指南**

总 报 告

General Reports

B.1

2021~2022年上海宏观经济
形势分析与研判

张兆安　邸俊鹏[*]

摘　要： 2021年上海经济超预期反弹，呈现先扬后抑的特征；服务经济
仍是上海经济稳定增长的"压舱石"；新经济主导工业经济提质
增效；现代服务业有力助推服务业恢复性增长；上海"五型经
济"保持良好的增长势头。预计2021年上海地区生产总值增长
率为7.9%。2022年疫情带来的影响进一步减小，上海经济运行
基本企稳，增速将回到正常轨道，收敛至5.5%左右的新常态。
2022年需继续加大"六稳"工作力度，全面落实"六保"任
务，科学精准实施宏观政策，确保经济健康稳定增长，尤其要努
力熨平基数、政策效应逐步退出之后可能产生的经济波动，着力

* 张兆安，经济学博士，上海社会科学院原副院长，研究员，博士生导师，主要研究方向为宏
观经济、宏观政策理论与实践研究；邸俊鹏，经济学博士，上海社会科学院经济研究所数量
经济研究中心副研究员，主要研究方向为计量经济理论、量化政策评估和经济增长。感谢上
海社会科学院数量经济研究中心举办的经济形势分析会上与会专家提供的多方面信息与意见。

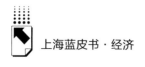

化解五个方面"风险压力"。

关键词： 上海经济 外生冲击 "五型经济"

2021年10月国际货币基金组织预测全球经济2021年增长5.9%，2022年增长4.9%，2022年后全球经济增速将放缓至3.3%；中国经济增速2021年为8%，2022年为5.6%。世界组织对经济下行的担忧主要来自疫情的不确定性、疫苗对变种毒株的效力减弱、全球供应链的扰动，以及美国货币政策可能给全球带来的溢出效应。然而，对于中国来说，2021年是具有里程碑意义的一年，在中国共产党建党百年之际实现了全面建成小康社会的伟大目标，正在向第二个百年奋斗目标——社会主义现代化强国奋进。上海对经济发展也提出了新的要求：全面强化全球资源配置、科技创新策源、高端产业引领和开放枢纽门户"四大功能"，不断提升城市能级和核心竞争力，努力成为国内大循环的中心节点和国内国际双循环的战略链接，更好地融入和服务新发展格局。

一 2021年上海经济运行态势

2021年上海经济社会发展交出了一份满意的答案，经济运行态势稳中向好、稳中有进，经济发展韧性进一步增强。

（一）经济超预期反弹，先扬后抑特征明显

2021年前三季度上海市生产总值累计30866.73亿元，比上年同期增长9.8%，与同期全国增速持平，上海两年平均增幅为4.6%（见图1）。2021年以来，上海多次受疫情影响，但得益于防控得当，对经济影响有限，反而经济超预期增长。从三次产业结构看，第一产业增加值持续呈负增长，第二产业和第三产业增加值占地区生产总值的比重分别为25.7%和74.1%，与

2021 年占比相同。第二产业增加值 7947.64 亿元，同比增速为 13.1%，增幅分别比第一季度、上半年收窄 12 个、4.2 个百分点。第三产业增加值 22866.03 亿元，同比增速为 8.7%，分别比第一季度、上年收窄 3.4 个、2.6 个百分点。第二产业增速大起大落的特征，表明第二产业更易受调控政策影响；第三产业稳健发展成为上海经济行稳致远的"压舱石"。

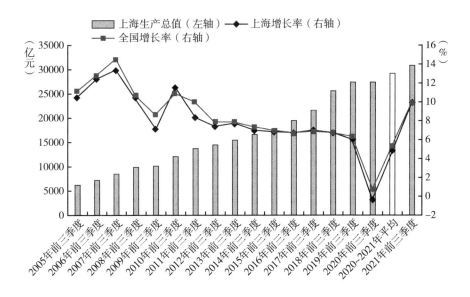

图 1 　上海市生产总值和同比增速

资料来源：上海市统计局和国家统计局网站。

（二）新经济引领工业经济提质增效

2021 年前三季度，工业战略性新兴产业完成总产值 11188.39 亿元（占规上工业总产值的比重为 40%），比上年同期增长 15.9%，高于规上工业 2.6 个百分点，其中新能源汽车产业增长 2.3 倍，高端装备产业增长 16.3%，生物产业增长 16.1%。此外，新产品需求旺盛，产量实现快速增长。2021 年前三季度新能源汽车产量同比增长 2 倍，工业机器人增长 46.4%，3D 打印设备增长 40.4%，集成电路增长 30.9%。

（三）现代服务业助力恢复性增长

2021 年前三季度规上服务业实现利润总额 2796.34 亿元，比上年同期增长 57.5%，企业经营效益改善。其中，现代服务业[①]利润增长尤为突出，基本上实现疫后报复性增长，为整个服务业利润增长贡献了 94%。交通运输、仓储和邮政业利润增长 5 倍。在电子商务、社交网络和网络游戏行业增长的带动下，软件和信息技术服务业利润持续增长，2020 年前三季度同比增长 30.2%，2021 年增长 53.0%。租赁和商务服务业 2021 年前三季度利润同比增长 16.7%，较上半年同比增速大幅回落 14 个百分点，主要原因是受疫情影响暂停会展、旅游服务等活动。

表 1　2021 年前三季度规上现代服务业发展情况

单位：亿元，%

行业分类	营业利润	2021 年同比增长	2020 年同比增长	增长贡献率
交通运输、仓储和邮政业	784.24	5 倍	−62.1	28.0
信息传输、软件和信息技术服务业	513.98	7.4	2.5	18.3
电信、广播电视和卫星传输服务	76.86	−0.2	−6.3	2.7
互联网和相关服务	−73.51	—	−63.1	−2.6
软件和信息技术服务业	510.64	53.0	30.2	18.2
租赁和商务服务业	1124.23	16.7	−15.0	40.2
租赁业	10.83	23.8	−75.5	0.4
商务服务业	1113.40	16.6	−14.4	40.0
科学研究和技术服务业	201.32	79.1	17.3	7.2

资料来源：上海市统计局网站。

（四）新旧产业加速融合，"五型经济"快速发展

随着信息技术的高度发展，新经济、新业态、新模式、新产品不断涌

---

① 现代服务业按照大口径包括四大类：交通运输、仓储和邮政业，信息传输、软件和信息技术服务业，租赁和商务服务业，科学研究和技术服务业。

现，创新型经济、服务型经济、开放型经济、总部型经济、流量型经济
（"五型经济"）可以看作是上海经济禀赋和增长潜力的概括性表述。2021
年前三季度，上海市工业战略性新兴产业总产值同比增长15.9%。前三季
度，批发零售、金融、信息服务也分别增长10.7%、7.3%、12.5%，拉动
GDP增长3.7个百分点。前三季度，上海市新增跨国公司地区总部47家和
外资研发中心20家，累计分别达到818家和501家。前三季度，上海市货
物进出口比上年同期增长15.4%，其中一般贸易进出口增长24.5%；外商
直接投资实际到位资金同比增长15%。在城市数字化转型推动下，前三季
度电子商务交易额增长15.2%。

二 上海经济形势运行预判

受疫情的冲击，加之统计部门对上海2019年季度地区生产总值进行了
修正，[①]原有模型的预测力下降，我们主要通过投入产出核算法，结合专家
征询意见，对GDP增速进行预判。2021年第一季度、第二季度、第三季度
单季增速分别为17.6%、8.8%、4.8%，预计2021年第四季度单季GDP增
速将继续回落至3.2%，全年GDP增速为7.9%。

在一般情景下，随着疫苗研制速度的加快和疫苗接种率的提升，病毒的
传染力得到有效的控制，同时两年的抗疫使政府和民众积累了丰富的经验，
民众和企业已习惯与病毒共存，疫情对经济活动的影响可控。政府加大对
"新基建"的投资，全面推进城市数字化转型，"五大新城"建设顺利进行，
旧城里弄改造稳步推进，新增固定资产投资水平超过上年同期，但是投资的
边际效应递减；受消费升级和信贷规模扩张影响，各类线上线下消费仍将保
持快速增长，但是增速较2021年有所回落，餐饮、健康医疗消费、新能源
汽车消费增长超预期。上海高水平开放对外商的吸引力增强，直接投资持续

---

① 详见上海统计局官网，http：//tjj.sh.gov.cn/sjxx/20200410/fbe5a208cd244eccbce013012d44
c017.html。

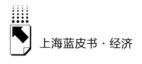

回暖，上海进出口贸易继续保持增长。

经测算，在一般情景下，2022年上半年经济将延续2021年的增长态势，全年呈现前高后低，并收敛至5.5%左右的新常态。这种情景发生的概率为76.6%。

三　政策建议：着力化解五个方面风险压力

2021年是"十四五"开局之年、建党一百周年和2022年二十大布局之年，是至关重要的一年。因此，2021~2022年必须继续加大"六稳"工作力度，全面落实"六保"任务，科学精准实施宏观政策，确保经济健康稳定增长，尤其要努力熨平基数、政策效应逐步退出之后可能产生的经济波动。根据当前及未来国内外经济发展趋势，上海应积极重点化解五个方面的风险压力。

（一）化解企业成本上升的风险压力

2021年以来，国际大宗商品价格出现快速上涨态势，带动了国内PPI加速上扬，上海前三季度工业生产者购进价格指数上涨5.9%。由于PPI上涨向CPI的传导能力较弱，钢材、有色金属等原材料价格大幅上涨将扩大上游行业利润空间，但进一步推高了中下游行业生产成本，再加上中小企业的原材料购进价格指数远超出厂价格指数，大多数中小企业因议价能力较弱而利润空间遭受更严重挤压，可能加速其倒闭破产。为此，一是跟踪研判国际大宗商品价格走势，充分发挥上海国有资本的优势，争取在更多的全球大宗商品上拥有定价权。二是有效缓解原材料供需矛盾，避免因原材料价格上涨而加剧行业之间、上下游之间效益"冰火两重天"的不平衡。三是消除由非市场化因素造成的涨价因素，尽快消除原材料价格可能进一步上涨的预期。四是有效缓解中小企业经营风险，2022年的政策重点应该进一步聚焦中小企业的稳定发展。

（二）化解市场价格波动的风险压力

2021年前三季度，上海市居民消费价格同比上涨0.9%，涨幅比上半年提高 0.2 个百分点，八大类价格"六升两降"，说明物价有所抬升但总体可控，而一些生活资料价格则出现了波动。9 月上海猪肉降幅扩大至 35.4%，为 5 年来最低。国际粮价已连涨 15 个月，我国的小麦、玉米等谷物价格也出现反弹。同时，冰箱、彩电等家电价格出现较大幅度的上涨。为此，一是防止大宗生活资料价格"过山车"的重演，进而引起供需关系波动。二是防止增强生活资料价格上涨的预期，进而引起物价抬升。三是防止关于生活资料的价格炒作，重现 2010 年"蒜你狠""豆你玩""姜你军""苹什么"等现象，尤其要注意商品被赋予投资的金融属性。四是加强市场价格监督管理，防止资本无序扩张，尤其是要防止恶意炒作商品市场价格。

（三）化解企业信心下降的风险压力

当前，受到国内外需求下降、消费全面回升困难、生产经营成本上升等突出问题的困扰，企业尤其是中小企业受到了一定程度的影响。为此，一是在党中央、国务院总体要求和具体部署的基础上，上海应进一步出台一批有助于稳定实体经济发展的政策措施，尤其是要采取具体措施来提振企业发展的信心和决心。二是在减税降费的基础上，进一步清理取消各类收费，减轻企业的非税负担，降低企业生产经营成本，强化金融支持实体经济发展等措施，降低融资成本，帮助企业尤其是中小微企业减小经营压力。三是在电价调整、流量漫游费取消等基础上，进一步研究更多公共服务和公共产品的价格是否还有下降的空间，而针对长期困扰企业的物流成本等也应下决心进一步推出相关改进举措。四是在优化营商环境的基础上，为各类企业创造更加公开、公平、公正的市场环境和健康、稳定的法制环境，要推行务实的企业家创新激励机制，企业创新以及创新成果转化为生产力的关键是企业家的创新动力，因此，政策需要落脚于增强企业、企业家的创新动力。

（四）化解金融体系面临的风险压力

在内部经济增长动力不足、外部环境仍具不确定性的背景下，金融体系内部风险持续累积。当前，房地产企业、地方政府融资平台、影子银行、

"僵尸企业"等方面的金融风险防控仍任重道远。为此,一是继续将金融监管作为重要的宏观调控政策之一,把稳杠杆、防风险作为重要底线,防止发生系统性金融风险。二是在货币政策与宏观审慎管理双支柱体系下,货币政策保持一定的灵活性而不宜过快收紧,强化金融监管政策与流动性管理工具的相互配合,健全金融风险预防、预警、处置、问责制度体系,维护金融安全。三是强化反垄断和防止资本无序扩张,将金融创新纳入审慎监管,合理控制杠杆,反对不正当竞争,加强用户隐私保护,推动平台经济商业模式调整。四是处理好金融改革创新问题,既要鼓励金融改革创新,又要把监管重点放在建立新业务的制度规范和监管标准上。金融业是一个十分特殊的产业,有必要在源头上设置准入条件,进行严格监管,防止"一放就乱,一收就死"怪象重演。

(五)化解国际形势变化的风险压力

当前,面对国际形势不确定性加剧、国际贸易保护主义抬头及中美贸易摩擦等,应通过继续扩大开放,切实推动我国开放型经济发展上新台阶。为此,一是在稳外贸、稳外资方面推出更加积极有效的措施,包括对外资放宽市场准入,全面实施准入前国民待遇加负面清单管理制度,降低关税、放开行业投资限制、加强知识产权保护,调动外资积极性。二是以自由贸易试验区建设为重要抓手,继续进行扩大开放的"压力试验",尤其要在促进制度型开放方面探索先行先试,积极推动建立基于"零关税、零壁垒、零补贴"的自贸区。三是以上海国际进口博览会为重要平台,全面谋划好我国扩大进口的规模、领域、商品等,并作为扩大开放的重要途径,同时要积极调整优化出口贸易的市场结构和产品结构。

参考文献

大卫·莫斯科切拉、罗伯特·D. 阿特金森、邸俊鹏、樊子贤:《西方与中国竞争的战略框架》,《经济资料译丛》2020年第2期。

陈磊、隋占林、孟勇刚:《2015年经济景气形势监测与分析》,《科技促进发展》2015年第5期。

张兆安:《稳定企业是稳定经济增长的基础》,《文汇报》2016年3月22日。

张兆安:《上海城市产业转型的关键是数字化》,澎湃新闻,2021年7月12日。

张兆安、邸俊鹏:《2017年上海经济运行预测与对策》,《上海经济研究》2017年第1期。

国家统计局环比统计课题组:《季节调整软件NBS-SA使用指南》,南开大学出版社,2014。

张宇燕:《"十四五"时期我国的外部环境及影响》,《中国社会科学报》2020年11月11日。

朱平芳、徐大丰、谢骏鸣、邸俊鹏等:《上海"十四五"经济发展趋势及特征分析》,上海市政府决策咨询课题报告,2020。

B.2
上海"五型经济"发展：逻辑、现状与对策

雷新军　张晓娣　张　申*

摘　要：　"五型经济"是上海"十四五"时期发展的重要内容，有助于上
海成为国内大循环的中心节点和国内国际双循环的战略链接。作
为固有的且将进一步凸显的优势经济形态，"五型经济"已有较
好的积累，上海在要素聚集、创新研发、服务辐射、流通开放和
资源配置等方面均有较为突出的表现。当前，上海经济面临着百
年未有之大变局的国内外形势和产业领域的深刻变化，为了进一
步推动"五型经济"发展，未来应充分立足于"互联网+"培
育、基础设施建设、机制体制优化、人力智力聚集等重大机遇，
以创新为核心，培育上海的创新策源能力、品牌影响力、产业链
供应链的掌控力、全球产业链价值链的联通力和要素资源的高效
流动增值力，从而实现城市能级和全球影响力的全面提升。

关键词：　五型经济　城市能级　创新　全球影响力

2020年11月25日中共上海十一届市委十次全会通过了《中共上海市委
关于深入学习贯彻习近平总书记在浦东开发开放30周年庆祝大会上重要讲话

---

* 雷新军，经济学博士，上海社会科学院经济研究所国际投资与贸易研究室主任、副研究员，
主要研究方向为产业经济、企业创新与发展；张晓娣，经济学博士，上海社会科学院经济研
究所副研究员，主要研究方向为宏观经济、创新经济；张申，经济学博士，上海社会科学院
经济研究所副研究员，主要研究方向为经济思想史。

精神的决定》和《中共上海市委关于制定上海市国民经济和社会发展第十四个五年规划和二〇三五年远景目标的建议》两份文件，确定了上海"十四五"时期发展的新目标、新愿景、新路径。全会指出，要完善经济发展格局，加快做强做优"五型经济"。要量身定制一批精准扶持政策，培育一批有影响力的头部企业，打造一批各具特色的"五型经济"集聚区。要形成城乡融合发展格局，促进资金、人才、技术等要素双向流动。① 所以，有必要深入理解"五型经济"的科学逻辑，厘清上海当前相关领域的发展现状，从而为进一步加快上海"五型经济"发展提供政策建议。

一 上海"五型经济"的提出意义

2020 年 10 月 13 日，市委财经工作委员会指出，要认真贯彻落实习近平总书记考察上海时重要讲话精神，科学分析研判经济形势，既立足当前，把稳增长放在更加突出的位置，又着眼长远，思考谋划好事关全市长远发展的重大问题，增强经济发展韧性和可持续性，牢牢把握发展主动权。要加快推动产业结构调整升级，主动求变、前瞻布局、抢占先机，形成更有针对性的政策措施，打造一批代表未来发展方向的优势产业集群，提高经济发展质量和效益。要加快发展创新型经济、服务型经济、开放型经济、总部型经济、流量型经济，推动人才、资金、技术、信息等各种流量扩容增能，促进大数据、云计算、人工智能等新兴流量提升壮大，大力培育在线新经济。② 以上表明，"五型经济"的提出，是上海面对新的国内外形势和发展需求，站在新的历史高度上顺势提出的新理念与新思路，具有科学而坚实的内在逻辑。

第一，"五型经济"致力于提升上海城市能级和全球影响力。《上海市城市总体规划（2017—2035 年)》指出，上海是我国的直辖市之一，是长江三角洲世界级城市群的核心城市，国际经济、金融、贸易、航运、科技创新

---

① 中国共产党上海市第十一届委员会第十次全体会议，2020 年 11 月 25 日。
② 上海市委财经工作委员会会议，2020 年 10 月 13 日。

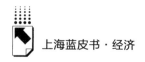

中心和文化大都市，国家历史文化名城，并将建设成为卓越的全球城市、具有世界影响力的社会主义现代化国际大都市。① 换言之，上海在未来发展中，所要解决和实现的，不仅是自身经济的转型升级，也应在全国经济的转型升级中发挥积极作用，同时也应在世界经济体系中占据愈加重要的地位。这既是世界城市发展的规律所在，也是承载国家战略的使命所系。

从这个意义上，上海未来一段时间的发展核心，都应围绕"全球资源配置功能的提升"，其城市功能应定位于"带动周边，辐射全国，影响全球"。经过"十三五"时期以来的发展，上海正处于全面提升城市能级和核心竞争力的关键阶段，一方面应着力于在增长动力、科技策源、改革创新、市场主体、扩大开放等方面寻求多重瓶颈突破，另一方面应着力于在各类生产要素数量结构和资源配置方面实现全面系统改善，打造城市品牌和鲜明辨识、着力功能、巩固优势、增强城市的竞争优势和发展潜力。由此可见，"五型经济"正是上海作为经济中心城市在当前这一历史性发展阶段应大力凸显并进一步强化的经济形态，且从世界范围来看，顶级城市的培育和形成呈现以服务业为结构主体、高能级创新驱动的核心特征，结合发挥流量高频聚集、总部高能集中以及全球高度融入的先发优势。从这个意义上，上海四大功能、"五个中心"建设与"五型经济"的关系，应体现为通过发展"五型经济"来强化四大功能，最终推动"五个中心"建设。

第二，"五型经济"有助于上海实现内外双循环节点。"五型经济"的提出不仅立足于对上海未来发展的愿景判断，而且对应了疫情后特殊的全球变局，明确了国内大循环的中心节点和国内国际双循环的战略链接的目标定位，② 顺应了新格局下对内、对外两重关系中上海所应扮演的角色。

从作为国内大循环中心节点来看，立足于新一轮产业科技革命和产业变革，争当科创先锋，深化科技策源功能，着力高质量发展，提升产业发展能级，发挥平台功能，辐射与赋能长三角乃至国内广泛区域，助力经济转型，

① 《上海市城市总体规划（2017—2035年）》，2018年1月4日。
② 《"十四五"时期提升上海国际贸易中心能级规划》，2021年4月17日。

均有助于上海发挥作为我国最大经济中心城市的优势，以长三角高质量一体化发展为支撑，带动更广阔的全国大循环。

从作为国内国际双循环的战略链接来看，以更高水平的开放融入多边投资及贸易机制和平台，展示经济全球化的正面效应，提升在国际金融领域的参与度和治理能力，增强在新兴领域的话语权，提高总部经济在产业链、供应链和创新链上的控制力和影响力，吸引全球范围内资源高效聚集和高速流动，从而提升经济能级并辐射国内乃至国外广泛地区，均有助于上海深耕双循环制度链接试验田、占据双循环资源配置桥头堡、打造双循环开放枢纽基本盘，通过国际循环来促进国内循环的有序发展。

第三，"五型经济"服务于上海"十四五"时期新布局谋划。"十四五"时期，是我国实现两个一百年重要历史使命第一阶段的第一个五年规划期，是上海在新起点上全面深化"五个中心"建设、加快建设具有世界影响力的社会主义现代化国际大都市的关键五年。①

十一届上海市委十次全会提出，有利于促进上海构建新发展格局的有效路径为：其一，推动长三角率先形成新发展格局；其二，优化市域空间格局，加快形成"中心辐射、两翼齐飞、新城发力、南北转型"的空间新格局，推进"五个新城"建设；其三，完善经济发展格局，加快做强做优"五型经济"；其四，形成城乡融合发展格局。②

以上路径正是从不同侧面对上海"十四五"规划的任务进行了部署：推动引领长三角、促进城乡融合，分别是上海长期以来的区域功能定位和工作重点；优化城市格局尤其是"五个新城"概念，是以地理格局为测度为上海城市经济发展提供空间；"五型经济"则是上海"十四五"时期承载"五个中心"建设的经济载体，是反映卓越全球城市经济表现的经济活动，是用以实现加快推动产业结构调整升级、实现高质量开放与高质量发展的经济形态。以上部署将形成合力，共同服务于上海"十四五"时期奋斗目标的完成。

---

① 《上海市国民经济和社会发展第十四个五年规划和二〇三五年远景目标纲要》，于2021年1月27日上海市第十五届人民代表大会第五次会议批准。
② 中国共产党上海市第十一届委员会第十次全体会议，2020年11月25日。

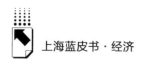
二 上海"五型经济"的内在逻辑

随着科技特别是信息技术的发展，经济业态越来越呈现深度融合的特征，行业边界越来越模糊。因此在谋划未来经济发展的视野下，传统的产业划分方法，如利用资源密集程度、三次产业、产业关联度等划分方法，虽然从学术角度有较为严谨和一致的分类体系，但已经难以适应当前刻画新产业、新模式、新业态的现实需要。与之相应的，"五型经济"虽非高度严谨的学术概念，但立足于上海产业发展和创新活动的实践经验，能够较好地刻画上海发展所需的经济形态。

（一）"五型经济"的内涵：各有侧重

"五型经济"的界定，是在一定程度上以已有认识为基础，更多地突出这一类型经济形态在推动经济增长上的独特模式及其在整个经济体系中所发挥的独特功能。

创新型经济，通常指经济增长的根本动力来自经济各要素在各个层面上开展的创新活动，经济增长主要由知识创造、技术创新和企业家才能的发挥而实现。且在这里更侧重强调引领策源作用和指数级增长潜力，激发持续稳定的创新活力。

服务型经济，通常指基于发达制造业的以第三产业为主的经济形态，包括生产性服务业和制造性服务业。且在这里更侧重强调辐射区域大、附加值高、具有品牌优势，能辐射和赋能更广区域。

总部型经济，通常指某一区域能够吸引国内外企业总部集群布局，形成总部集聚效应，并通过"总部—制造基地"功能链条辐射带动生产制造基地所在区域发展，由此实现不同区域分工协作、资源优化配置的一种经济形态。[①] 且在这里更侧重强调具有全球影响力与产业控制力，具有多功能和高

---

① 赵弘：《总部经济》，中国经济出版社，2004。

能级，能够实现对产业链供应链的掌控力。

开放型经济，通常指要素、商品与服务可以较自由地跨国界流动的开放的经济模式，以及在此模式下能够实现优化资源配置与提升经济效率的经济形态。且在这里更侧重全球产业链和价值链中高端层级的融入，从而实现投资贸易便利化自由化的高水平建设，加强经济互联互通。

流量型经济，通常指某一区域以自身资源禀赋和条件，吸引全球范围内的资源要素高效集聚和高速流通，并对其进行整合、支配和利用，从而以要素的流量而非仅是存量来实现其影响力。且在这里更侧重强调要素资源高频流动、高效配置、高效增值，线上线下融合联动，能推动要素高效流动增值。

（二）"五型经济"的关系：交叉融合

"五型经济"的界定不具有排他性，而是彼此交叉。某一具体产业可能在不同程度具备若干型的特征，这是由于经济业态的边界愈加模糊且"五型经济"自身并非从单一标准进行界定。例如，在当前相当一部分的创新型经济往往由于和互联网及信息数据结合，进而具备了流量型经济的特征；总部型经济作为控制产业链的经济形态，要与开放型经济相结合；在产业升级的过程中，服务型经济的范畴和形式日渐多样，也会渗入多种经济形态；等等。从这个意义上，发展"五型经济"中的某一形态，也等同于在一定程度上发展了其他形态。

"五型经济"彼此并非独立的个体，而是具有密切关联。在当前现代化经济发展阶段下，创新、服务、开放、全球或区域产业链的控制节点以及要素流动，本就构成了可相互促进、相互依存的，能代表较高要素聚集和配置水平的经济体系和经济生态。同时，"五型经济"虽有不同侧重，但其本质上，均指向创新、开放的基本特质，以及集聚、服务、辐射的城市功能。[①]从这个意义上，发展"五型经济"的某一形态，也需要在一定程度上相应地发展其他形态，并且也会带动发展其他形态。

---

① 《加快科技创新和高水平开放 着力构建"双循环"新发展格局》，《中国发展》2021 年第 21 期。

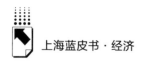

（三）"五型经济"与上海：固有特点的优势凸显

"五型经济"并非另起炉灶的新概念，而是对上海既有特质的坚持、开拓与深化。其所共同构成的经济形态，整体上综合体现了上海的城市经济及产业的特征优势及能级要求。

一方面，打造以服务经济为主的产业结构、吸引高端总部资源集聚等，本身就是上海多年强调的发展策略；强调创新与开放，更是上海一以贯之的城市品格。经过长时间以来特别是"十三五"时期的建设，上海在"五型经济"范畴下的若干具体领域已不同程度地具备了一定的基础，甚至在全国范围内形成了一定的比较优势。换言之，上海发展"五型经济"存在具体化、具象化的务实抓手。

另一方面，"五型经济"所刻画的经济形态，是现阶段世界范围内卓越全球城市普遍具备的必要条件，发展"五型经济"是现实客观需要；对上海而言，强化其固有特点，进一步巩固、增强其优势特征，亦为大力提升其城市能级的有效举措。发展"五型经济"，即可有助于上海塑造难以被简单复制的、具有可持续性的核心竞争力，为"十四五"时期乃至未来更长时期增创新动力、新站位、新优势。

三　上海"五型经济"的发展现状

基于改革开放深化和经济高质量发展的良好环境，上海经济建设取得了重大进展，国际经济、金融、贸易、航运、科技创新中心基本建成，具有全球影响力的科技创新中心基本框架已经成型，[1] 为建成卓越的全球城市奠定了全面且坚实的基础，加快成为具有世界辐射力的社会主义现代化国际大都市。尤其经过"十三五"时期的发展，上海在要素聚集、创新研发、服务辐射、流通开放和资源配置等方面均有较为突出的表现，为"五型经济"的起飞积累了一定基础。

---

① 《上海市城市总体规划（2017—2035年）》，2018年1月4日。

（一）创新型经济

第一，创新策源能力不断提升。基础研究领域和关键核心技术领域取得了一批标志性重量级原创成果，新发现、新发明、新思想不断产生。2014年以来，每年均有成果入选国家十大科学进展，SCIE论文数量超过纽约、东京、伦敦和旧金山，科技创新策源功能持续强化。原创性知识创造能力明显增强，技术开发能力日益强劲，2019年万人发明专利数量达到9.4件，是1999年的73倍。

第二，企业创新能力持续增强。创新创业活动活跃，新业态、新模式、新服务、新产品不断产生，创新主体群体不断发展壮大。孕育了一批国家级乃至世界级科技"小巨人"，高新技术企业数量快速增加，独角兽企业数量已超过纽约、东京、伦敦，驱动实体经济转型升级能力增强。2019年全市研发经费总支出超过生产总值的4%，比1999年高约2.5个百分点；截至2020年6月，全市高新技术企业数量达到12861家，是2009年的5.2倍。

第三，创新资源聚集能力稳步提升。吸引了大批研发人员，数量上已经超过纽约、接近东京。2020年上海市科学学研究所发布《全球科学家"理想之城"调查报告》，显示上海已成为全球科学家在中国工作的首选之地。"科创板"聚集和配置创新资源功能开始显现。国家实验室和大科学装置有序建设，高水平研发机构不断落户，外资研发中心数量居全国第一，创新要素高密度汇聚。

第四，创新生态环境日益完善。研究制定科创22条、全创改方案、科改25条等改革文件，构建起框架完整、工具多样的创新政策体系。积极践行新发展理念，先行先试稳步推进科技体制机制改革，国务院批复的三批56条复制推广举措中有9条为上海经验。

第五，创新型产业引领力日益强劲。高端制造业地位突出，现代服务业优势明显，新产业、新技术、新业态、新模式发展迅速，成为高能级的产业转型升级引擎。数据显示，2018年上海高技术制造业总产值占全市工业的

20.9%，新经济增加值占全市生产总值的比重超过30%。大数据、互联网、区块链、5G等数字经济新兴产业蓬勃发展。

（二）服务型经济

第一，金融服务能级不断提升。上海聚集了包括股票、债券、货币、黄金、外汇、商品期货、金融期货、保交所、票交所等在内的金融要素市场，以及登记、托管、支付结算、金融法院、公共信息服务平台等金融基础设施，国际金融中心功能臻于齐全，黄金现货、上交所IPO规模和股票市值、债券发行、上期所多个品种交易量等位居全球前列。此外，在外汇管理制度、股票市场注册制、资本市场跨境互联互通方面先行先试，为全国金融改革开放积累了宝贵经验。在全球金融中心指数（GFCI）最新排名中，上海居第四位，排在纽约、伦敦和东京之后。

第二，生产性服务业聚焦产业链联动和价值链高端。2019年，上海重点聚焦支持研发设计、供应链管理、检验检测、节能环保、专业维修、融资租赁等生产性服务业企业，集成服务环节，创新服务模式，形成社会化专业服务和行业性综合服务，提供"制造＋服务"整体解决方案。2019年共支持总集成总承包项目12个，项目总投资额超过123亿元，涉及智能制造、生物医药、清洁能源、新材料等重点产业领域，同步带动一系列关键技术和工程管理研究成果应用，实现产品、技术、服务、标准、品牌"走出去"，有力助推上海先进制造业发展，在"一带一路"建设、服务全国、服务长三角、脱贫攻坚、乡村振兴、崇明生态岛建设等重大战略中发挥积极作用，体现了"上海制造""上海服务"的辐射力和影响力。

第三，生产性服务业和制造业融合互动发展成为新的经济增长动力。上海先行先试在全国开展了《服务型制造统计方法与评价指标研究》和《上海发展服务型制造的重点模式与推进方法》项目研究，取得了突出进展。现阶段，上海主要围绕产品服务系统、设计创新服务、个性化定制服务、信息增值服务、科技创新创业与产业化服务等服务型制造重点发展模式，支持服务型制造重点项目和服务平台发展，支持制造企业向服务端延伸，在制造过程中加大交互式服务投入，在研发、设计、试验、检测、诊断、监控、运维、质量管控、数据集成与流程协同等方面开展服务"众筹""众包""众扶""众创"。

第四，航运服务功能不断完善。全球航运服务主体不断集聚，全球十大船舶管理机构中的 6 家、国际船级社协会 12 个成员中的 10 个在上海设立运营企业或分支机构。船舶险和货运险业务总量在全国的占比达到 25%，国际范围内其份额仅次于伦敦和新加坡。海事法律服务水平不断提升，构建了多元化纠纷解决机制，仲裁案件数量占全国总量的 90%。此外，上海航运服务的辐射效应日益凸显，对全国特别是长三角地区对外贸易发挥了重要的辐射带动作用。2019 年，上海口岸货物出口总额 4.9 万亿元，其中外地货源占 71.9%；货物进口总额 3.5 万亿元，其中以外省为目的地的占 42.7%。

（三）开放型经济

第一，贸易规模持续扩大，已牢牢确立世界级口岸城市地位。2019 年，口岸货物进出口额达 1.22 万亿美元，占全国的 26.7% 和全球的 3.2%，规模远超新加坡和东京，连续 10 年保持全球第一大货物贸易口岸城市地位；国际收支口径服务贸易和数字化交付服务进出口额分别为 1844 亿美元和 667 亿美元，均已超过中国香港。

第二，集聚效应不断增强，已成为亚太地区最重要的国际投资枢纽。截至 2019 年底，累计实际利用外商直接投资近 2700 亿美元，以不足全国 1% 的土地面积吸引了全国 12% 的外商直接投资；累计设立境外企业超过 4000 家。

第三，贸易平台能级持续增强，已基本建成国内高端消费中心和国际会展之都，形成一批高能级大宗商品交易平台。拥有 10 家年交易规模超千亿元人民币的大宗商品交易平台，钢铁、有色金属、铁矿石等现货价格成为重要的国际风向标。世界知名高端品牌集聚度超过 90%。国际前十大展览公司均已在沪设立分支机构，两届进口博览会累计意向成交额超过 1200 亿美元。

第四，国际航运中心的全球航运辐射效能世界领先，国际联通能力世界领先。上海港航运连接度居世界第一，与全球 214 个国家和地区的 500 多个港口有集装箱货物贸易往来。上海空港航线网络覆盖能力亚太领先，联通全球 51 个国家 314 个通航点。航运资源集聚程度显著提高。2019 年上海港集装箱吞吐量达到 4330 万标准箱，10 年蝉联全球首位。在 2020 年"新华·波罗的海国际航运中心发展指数"综合排名和航运服务排名中，上海均位居第三名。全球航运要素配置能力不断增强。一批国际性、国家级航运功能性机构先后入驻上海。上海航交所影响力逐步扩大，"中国航运景气指数"被业界广泛引用。

第五，国际资源要素配置力不断跃升，成为全球经济网络体系的重要枢纽。资本动员能力增强，信息汇聚能力、人才凝聚能力、产品和服务流通能力、生产经营决策运作能力明显提升。2019 年金融市场交易总量接近 2000 万亿元，是 2009 年的 7.7 倍；全市新设外商直接投资项目 6800 项，是 1999 年的 4.6 倍。以金砖国家新开发银行、全球中央对手方协会、亚洲海事技术合作中心为代表的一批国际组织落户上海。

第六，开放环境持续优化，已成为全国贸易投资自由化便利化的新标杆。作为全国首个自贸试验区，上海率先实施"准入前国民待遇 + 负面清单"的外商投资管理制度，投资自由化水平大幅提高；率先建设国际贸易"单一窗口"，目前口岸整体通关时间比 2015 年压缩一半，贸易便利化全国领先；主动对标世界银行营商环境评估体系，促进自身环境持续优化，带动全国营商环境世界排名大幅提升。上海以全国首个自贸试验区和临港新片区等各类开放平台进行先行先试探索，已形成大量改革开放与创新发展的首创经验并向全国复制推广，引领带动全国贸易投资自由化便利化水平持续提升。

（四）总部型经济

第一，总部聚集力持续增强，成为全球顶级企业进入亚太的主要门户和重要驻在地。上海跨国公司总部经济占比突出，2002 年出台了全国首个吸引跨国公司设立区域总部的政策。截至 2019 年 11 月，上海累计引进跨国公司地区总部 710 家，研发中心 453 家；认定贸易型总部 137 家、民营企业总部 193 家。金砖国家新开发银行、全球中央对手方协会、亚洲海事技术合作中心等一批国际组织落户上海。贸易型总部预计 2020 年底将达到 200 家，民营企业总部年底预计达到 270 家左右。

第二，总部功能不断提升，发展能级显著增强。一是积极开拓总部业务经营新领域。上海积极优化营商环境，提高政务服务的对口度和便捷性，通过改善市场准入、专业服务等促进企业发展能力的增强。结合上海贴近市场的优势所在，众多跨国企业的地区总部积极拓展功能和职能，从单一聚焦贸易、投资、服务等功能向决策、研发、销售、物流等多种职能集合于一身的"综合性总部"转变。二是总部辐射范围实现进一步强化和延伸。中国和亚太在产品海外市场的重要性日益提升，吸引更多跨国公司在上海成立产品全球总部（全球事业部），亚太地区总部以及全球第二总部的建立数量显著增加，承担在中国区域整合和全球运作的枢纽功能。

第三，产业链整合能力提升较快，辐射效应十分明显。一是加快全产业链的资源整合和布局。跨国公司依托地区总部，积极推动研发、生产、销售、服务等多链条上的资源整合，同时以技术创新和资金运作为着力点，逐步由第二产业向服务业渗透，向金融甚至知识性服务业发力，推动全产业链资源整合的横向拓展和纵向深化。二是辐射溢出效应的有力释放，助力"五个中心"建设的稳固推进。跨国企业地区总部在上海落户促进了全球资源配置功能的提升，通过税收贡献、人力资本、技术外溢等机制发挥辐射带动作用，从而推动产业结构优化、要素整合聚集以及技术研发增强。

第四，自贸试验区总部集聚效应突出，行业特征日益显著。一是依托自贸区建设，浦东新区聚集起一批实力较强的跨国公司总部。约 1/3 的亚太区总部或全球性事业总部在浦东新区实现高度聚集，凭借大规模、高增速实现项目投资和运作在全国范围内的辐射和延伸，进一步增强服务全国的能力。二是总部经济积极参与信息技术、生物医药等高新技术领域。基于市场准入、营商环境的改善以及科创中心建设稳步推进，跨国公司积极参与生物医药、金融服务等产业，并建立外资研发中心。境

外金融机构以上海自贸区为基地，推进市场运营、数据获取、资产配置等领域的中心建设。

（五）流量型经济

第一，互联网信息服务业新兴领域快速崛起。2019 年，上海互联网信息服务业实现营业收入 2924.74 亿元，比上年同期增长 17.6%。上海共有 20 家互联网企业入选 2019 年中国互联网百强，仅次于北京（31 家）。在规模和头部企业数量上均位居全国第二。数字内容领域，推动网络视听、网络文学、网络游戏等数字内容产品和服务发展，上海成为国内数字内容服务行业门类最全、龙头企业最多的地区。金融信息服务领域，形成了第三方支付、互联网保险、消费金融、互联网票据等丰富的新兴金融业态。本地生活服务领域，拥有一批极具创新活力的新兴企业，部分企业在其所属细分领域开始崭露头角，如生鲜电商领域的叮咚买菜、生活服务方式分享的小红书。

第二，数字经济新技术带动新业态发展。云计算方面，培育了一批应用示范项目和培育项目，形成了以优刻得、浪潮云计算、七牛、有孚、网宿等为代表的领军企业蓬勃发展，已达千亿级产业规模。区块链方面，推动建设面向大宗商品供应链金融、航运物流、社会治理、跨境支付等领域的区块链技术研究及应用示范项目。网络安全产业方面，夯实了工业信息安全功能支撑，推动了上海工业控制系统安全创新功能型平台建设，推动了自仪院获批全国首个国家工业控制系统安全质量监督检验中心，并且成立了上海数据治理与安全产业发展专业委员会。

第三，新兴互联网企业加速成长，在行业发展中表现亮眼。2020 年，新生代互联网企业表现突出，前三季度，东方财富营收增长 144%、拼多多增长 89%、哔哩哔哩增长 74%、美团点评增长 29%，更涌现出如推出全球单月收入最高手游产品的米哈游、被称为国内社交电商黑马的爱库存等独角兽企业等。目前，上海互联网企业占据全国第三方支付 60% 的市场份额、全国网络文学 90% 的市场份额、全国网络游戏 30% 的市场份额、全国本地生活服务 70% 的市场份额。小红书（网红经济）、喜马拉雅（在线音频）、盒马鲜生（新零售）等深耕细分市场，引领行业发展。企业家们年轻奋进，在 2020 年胡润全球少壮派白手起家富豪榜中，上海占 1/6，"80 后"成为上海新生代互联网企业掌门人的主要特征。

第四，数字产业集聚发展布局趋于合理。上海互联网企业及其上下游生态链零星分布在中环产业带，凝聚了超过 80% 的互联网经济规模，基本形成了一条以杨浦、长宁、徐汇和浦东为主的"浦江 C 圈"新经济带。浦东新区依托浦东软件园、陆家嘴软件园等载体，在工业互联网、网络视听、金融信息和产业电商等细分领域集聚了一批领军企业。长宁区把握全市首个"互联网 + 生活性服务业"创新试验区建设机遇，培育了一批对接商贸流通、健康医疗、教育服务、生活服务等领域的服务平台。徐汇区紧密依托西岸、枫林、漕开发、仪电等载体，引大引强，提升产业的整体能级。同时，随着城市外围交通、商务配套等的不断完善，上海软件和信息技术服务业发展呈现向外围扩散的趋势。青浦、杨浦、嘉定三区把握新一轮产业发展机遇，实现快速增长。

第五，数字服务企业外向能力有所提升。上海紧跟国家战略步伐，通过"一带一路"信息产业智能业务合作平台建设，精准匹配"一带一路"国家和地区与我国企业的合作需求，助推企业海外发展。目前，平台业务已覆盖国际上 750000 + 家企业及 100 + 个相关机构与平台。一批龙头企业正积极布局共建"一带一路"国家市场，如老挝、印尼、泰国、阿联酋、乌兹别克斯坦等 5 国的主流机构均与银联国际达成合作意向并签署协议。阅文集团宣布与新加坡电信集团建立战略合作关系，携手开拓东南亚的网络文学服务和平台市场。盛趣游戏以"原创 IP 出海 + 全球 IP 合作"的方式深挖细分市场，持续高效地在全球市场推出更加多元化的精品游戏。

第六，"在线新经济"专项行动助力培育新经济增长点。"2020 中国（上海）首届工业品在线交易节"的成功举办，助推"在线新经济"发展。聚焦直播促销，助力稳增长，举办上海工业品直播月，推动本市百家工业品牌线上展示、线上销售、线上服务、线上交易，联动电商平台帮助品牌商培育一批工业品领域"本土网红"。积极顺应长三角一体化发展，举办长三角生产性服务业创新云峰会，组织产、学、研、政、企、媒、银等多方资源汇聚松江临港科技城，集中组织高端云峰会。以主题活动为牵引，全年不断推进传统企业数字化转型升级，积极指导行业协会组织开展工业电商专题展、爱企谷云溪峰会、2020 首届中央企业上海国企数字供应链创新论坛、京东数字化采购峰会等活动。

四 推进"五型经济"发展的对策建议

当前，国际经贸格局的重构以及数字经济、新产业革命的到来等都对上海发展提出了新挑战与新要求，同时，党中央对上海作出的"三大任务、一大平台"的重大战略部署也为上海建设创造了新机遇与新任务。在百年未有之大变局下，上海应以"五型经济"为重要抓手，积极做强做大。在"五型经济"的发展中，创新是核心因素。"五型经济"正是以创新为核心，培育上海的创新策源能力、品牌影响力、产业链供应链的掌控力、全球产业链价值链的联通力和要素资源的高效流动增值力，从而达到提升上海城市经济产业能级和国际竞争力的目的。这五种能力的培育，本质就是知识与知识的"新结合"，需要形成"新结合"的生态环境，即形成"新结合"的各种要素资源集聚环境和提升各种要素资源效率。基于这一思路，对上海经济发展的整体环境和"五型经济"的具体产业提出以下对策建议。

（一）打造活力空间，形成新魅力，集聚全球创新资源

在新一轮产业技术变革和新发展格局的大背景下，上海自身发展的环境以及上海肩负的国家战略使命也随之发生了变化。为此，在上海城市建设，特别是新城、临港新片区以及城区改造、园区升级等建设中，如何形成"以人为中心，以产业为载体，以交通为依托"的"生产、生活、生态"深度融合，是打造活力的创新发展空间、形成城市新魅力、集聚全国乃至全球的人才等要素资源的一大关键因素。

应依托五大新城和临港新片区建设，形成"5＋1"国内外产业创新资

源的新集聚地。五大新城和临港新片区是新增的产业发展空间，也是未来上海产业能级提升和产业创新策源的主要载体。"以人为中心、以产业为载体，以交通为依托"形成"人"与产业的深度融合空间，即舒适、便捷、安全的生活空间和高效的生产空间，彰显上海产业发展的新魅力。同时，应发挥中心城区的资源优势，打造国际商务活动及交流中心。以城区改造为依托，进一步优化中心城区空间，将商务活动空间和生活空间深度融合，将城区改造为艺术、文化、体育运动等多元活动空间，打造出丰富多彩的文化艺术活动空间、公共活动空间、休闲娱乐空间，并与个性化的产业园区相互呼应，形成有魅力的创新空间。

（二）进一步完善资源供给环境，提升资源利用效率

在新一轮产业技术发展的条件下，人才、数据、资本、技术等要素资源是推进创新的关键。这些要素资源只有有效地流动起来，才能发挥价值。为了确保创新资源有效、安全流动，促进"五型经济"发展，以下几个方面的环境条件完善不可或缺。

第一，进一步完善"引才、留才、用才"的人才机制，充分发挥人才的创新主体作用。在创新链中，各个环节所需人才标准不一，需要打破以往重学历、重学校等的人才认定标准，建立重岗位、重能力且顺应"五型经济"发展所需的人才认定新标准，从而提升上海人才集聚力，扩大人才队伍。强化人才的激励与竞争机制，优化"引才、留才、用才"各环节的环境，增强人才供给与需求的匹配能力，提升人才质量。

第二，打造"创新联盟"，探索数据共享和安全应用。打造以产业链为主体的"创新联盟"，探索行业数据共享、开发机制，提升创新效率。推进工业互联网、区块链建设，打造跨界产业联盟、创新联盟，促进产业融合、数字化转型，催生商业新模式、新业态。

（三）探索产业发展新治理机制，助力新兴产业发展

在以"在线新经济"为代表的数字经济不断演进的背景下，新业态、

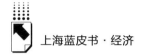

新平台、新消费等新经济的蓬勃发展，为监管带来了巨大挑战，应在以下三方面尤为着力。

首先，应完善公平竞争机制，打破"资源垄断"，促进新经济发展。认真落实相关政策，畅通资本投资渠道，更具包容性地拓展资本流入领域。双管齐下瞄准行政壁垒和市场壁垒的破除，尤其是通信和高品质服务业等新兴产业，充分运用社会资本的流入，助力经济新领域的培育和发展。鼓励社会资本参与新兴产业的成长，推动社会资本和服务业的深度融合，从而实现社会资本在交通、医疗、教育和娱乐等领域的有力参与。

其次，应强化和规范数据安全监管，引导新经济健康发展。以基于大数据的新业态、新消费、新平台为代表的新经济快速发展，对行业的安全监管提出了新要求。根据《数据安全管理办法》，积极探索数据安全监管体系建设，从管理、运维、技术三个维度，实现数据的可管、可控、可视。

最后，应加强知识产权保护，助力高质量发展。持续加大知识产权保护力度，促进维权方式的多样化和审查效率的提升，为企业及研发机构营造鼓励创新的市场环境。进一步化解中小企业的融资困境，如开通质押登记绿色通道、鼓励知识产权质押融资等，为中小企业创新提供资金来源。加快一体化知识产权中心的建设，实现审查、确权、维权等流程的快速衔接和办理，使创新主体以更快速度、更低成本维权，力争破解知识产权维权成本高、耗时等困境。深化商标注册便利化改革，提升商标审查效率，为市场主体提供便利。

（四）完善创新创业服务体系，激发创新创业活力

完善创新创业服务体系，是激发市场主体活力、创造经济发展动能的重要支撑。为了完善支持创新创业的政策体系，营造创新创业的浓厚氛围，引导、助力、激发创新创业热情，应逐步组织形成政府激励创业、社会支持创业、市民勇于创业的新生态，具体如下。

一是构建多维度、全方位创新创业发现机制。培育营造创新创业氛围，夯实创新创业根基。积极策划和举办各类大型创新创业比赛，通过集中展

示、项目PK、择优选拔的方式，挑选优秀的创业者。充分发挥创投新媒体、创业新媒体等创新创业服务平台辐射全国的舆论宣传作用，广泛借助上海国际科创中心的磁场效应，发现、接触、聚集一批优秀的创业人才和团队。通过系统监测全网络下载量、媒体曝光量、资本市场投资情况、高端人才流动情况，借助"大数据"分析，通过"项目找人"的方式，第一时间发现活跃或潜在的创业者。

二是创新全覆盖、高效率、便捷化的投融资服务，打破资金"瓶颈"。探索构建"PPP"公私合营的模式，整合政府资源、社区资金、社会资本等，设立创新创业投资引导基金，一方面帮助解决创业者初期的资金难题，另一方面盘活政府的相关资金。充分发挥上海资本市场优势，积极探索知识产权质押、股权投资等融资模式，形成多渠道创新创业资金供给。以互联网金融撬动资本杠杆平台，探索"领投＋跟投"模式，最大限度地调动社会资本。

三是开展多层次、分类别、实战型培训，提升社会创新创业能力。根据创新创业生命周期及特性，开展不同层次、具有针对性的实战型培训。例如，针对优秀的年轻企业家开展"实力提升计划"，树立创新创业事业标杆；打造一批由精英企业家组成的"创业导师团队"，为新创业者提供公益性、面对面的指导服务；进一步完善创新创业"一站式"服务平台，"一揽子"提供法律、财务、金融、科技等方面的综合咨询服务，等等。

四是促进开放、互动、集聚，推动长三角创新创业合作。充分发挥上海国际科创中心，特别是张江、虹桥商务中心、临港新片区等创新创业平台品牌效应，吸引长三角及国外创业者来沪创业。积极推进长三角区域的多层次创新创业合作，发挥上海高校、研究机构的优势，开展校企、校区（高校、研究机构与区域）创新创业合作。强化区域内创新基础设施、数据等资源的开放与共享合作。

（五）依托产业引领，推动创新型经济发展

从上海的实践来看，创新型经济发展的关键在于创新型产业发展。围绕这一核心,应在关键领域打造世界级产业集群。因此,应落实三大产业"上海方案",在集成电路、生物医药、人工智能等领域打造世界级产业集群。配套国家战略性产业发展,加大产业投入,制定关键技术突破路线、成果转化路径和相关引导政策,助力产业成长。探索建立"上海研发+上海制造"的产业创新发展模式。将上海科创中心,特别是张江在生物医药、集成电路、人工智能等方面的研发优势与"5+1"产业空间结合,形成联动发展的创新型产业集群。推进创新示范基地建设,促进创新成果转化。打造一批集成电路、医产融合、人工智能应用等创新示范基地,促进创新成果转化。加快发展"在线新经济",打响新生代互联网经济品牌。落实"在线新经济"发展三年行动计划,推动远程办公、在线教育、生鲜电商等 12 个具有资源优势的重点领域快速发展。打造"张江在线"和"长阳秀带"等"在线新经济"生态园区,推进"浦江 C 圈"在线新经济集聚带建设,加快头部企业集聚,形成世界级"在线新经济"创新高地。

(六)推进"两业"深度融合,带动服务型经济发展

上海服务型经济的发展,应以生产性服务业重点领域的不断创新和服务型制造业转型突破为重心,实现先进制造业和现代服务业的深度融合。因此,应以"两业融合"发展的新模式、新业态为重点培育方向,推进智能工厂建设,加快工业互联网创新应用,推广柔性化定制。探索重点行业重点领域融合发展的新路径,深化制造业服务业和互联网融合发展,促进现代物流和制造业高效融合,强化研发设计服务和制造业有机融合。[①] 推进服务型制造,加强供应链管理、检验检测等生产性服务和服务平台的建设。

(七)探索制度创新,构建开放型经济新格局

开放型经济的打造,可依托临港新片区建设,积极开展促进要素流通、设施互通、产业融通、机制畅通等方面的制度创新,推进试点放开在产业领

---

① 《关于推动先进制造业和现代服务业深度融合发展的实施意见》,2019 年 11 月 15 日。

域对外商投资的限制。具体而言，可加快推进数据跨境流动试点，积极推进以生产制造、航运物流、跨境商贸、金融服务等领域为中心的数据跨境流动试点，建立分级分类、安全评估等管理机制，开展与共建"一带一路"国家的数据跨境流通国际合作。发挥临港新片区先试先行的制度创新优势，争取增值电信业务审批权限下放到地方通信管理部门的试点，吸引全球领先的云计算、内容分发、在线数据处理等业务企业入驻。加快国际数据港设施互联互通建设，包括加快推进自贸新片区全域 5G 深度覆盖，光纤万兆接入；建设国际海光缆设施，持续提升通信容量，开通高速直连的国际互联网专用通道；建设服务全球数据汇聚流通的功能性枢纽型高等级设施，打造全球数据枢纽平台；推进人工智能公共算力平台建设，形成通达全球、高速泛在、智能融合的数据港典范。

（八）培育引进头部企业，打造总部型经济集聚区

总部型经济的发展，应从加强积聚，加大全国知名民企落沪招商引资力度，支持培育一批专注于细分领域的专精特新、隐形冠军企业等领域入手。因此，应促进央地融合发展，积极推动央企在沪设立功能性、区域性总部，支持央企加强在沪产业布局，推动上海总部型经济高质量发展。加大企业服务力度，积极举办"全国知名民营企业走进上海"等活动，宣传推广上海的营商环境和招商引资政策，吸引国内知名民营企业来沪投资兴业。推进五个新城总部型经济承载区规划建设，围绕主导产业定位，强化总部型经济引领作用，加快引进长三角乃至全球的高能级企业总部、研发总部，特别是吸引一批产业链掌控力强、资源配置能力强、上下游协同能力强的制造业企业总部。推进民营企业总部集聚区建设，实施民营经济百强培育计划。激发中小微企业创新发展活力，支持培育一批专注于细分领域的专精特新、隐形冠军企业。

（九）构建平台经济体系，打造流量型经济新高地

打造流量型经济新高地的关键在于加强工业互联网建设，推进产业电商

平台发展，打响互联网生活服务品牌。因此，应加强工业互联网平台建设，推动企业创新应用。深化实施产业电商"双推"工程（即推动产业电商等企业服务平台创新发展，推动中小企业上平台、用平台工程），打造全国领先发展的产业电商、产业互联网平台，促进互联网＋实体经济融合发展。加快数字新基建，促进工业互联网促数字化转型，推进工业互联网应用场景供需对接和产业创新。

参考文献

《"十四五"时期提升上海国际贸易中心能级规划》，2021年4月17日。

《加快科技创新和高水平开放 着力构建"双循环"新发展格局》，《中国发展》2021年第21期。

李锋、陆丽萍：《聚焦薄弱环节，精准强化上海开放枢纽门户功能》，《科学发展》2021年第1期。

李锋、陆丽萍：《新形势下上海应进一步吸引跨国公司地区总部集聚和提升能级》，《科学发展》2019年第6期。

《上海市城市总体规划（2017—2035年）》，2018年1月4日。

《上海市国民经济和社会发展第十四个五年规划和二〇三五年远景目标纲要》，2021年1月27日。

杨秋怡、马海倩：《上海推进经济增长动能转换的战略性新兴产业发展研究——以新型生产要素的视角》，《科学发展》2021年第1期。

赵弘：《总部经济》，中国经济出版社，2004。

创新型经济篇

Innovative Economy Reports

B.3
上海借助科创板
建设科技创新中心的现状及展望

吴　友*

摘　要： 上海建设具有全球影响力的科技创新中心和上海证券交易所设立科创板并试点注册制，是以习近平同志为核心的党中央交给上海的两项重大任务。目前，上海科技创新中心的基本框架体系已经搭建成型，科创企业数量和质量实现"双提升"，科技创新能力大幅提升，科技创新生态环境明显优化。同时，科创板已经顺利落地并平稳运行两年有余，各项规则体系和运行机制日臻完善，服务的上市公司数量大幅增加，科创板平台效应愈加明显。上海如何把握设立科创板的重大战略机遇，助推科技创新中心建设驶入快车道，进而实现上海"两个中心"联动发展，已经成为政界和学界关注的重大课题。因此，本报告首先对上海科技创新中

---

* 吴友，经济学博士，上海社会科学院经济研究所助理研究员，主要研究方向为区域经济发展、创新创业。

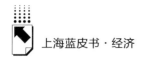
心建设的基本情况进行回顾；其次，对科创板的基本概况进行梳理，并对科创板助推上海科创中心建设的现状进行评估，研究发现，科创板为上海科创企业拓宽了融资渠道、补充了发展资金、完善了创新激励举措、规范了公司治理、打通了创新资本链条等，但也存在规则体系仍需完善、培育机制仍需健全、融资体系仍需优化等方面的薄弱环节；最后，从科创板规则、科创企业融资体系、创新成果转化等方面提出优化举措，以期进一步发挥科创板的牵引作用，推动上海加快建成具有全球影响力的科技创新中心。

关键词： 上海　科技创新中心　科创板

一　上海科技创新中心建设的基本情况

上海建设具有全球影响力的科技创新中心（以下简称"上海科创中心"），是以习近平同志为核心的党中央赋予上海的重大任务和战略使命，也是上海加快推动经济社会高质量发展、提升城市能级和核心竞争力的关键驱动力。上海科创中心建设具有重大的现实意义和深远的战略意义，近年来，上海提出了一系列指导意见、颁布了一揽子专项政策、实施了一系列务实举措，在加快建设具有全球影响力的科技创新中心的道路上已经迈出了坚实的步伐。

（一）上海科创中心建设的历程

2014年5月，习近平总书记在上海考察时指出，"上海要努力在推进科技创新、实施创新驱动发展战略方面走在全国前头、走到世界前列，加快向具有全球影响力的科技创新中心进军"。经过反复论证，2015年5月25日，上海市委、市政府发布《关于加快建设具有全球影响力的科技创新中心的意见》，明确了奋斗目标和总体要求，力争2020年前形成上海科技创新中心基本框架体系，并在建立市场化创新体制机制、建设创新创业人才高地、营造良好的创新创业环境、优化重大科技创新布局等方面提出 22 条意见。

2021 年 9 月 29 日，上海市人民政府发布《上海市建设具有全球影响力的科技创新中心"十四五"规划》，进一步明确细化目标任务，提出包含研发经费支出占 GDP 比重、高新技术企业数量等方面的 8 项核心指标，并围绕加快基础研究、提升关键核心技术、科技增进民生福祉、优化科技创新人才体系、推进张江建设科创中心承载区、营造开放协同的创新空间、构建城市科学文化、打造更具活力的创新生态等方面提出八大战略任务。

（二）上海科创中心建设的现状

本部分将从上海高新技术企业、科技创新、科创企业申报科创板等方面来评估上海科创中心建设现状。

1. 上海高新技术企业情况

从高新技术企业的流量数据来看，2020 年，上海市新认定的高新技术企业数量近两年迎来了大幅增长，2020 年达到 7396 家，相较于 2016年增长率高达 121.89%。从高新技术企业的存量数据来看，2020 年上海市的科技小巨人企业和小巨人培育企业数量共计 2300 家，比 2016 年增长近 79.73%。截至 2020 年末，上海市的高新技术企业主要分布在电子信息、先进制造与自动化、高技术服务、新材料四大行业，其中电子信息领域的企业占比为 38.64%，先进制造与自动化领域的企业占比为22.28%，高技术服务领域的企业占比为 18.65%，新材料领域的企业占比为 6.95%。上海科创中心的创新主体数量日益增加，技术领域集聚趋势明显。

2. 上海科技创新情况

上海科创中心整体的创新投入产出始终保持稳定增长。从创新投入来看，2020 年上海市研发经费支出总额为 1600 亿元，"十三五"时期增长了85.13%。从创新产出来看，2020 年专利申请量为 21.5 万件，"十三五"时期增长了 94.33%。从细分专利申请量来看，发明专利申请量为 8.28 万件，

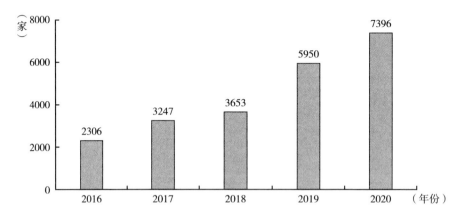

图1　2016～2020年上海新认定高新技术企业情况

资料来源：《上海市国民经济和社会发展统计公报》。

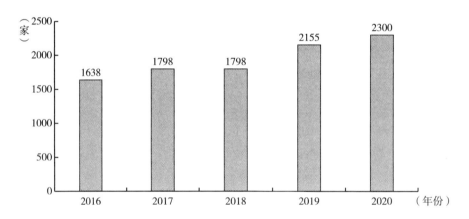

图2　2016～2020年上海科技小巨人企业和小巨人培育企业情况

注：科技小巨人企业和小巨人培育企业数量为历年累计数据。
资料来源：《上海市国民经济和社会发展统计公报》。

相较于2019年增长了15.97%；实用新型专利申请量为10.7万件，比上一年增长了14.35%；外观设计专利申请量为2.47万件，比上一年增长了32.75%。总体而言，发明专利、外观设计和实用新型的专利申请量在"十三五"期间均呈现稳步增长。从创新成果转化的数据来看，2020年上海市高新技术成果转化项目为845项，相较于2016年增加了376项，"十三五"期间增长率为81.67%。

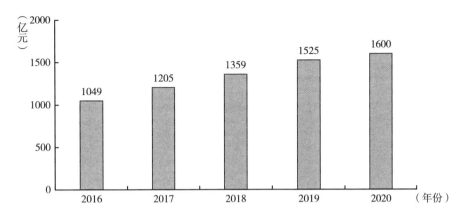

图 3　2016～2020 年上海研发经费支出情况

资料来源：《上海市国民经济和社会发展统计公报》。

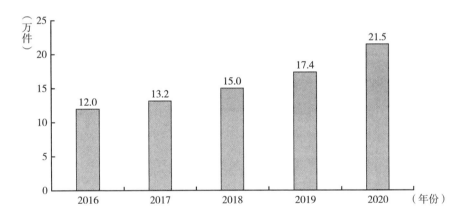

图 4　2016～2020 年上海专利申请量情况

资料来源：《上海市国民经济和社会发展统计公报》。

3. 上海科创企业申报科创板情况

科创板已经成为上海科创企业上市直接融资的重要通道，截至 2021 年
9 月底，剔除主动撤销或终止审核等企业，共计 78 家上海科创企业申报登
陆科创板，分行业来看，近八成的企业分布在新一代信息技术行业（35 家）
或生物医药行业（27 家），这与上海打造集成电路、生物医药、人工智能等
产业创新高地的发展方向基本相符合。

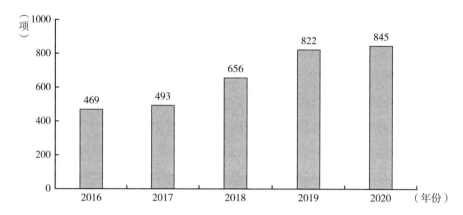

图5 2016~2020年上海高新技术成果转化项目情况

资料来源:《上海市国民经济和社会发展统计公报》。

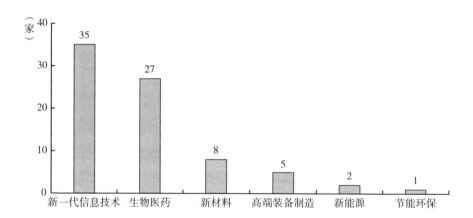

图6 上海科创企业申报科创板情况

注:申报家数剔除终止项目。

资料来源:Wind,截至2021年9月30日。

二 设立科创板的基本概况

2018年11月5日,习近平总书记在首届中国国际进口博览会开幕式上宣布,将在上海证券交易所设立科创板并试点注册制,支持上海国际金融中心和科技创新中心建设。设立科创板并试点注册制，是现阶段我国实施创新驱动发展战略的迫切需要，具有强烈的时代号召。通过试点注册制，深化我国资本市场基础制度改革，构建一套创新性规则体系，从而对我国经济社会发展、资本市场深化改革以及上海"金融＋科创"中心建设具有重要意义。

（一）设立科创板的背景

一是我国经济已经由高速增长阶段转向高质量发展阶段。党的十九大报告明确指出，我国经济已经转向高质量发展阶段，并处于转变发展方式、优化经济结构、转换增长动力的攻关期。特别是全球经济低迷以及中美贸易摩擦加剧，中国经济下行压力较大，实施创新驱动发展战略，才是跨越当前关口的重要动力源。

二是科技创新需要资本市场的强力支持。"十四五"规划和2035年远景目标纲要指出，我国要在创新驱动发展战略背景下，建设以企业为主体、市场为导向、产学研用深度融合的技术创新体系。然而，企业创新具有投入大、风险高、回报周期长等特点，仅仅依靠以银行贷款为主要形式的间接融资方式难以全面满足企业创新的融资需求，亟须资本市场提供风险容忍度高、长期投资的资本。

三是我国原先资本市场体系难以全面满足科技创新需求。在注册制未试行之前，我国资本市场实行以核准制为主体的审核制度体系，但核准制存在上市标准较严、审核效率较低、资源配置功能较弱等弊端，难以全面满足科创创新企业的上市融资需求。

（二）科创板的规则亮点

为了保障科创板试点注册制的平稳运行，证监会和上交所制定了一系列规章制度共计30余项，已经形成了一套包含法律法规、部门规章、业务规则、业务指南四大板块在内的规则体系，统筹推进我国资本市场在发行、上市、交易、信息披露、退市等方面的制度改革。设立科创板并试点注册制作为我国资本市场具有划时代意义的一次增量改革，其规则体系进行了大量的

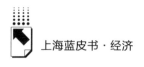

创新性设计。

一是在我国资本市场首次试点注册制，建立了以信息披露为中心，由市场参与各方对发行人的资产质量、投资价值做出判断，从而充分发挥市场在资源配置中的决定性作用。二是上市条件更具包容性，设置了"以预计市值为主体，以营业收入、净利润、现金流、研发占比、市场前景为辅助"的上市指标体系，首次允许未盈利、特殊表决权、红筹架构等企业上市融资。三是审核周期可预期，规定了企业申请上市科创板的审核程序，历经受理、问询、上市委审议、证监会注册、发行上市等环节，并规定了每个审核环节的周期，大大缩短了企业上市审核等待时间。四是定价机制更加市场化，采用市场化的询价制，放弃了国内 A 股主板 23 倍市盈率的窗口指导。同时，创新性试行保荐机构相关子公司跟投制度。五是信息披露机制更加完善，信息披露主体责任更加明确，发行人作为信息披露第一责任人。信息披露内容更加全面，强化科创属性、行业特征、经营模式、风险因素判断的信息披露。六是退市制度更加严格，设定了交易类、财务类、规范类及重大违法类等四大退市指标。

（三）设立科创板的意义

设立科创板并试点注册制是我国一项重大资本市场改革，有利于创新驱动战略、高质量发展的推进。科创板旨在服务技术水平高、成长空间大的科创企业上市融资，有助于破除当前科创企业融资渠道狭小、融资成本高昂的困境，提升资本市场对科创企业的包容性和适应性，进而推动经济转型升级、产业结构优化、新旧动能转换，同时，也有利于我国资本市场制度的完善。科创板和注册制是资本市场基础制度改革创新的"试验田"，也是深化资本市场改革的创新举措，有助于推动资本市场的法制化、市场化、国际化建设。

科创板入驻上海证券交易所，将有利于上海国际金融中心和科技创新中心建设。科创板实现了对上交所仅服务大型成熟企业主板的有效补充，有助于继续发挥上海的品牌效应与虹吸效应，吸引和培育更多的国内外科创企业挂牌上交所，加快上海国际金融中心和科创中心建设，实现"上海是全国的上海""更好为全国改革发展大局服务""上海是面向全球的上海"的战略目标。

三 科创板助力上海科技创新中心建设的机制

科创板设立之初便肩负着伟大使命，其中尤为重要的一点就是服务企业创新、实现高质量发展。科创板通过系统集成我国资本市场在发行、上市、交易、信息披露、退市等方面的制度创新，弥补了我国资本市场在支持科创企业发展中的短板。并且，科创板入驻上海证券交易所，这不仅是对上海国际金融中心的积极肯定和更高要求，也有利于上海发挥科创板的牵引作用，推动上海科创中心建设。截至目前，总计78家（剔除终止审核）上海企业申请登陆科创板，其中，52家企业已经成功发行并上市科创板。

（一）拓宽了上海科创企业的融资渠道

相较于A股主板对拟上市企业在营业收入、净利润和现金流等方面的刚性要求，科创板设置了更具包容性的上市指标体系，针对科创企业的发展规律和经营现状，首次允许未盈利、特殊表决权、红筹等企业上市融资。根据科创板受理上海企业的上市标准选择情况来看（见图7），截至2021年9月30日，53家企业选择了上市标准一，占比达到68%，但也有7家（占比9%）的企业选择"市值超过40亿元＋未来广阔产品空间"的上市标准五，中芯国际、格科微2家企业选择红筹上市标准二，优刻得、商米科技、华勤技术、思特威等4家企业选择特殊表决权上市标准。并且，未盈利的沪硅产业、芯原股份、和辉光电、君实生物、上海谊众、艾力斯相继成功上市。由此可见，科创板拓宽了上海科创企业上市融资的渠道。

（二）补充了上海科创企业的发展资金

相较于A股主板的23倍发行市盈率的窗口指导，科创板实行更加市场

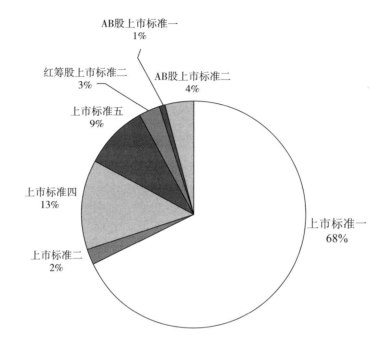

图7　科创板受理上海企业的上市标准选择情况

资料来源：Wind，截至 2021 年 9 月 30 日。

化的询价定价机制，放宽了战略配售的实施条件，并安排了绿鞋制度，从而引导七大类询价机构充分考虑中长期股价波动风险并给予合理报价，有助于资本市场科学地反映企业价值，最大限度地促进企业募集资金。从科创板上海上市公司实际募资额的情况来看（见图8），52 家上市公司总计募集1378.00 亿元，平均募资额为 26.50 亿元。其中，募资额为 10 亿~20 亿元的上市公司最多，共计 17 家，占比 33%；其次是募资额为 5 亿~10 亿元、5 亿元以下的上市公司，均为 10 家，占比 19%。募资额最大的为中芯国际，达 532.3 亿元，募资额最小的上纬新材为 1.1 亿元。并且，37 家科创板上海上市公司实现了超募，累计超募 1121.98 亿元，占比达到 71.2%。其中，中芯国际超募金额最大，为 325.2 亿元。可见，科创板为上海科创企业注入了资金活水，有助于企业创新和健康发展。

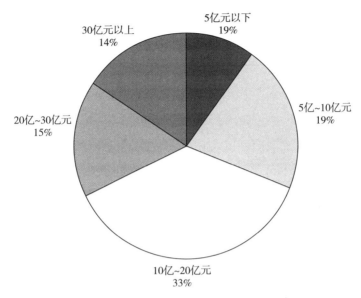

图8 上海科创板上市公司实际募资额的区间分布情况

资料来源：Wind，截至 2021 年 9 月 30 日。

（三）完善了上海科创企业的创新激励举措

针对科创企业研发人员占比高、股权激励较多等特性，科创板制定了极具针对性的股权激励制度，扩大了激励对象范围（实质持股人数可突破 200 人限制），允许员工持股通过公司、合伙企业、资产管理计划等持股平台间接持股，增加了激励股份的比例（可放宽至 20%），放松了限制性股票授予价格不得低于市场参考价 50% 的限制，新增了限制性股票激励形式等。这些创新举措有助于科创企业灵活运用股权激励政策，便于企业吸纳、锁定科技创新人才，为企业长期发展提供人力支撑。根据科创板上市公司员工参与战略配售集合资管计划（以下简称"员工持股计划"）情况，截至 2021 年 9 月 30 日，共有 29 家科创板上海上市公司设置了员工持股集合资管计划，累计浮盈 51.37 亿元。其中，美迪西员工持股计划浮盈最高，达到 10.75 亿元。整体来说，企业成功上市科创板并设置核心员工持股计划，将有助于企业技术团队的稳定，激励企业核心技术员工持续投入企业创新研发。

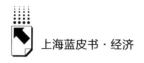

表1 科创板上海上市公司员工持股计划浮盈排名前十名情况

单位：万股，亿元

员工持股计划	获配股数	获配投入资金	最新浮动盈亏
美迪西员工持股计划	155	0.64	10.75
艾为电子员工持股计划	321	2.46	4.92
皓元医药员工持股计划	185	1.20	4.68
复旦微电员工持股计划	1200	0.75	4.46
格科微员工持股计划	2499	3.59	4.07
奕瑞科技员工持股计划	132	1.58	3.91
心脉医疗员工持股计划	154	0.71	3.01
泰坦科技员工持股计划	191	0.85	2.95
沪硅产业员工持股计划	823	0.32	1.91
昊海生科员工持股计划	178	1.59	1.24
其他企业员工持股计划合计	7161	18.25	9.47
总　　计	12999	31.94	51.37

资料来源：Wind，截止日期为2021年9月30日。

（四）规范了上海科创企业的公司治理

设立科创板的关键在于试点注册制，而注册制的本质是坚持以信息披露为核心。目前，科创板制定了贯穿于企业上市申请、审核、发行、再融资、并购重组、持续监管、退市等各环节的信息披露规则，明确发行人作为信息披露第一责任人，保荐人承担连带责任，同时，建立了以问询和现场检查为主要形式的审核制度，重点关注申报企业的科创属性、核心技术、核心技术人员、研发机制等内容的审核（见表2）。据Legal Miner机构发布的《2020年上半年科创板上市审核情况及问询焦点研究报告》，2020年上半年上市委审核的74家企业，第一轮被问询问题合计2898个，平均每家企业在第一轮问询中被问询39.2个问题，企业回复问询文件的平均页数为455.18页。严格的信息披露和多轮的审核问询是对科创企业的一次全方位"体检"，有助于上海科创企业识别和化解自身创新研发、经营管理等方面的风险，进而规范公司治理、推动规范运作、实现健康发展。

表2　科创板 IPO 审核要点——核心技术及研发情况

审核要点	主要内容
核心技术水平	核心技术在国内外发展水平中所处位置,同行业企业对比情况,核心技术优势
	核心技术的可替代性和迭代风险
	核心技术在产品中的应用及产品销售占比
核心技术来源	核心技术来自自主研发、合作研发还是外购
	存在使用期限的核心专利实现的收入占比,专利到期对发行人的影响
	核心技术是否来自股东或关联方,是否存在依赖、权属纠纷或涉及职务发明
核心技术人员	核心技术人员(或研发人员)的认定依据,最近 2 年内是否发生变更
	数量、人均薪酬的变动情况及其与同行业对比情况
	是否存在对核心技术人员的依赖
	核心技术人员的激励制度
研发机制及研发投入	研发体系及研发管理情况、研发团队构成、是否具备持续创新能力
	合作研发模式、协议约定情况、研发成果及所有权归属
	研发支出及归集情况,研发费用占比

资料来源:根据《上海证券交易所科创板股票发行上市审核规则》《上海证券交易所科创板股票发行上市审核问答》等规则整理而得。

(五)打通了上海科技创新的资本链条

企业创新具有投入大、周期长、不确定性高等特性,同时也将为科创企业带来超额收益和持续竞争力,从而成为风投机构、PE 机构投资的主要标的。科创板将成为这些创投机构退出的理想渠道,有利于畅通创新资本循环。从科创板上海上市公司的获取外部创投机构情况来看（见表3）,截至2021 年 9 月 30 日,92%的科创板上海上市公司获得了风投或 PE 机构的投资,累计达到 48 家。比如,中芯国际、中微公司、沪硅产业、芯原股份均获得了国家集成电路产业投资基金的投资,奕瑞科技获得红杉投资,海优新材获得深圳同创伟业投资,君实生物获得高瓴投资等。从上海创投机构投资科创板上市公司情况来看（见表4）,据不完全统计,上海创投机构已经投资了 35 家科创板上市公司,比如,上海张江火炬创投投资了奕瑞科技、普冉股份等企业,上海联合投资、上海科创投投资了和辉光电等企业,国投（上海）创投投资了复洁环保等企业。科创企业上市科创板有助于创投机构成功退出，实现投资收益，进而投资更多科创企业，发挥风险资本的价值发现和价值创造功能。

表3 科创板上海上市公司获得创投机构投资情况

上市公司	创投机构
中芯国际	国家集成电路产业投资基金、国新投资等
中微公司	上海创投、国家集成电路产业投资基金等
格科微	杭州芯正微投资、常春藤科投资、中电华登投资等
沪硅产业	国家集成电路产业投资基金等
澜起科技	珠海融英投资、上海临理投资等
君实生物	上海檀英投资、珠海高瓴天成股权投资等
和辉光电	上海联和投资、上海集成电路产业投资、上海金联投资、广州凯得投资、上海国鑫投资、上海科创投等
芯原股份	国家集成电路产业投资基金等
派能科技	深圳景和道投资等
奕瑞科技	天津红杉聚业投资、北京红杉信远投资、苏州禾源北极光创业投资、上海张江火炬创业投资等
海优新材	昆山分享股权投资、前海股权投资、深圳同创伟业、上海海优威投资等

资料来源：根据科创板上市公司招股说明书整理。

表4 上海创投机构投资科创板上市公司情况

创投机构	上市公司
上海联和投资、上海科创投	和辉光电
上海檀英投资	君实生物
上海临理投资	澜起科技
上海鸿元投资、上海越海投资	宏力达
上海张江火炬创业投资	奕瑞科技、普冉股份
上海正心谷投资	艾力斯
上海浦东领驭投资、上海浦东田羽投资	三生国健
上海尚颀投资	晶晨股份
上海创业投资	中微公司
上海创丰昕汇创投、上海锐合新信投	泰坦科技
国投（上海）创业投资	复洁环保
上海张江科技创业投资	安集科技
上海润昆投资	华依科技

资料来源：根据科创板上市公司招股说明书整理。

四　上海借助科创板建设科技创新中心的薄弱环节

根据前期科创板运行情况，科创板的推出对上海科创中心建设发挥着至关重要的牵引作用。但与上海科创中心建设的远景目标、科创板的战略定位、国际最佳实践相对标，当前，上海借助科创板建设科技创新中心仍有很多有待充实、优化、提高的空间。

（一）科创板规则体系仍需进一步完善

目前，科创板的基本制度框架已经构建完成，各项规则体系科学规范、内容详尽、相互衔接，为科创板前期运行提供了制度保障。随着科创板上市公司数量的增加、企业诉求的多样化，科创板规则体系需进一步完善，相关配套规则需要尽快出台。比如，科创板非常重视核心技术优势信息的披露，普遍要求披露核心技术参数，并与竞争对手或市场竞争产品进行逐项对照，这将一定程度上造成发行人核心信息的外泄。因此，未来需要进一步完善信息披露规则，建立豁免披露指引。

（二）上海科创企业仍需进一步培育

据统计，截至目前，科创板受理企业共计 517 家（剔除终止项目），其中，已经上市交易 341 家，处于正常审核阶段的 176 家。无论从已上市企业数量还是在审企业数量来看，上海均落后于江苏、广东等地区。科创板共计受理 78 家上海企业，远落后于排名第一的江苏（102 家）。上海科创企业并没有充分发挥"近水楼台"的优势，上海科创企业的培育力量有待进一步加强。

（三）上海科创企业融资体系仍需进一步健全

科创企业融资体系应该是全方位、跨层次、多方参与的系统工程，从企业的生命周期来看，主要包括萌芽期、成长期、成熟期、衰退期。相应的，不同阶段企业的融资需求和融资方式也不尽相同，大体分为内源融资、财政

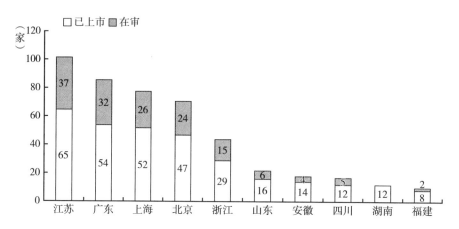

图9 科创板受理企业的主要区域分布情况

注：受理企业剔除了终止项目。

资料来源：Wind，截至2021年9月30日。

补贴、政府引导基金、风险投资、银行贷款、股权投资基金、战略投资基金等。当前，上海科创企业仍然面临融资难、融资贵的困境，特别是中小科创企业受到的融资约束更为严重，很多具有一定发展潜力的科创企业在没有走到科创板上市阶段就已经倒在前期融资难的鸿沟里。

五 政策优化举措

为了抓住设立科创板契机，培育上海科创企业，推动上海加快建成具有全球影响力的科技创新中心，未来仍需要在科创板规则、科创企业融资体系、创新成果转化机制等方面进一步完善。

（一）完善科创板规则体系

一是提高信息披露的适当性。未来在完善信息披露规则、明确各方主体责任的基础上，坚持以投资者作出价值判断和投资决策所必需的信息为导向，针对核心技术、销售单价及毛利率、采购单价及毛利率等涉及商业秘密的信息，可以实施更加灵活的信息披露要求，精简非重要信息披露，适当允许扩大豁免信息披露的范围，并统一豁免披露的信息范畴。

二是制定并推行做市商制度。大型券商具有较高的专业水平，对市场行情有着较强的趋势预判能力，对市场风险具有一定的化解能力。实行以大型券商为主导的做市商制度能够提高市场流动性、平抑市场风险。因此，建议监管机构放松对合格券商的自营业务参与融券限制，允许做市商直接通过融券方式获取股票库存。对于参与跟投的券商，允许其出于做市的目的参与相关标的的融券。

三是完善常态化退市机制。退市机制是促进科创板生态新陈代谢、实现资源优化配置的一项重大制度安排，未来要坚持市场化、法治化、常态化的方向，不断完善科创板的违法类、财务类、交易类、规范类等四类退市标准体系。简化退市程序，提高退市效率，不再设置暂停上市和恢复上市。拓宽多元退出渠道，健全退市后的配套制度，设置科创板退市的转板机制。加强退市过程中的监督，切实保护好投资者的合法权益。通过常态化的退市机制，不断优化科创板生态。

（二）推动上海科创企业的提质增效

一是需要严把科创板申报企业的质量审核关，吸收更多优质的企业上市，辅助其发展壮大。不断通过制度约束、现场检查、专题培训等方式，规范科创板上市公司的公司治理和内部控制，确保募集资金用于科技创新，促进上市公司健康发展。二是完善科创板上市公司资产重组、收购和分拆上市等制度，激发市场活力。提高监管效能，强化上市公司主体责任，提高上市公司违法违规成本。三是实现企业的规范运作，建立科学的现代企业制度，完善法人治理结构；强化内部控制制度，增强风险管理能力。

（三）优化上海科创企业培育载体

一是发挥科技园区、工业园区和经济开发区等企业培育载体的作用，可以对入驻园区的高新技术企业提供房租优惠政策。二是提升孵化器（含众创空间）、大学科技园、文化创意园区等服务科技创业团队、初创期科技型企业的能力，可以对符合条件的孵化器（含众创空间）、大学科技园实行免征房产税、增值税等优惠政策。三是鼓励有条件的区建设产业特点清晰、创新资源丰富、技术支撑有力、孵化服务完善、生活配套齐全的科创企业集聚区，对科创企业集聚区实行政策扶持。

（四）健全上海科创企业融资体系

一是创新财政投入方式，实施高新技术企业财政扶持政策。比如，上海市政府不断创新支持科创企业的补贴工具（"科技创新券"和新经济"四新券"等），推广小巨人贷、履约贷、微贷通等科技金融创新产品，不断拓宽高新技术企业的融资渠道，对满足一定研发支出占营收比的科创企业一次性给予资金支持。二是扩大政府科投、政府创投引导基金规模，强化对种子期、初创期科创企业的投入。三是鼓励商业银行加大对科创企业的信贷力度，支持商业银行设立全资控股的投资管理公司，探索实施多种形式的股权与债权相结合的融资服务方式，实行投贷联动。四是营造良好的营商环境，集聚国内外的天使基金、风险投资基金、股权投资基金等机构，推进知识产权质押融资、专利保险等金融创新业务，拓宽科创企业融资渠道。

（五）完善创新成果转化机制

一是搭建创新成果转化平台，引导科研机构、投资机构、孵化机构、企业等主体登陆平台，构建包括研发、生产、产品上市、资金支持等在内的一揽子创新成果转化服务体系，促进创新成果交易与转化。二是完善创新成果转化税收支持政策，高新技术企业和科技型中小企业科研人员通过科技成果转化取得股权奖励收入时，建议针对个人所得税进行适度优惠，并扩大股权激励递延纳税政策覆盖面。三是发挥中国（浦东）知识产权保护中心的作用，完善知识产权司法保护、行政执法及纠纷多元解决等机制，加强对科创企业的知识产权保护力度。

参考文献

中国证券监督委员会：《关于在上海证券交易所设立科创板并试点注册制的实施意见》，2019 年 1 月 28 日。

《上海证券交易所科创板股票发行上市审核规则》，2020 年 12 月 7 日。

法商数据公司理脉（Legal Miner）：《2020 年上半年科创板上市审核情况及问询焦点研究报告》，2020。

B.4
上海市事业单位类型
新型研发机构研究报告

张　苑　张伯超*

摘　要：　新型研发机构是顺应科技革命和产业变革的产物，对于盘活创新资源、实现创新链条有机重组、加快上海科创中心建设具有重要的时代意义。在所有类型的研发机构中，上海市事业单位类型新型研发机构仍然面临着亟须突破的体制机制瓶颈，主要表现为人、财、物、管方面的"四多四少"。本报告在充分借鉴国内新型研发机构发展经验的基础上，针对上海事业单位类型新型研发机构发展提出有益建议，即上海应当聚焦此类机构的发展痛点堵点，加快完善对研究机构的顶层设计，为进一步释放体制机制优势、提高创新体系效能、激发科学家创新活力提供重要动力。

关键词：　事业单位类型新型研发机构　科技创新　全球科创中心　上海

一　引言

新型研发机构是顺应科技革命和产业变革的产物，对于盘活创新资源、实现创新链条有机重组、加快上海科创中心建设具有重要的时代意义。"十

---

* 张苑，经济学硕士，上海市科学学研究所高级经济师；张伯超，经济学博士，上海社会科学院经济研究所助理研究员。

三五"时期，上海布局建设了数十家新型研发机构。其中，近 10 家机构瞄准人工智能、量子科学、脑科学等前沿领域。它们是事业单位，但与传统事业单位不同，在体制机制上试点"三不一综合"，即不定行政级别、不定编制、不受岗位设置和工资总额限制，实行综合预算管理。还有 15 家机构聚焦本市重点产业和战略性新兴产业，运营研发与转化功能型平台。它们是企业，但与大多数企业不同，其业务是研发行业共性关键技术，提供公共技术服务。从新型研发机构的特征来看，主要包括以下几个方面。

一是在人员编制上，新型研发机构中的一个重要组成部分是事业单位类型新型研发机构。这类新型研发机构名为事业单位，但是其内部科研人员并不像事业单位那样以行政级别定岗，同时也不受事业单位编制和工资总额的限制，保证了研发人员的自由进入和退出，从资金保障来看，其甚至没有财政拨款，以聘任制和合同制的方式招募研究人员，同时将本单位的事业编制统筹使用。

二是在激励机制上，新型研发机构也不同于传统的国有事业单位类型研发机构和组织，其内部管理和运作大多按照企业化管理方式运作，通过设定合同制和末位淘汰制等动态考核管理机制激发本单位研究人员的工作积极性，同时，为强化本单位的科研能力和整体竞争力，其大多按市场薪酬水平吸引国内外高端创新人才，薪酬制度具有较强灵活性，对研究人员的激励力度更大，从而能够充分激发科研人员研发和加快科技成果转化的积极性，有效打破传统国有科研机构陈旧的"铁饭碗"式激励机制。

三是在创新组织机制上，新型研发机构大多瞄准地方产业技术发展需求，具有非常明确的技术创新目标和研发导向，在创新组织机制层面具有政产学研资一体化、创新创业创富一体化、研究开发产业一体化的三个"一体化"相结合的创新机制特征，将创新链、产业链、资金链"三链"紧密融合，突破了传统创新链条与其他链条环节彼此独立且不相通的一贯弊端。

四是在合作机制上，新型研发机构充分利用自身的平台优势，直接面向产业发展、背靠平台集聚的海量创新资源、引入金融资本，建立

"政策 + 创新 + 产业基金 + VC/PE"的全新科技创新机制，为科技成果产业化提供全链条服务支撑，大幅提高新型研发机构框架内的科技创新成果转化效率。

五是在创新文化上，以往传统研发机构所重视的学术论文、发明专利等不再是新型研发机构研究人员创新绩效评价的唯一指标，更加高效快速地孵化创新企业，以新技术成果转化催生新兴产业与全新的服务和产品，以及谋求在更大范围内创造更加丰富的社会财富才是新型研发机构科技创新团队追求的最终目标。

六是在创新链建设上，新型研发机构通过体制机制创新，构建集"应用研究—技术开发—产业化应用—企业孵化"于一体的科技创新链条，主动布局前沿科技、跨界创新等领域，保证科技成果产业化链条的通畅以及产业发展对科研的反哺。

上海在培育和发展新型研发机构上进行了积极探索，围绕战略性新兴产业和重点产业发展，利用政产学研用各方资源，致力于新兴技术的研发与成果转化，建设并发展了一批专业化、市场化、国际化的新型研发机构。2019年3月，上海颁布《关于进一步深化科技体制机制改革　增强科技创新中心策源能力的意见》（以下简称"科改25条"）。同年4月，市科委等6个部门联合发布《关于促进新型研发机构创新发展的若干规定（试行）》，提出"新型研发机构是有别于传统科研事业单位，具备灵活开放的体制机制，运行机制高效、管理制度健全、用人机制灵活的独立法人机构"，明确了上海新型研发机构发展的基本要求和政策支持方向。

目前，上海有30多家登记备案的新型研发机构，分为3类：研发服务类企业15家（主要是市级研发与转化功能型平台）、实行新型运行机制的科研事业单位4家、科技类社会组织14家（民办非企业单位）。

第一类是企业性质的新型研发机构。如上海微技术工业研究院是上海首批立项建设的研发与转化功能型平台，也是由上海市政府、中科院、嘉定区等多方投入共建的国有企业。该研究院聚焦 MEMS、AIN、硅光等领域，引领技术创新，在毫米波雷达、微流控生物打印、功率器件（IGBT）等20余个超越摩尔集成电路细分技术领域实现了技术熟化和转化，助力企业缩短新产品开发周期、降低研发成本，面向全球引进行业顶级人才，不断孵化培育创新型企业，累计服务用户单位近500家，累计收入7.67亿元，成功实现自我造血。

第二类是事业单位性质的新型研发机构。如上海脑科学与类脑研究中心、上海期智研究院等新型事业单位，是上海根据国家实验室建设的战略任务需要，对接中科院计算所、浙江大学等建设的具有事业单位性质的新型研发机构。机构实行"三不一综合"（不定行政级别，不固定编制数量，不受岗位设置和工资总额限制，实行综合预算管理）的新型体制机制。

第三类是民办非企业性质的新型研发机构。如上海产业技术研究院成立之初的定位为服务产业、开放创新的"智囊、平台、桥梁和枢纽"，8年来围绕上海重点产业领域着力搭建创新组织平台，并积极践行传统科研体制与市场化体制融合的运行模式。

上海市新型研发机构在发展壮大的同时，仍存在共性的体制机制瓶颈，尤其是事业单位类型新型研发机构表现得更为突出。课题组集中调研了部分事业单位类型新型研发机构，梳理并剖析了其存在的问题，并提出了促进上海新型研发机构改革突破的政策建议，以期推动新型研发机构健康有序发展。

二 上海市事业单位类型新型研发机构存在的瓶颈问题

近年来，上海瞄准人工智能、量子科学、脑科学等前沿领域，加快布局新型研发机构，并探索体制机制创新，形成了10家采用"三不一综合"模式（即不定行政级别，不固定编制数量，不受岗位设置和工资总额限制，实行综合预算管理）的事业单位类型新型研发机构。

表1　事业单位类型的新型研发机构

序号	单　位	经费来源性质
1	上海脑科学与类脑研究中心	全额拨款
2	上海量子科学研究中心	自收自支

序号	单 位	经费来源性质
3	上海清华国际创新中心	自收自支
4	上海期智研究院	其他
5	上海微纳电子研发中心	自收自支
6	上海人工智能创新中心	自收自支
7	上海处理器技术创新中心	自收自支
8	上海长三角技术创新研究院	自收自支
9	上海浙江大学高等研究院	自收自支
10	上海长兴海洋实验室	自收自支

但在实际运行过程中，由于事业单位类型新型研发机构的运营管理模式处于"摸着石头过河"阶段，发展中遇到的共性的体制机制瓶颈，集中体现为"人、财、物、管"方面的"四多四少"，对机构运营产生诸多困扰，亟待加快破解。

（一）人：招聘方式灵活少，激励机制限制多

在人员招聘方面，事业单位编制内人员与单位签订聘用合同，适用《事业单位人事管理条例》；事业单位编制外人员应当签订劳动合同，适用《中华人民共和国民法典》。事业单位编制内人员的社保事宜，适用国务院发布的《关于机关事业单位工作人员养老保险制度改革的决定》。当前"三不一综合"类型新型研发机构直接招聘无编制人员及其社保缴纳缺乏相应的管理规定，人员招聘面临一系列新难题。比如，上海清华国际创新中心反映，没有事业编制，其人员聘用方式为直接与中心签订合同，在进行社保登记时，登记部门只提供了在编人员和劳务派遣两个选项，无法为人员登记录入社保，后经市领导协调，登记部门改为手工录入，特事特办暂时解决了该问题。

在引进人才方面，上海处理器技术创新中心、上海浙江大学高等研究院等均反映，由于尚未被列入人才重点引进单位，部分急需人才无法直接办理落户。此外，由于无法纳入事业单位人员编制，部分高层次人才对发展的稳定性和可持续性存疑。

在激励机制方面，缺乏事业单位员工参与孵化服务形成的子公司股权激励的政策依据，该类型新型研发机构难以开展有效的员工股权激励。

在职称评定方面，新型研发机构大多要开展前沿技术研究和关键核心技术攻关，在人才评价方面具有一定的特殊性，人才的类型也比较多样，原有职称评价体系满足不了其个性化需求，同时，尚未形成职称序列与高校职称互认机制，对吸引高校人才形成一定的阻碍。

（二）财：启动资金力度小，经费使用限制多

在启动资金方面，上海绝大多数事业单位类型新型研发机构尚处于开办初期，还未形成自负盈亏的运营能力。"科改 25 条"提出，按照"一所（院）一策"原则，给予研究机构长期稳定的支持。但截至目前，市级层面没有明确对此类新型研发机构的启动资金予以支持。上海清华国际创新中心、上海处理器技术创新中心、上海浙江大学高等研究院等机构均反映，自开办以来仅获得个别专项资金和项目补贴，且项目经费不能用于人员经费列支，机构运营维系艰难。

在预算管理方面，根据《中华人民共和国预算法实施条例》、财政部《中央本级基本支出预算管理办法》、《上海市市本级基本支出预算管理办法》等政策法规，事业单位的支出预算由基本支出预算和项目支出预算组成，其中基本支出预算（包括人员经费预算和公用经费预算）实行定员定额管理。由于新型研发机构不定编，财政核定综合预算缺乏相应的法律法规支持，无法核定明确的基本支出预算额。

在经费使用方面，上海大多数事业单位类型新型研发机构通过重大专项等项目形式得到资金支持，但按照目前的财政科技计划项目资金管理办法，人员支出占项目经费比重仅为 15%～30%，与 70%～80% 的实际人员支出需求不匹配，人员费用难以保障，不利于机构持续健康发展。

（三）物：资产配置模式少，国资管理审批多

在资产配置方面，根据财政部 2019 年修订的《事业单位国有资产管理

暂行办法》，事业单位内的所有资产，不论是否直接来自财政经费支持，都要按照规定进行管理。事业单位国有资产配置应当符合规定的配置标准；没有规定配置标准的，应当从严控制，合理配置。比如，事业单位办公用房、公务用车及各类办公用品均根据与其行政级别相挂钩的配置标准执行。而不定行政级别的新型研发机构，如何确定其资产配置标准，是否需要审批，尚无明确规定。

在资产使用方面，事业单位如需设立公司，必须经主管部门审核同意后，报同级财政部门审批。比如，新型研发机构如要设立投资公司或资产管理公司对孵化的公司进行投资等资产管理，需报财政部门审批，财政部门原则上按照"一事一议"和"从严从紧"的原则，严格控制事业单位新增对外投资，这造成机构在投资审批中存在障碍。

（四）管：顶层设计存空白，传统管理阻碍多

在运营机制上，按照2011年《中共中央　国务院关于分类推进事业单位改革的指导意见》，事业单位主要分为公益一类和公益二类两种类型。上海市事业单位登记管理网站提供的《事业单位设立、变更、注销登记办事指南》中，"单位经费来源"一处，有"全额拨款、差额拨款、自收自支"三个选项。但新型研发机构在注册时定性为公益一类、公益二类或自收自支事业单位均存在一定不妥。除上海脑科学与类脑研究中心外，其余事业单位性质新型研发机构由于没有套用传统事业单位的级别和人员编制，无法得到固定的财政预算经费支持，无法开具相应的开办资金确认证明，进而无法选择公益一类或公益二类事业单位，只能暂时选择"自收自支"或"其他"选项注册，与其实际上具有公益性质的定位不符，并与国家应逐步将自收自支类事业单位转为企业的改革要求不符。

三　国内可借鉴的新型研发机构建设经验探索

尽管事业单位类型新型研发机构显示出强劲的创新活力，是上海"想

创造、能创造、善创造"主体的典型代表，但是当前的配套政策与制度供给尚不能适应"新物种"的实际发展需求。综观全国的实践经验，各地在"人、财、物、管"等方面已探索出一些可复制、可推广的经验，主要体现如下。

（一）"倾"斜政策：人才等政策给予倾斜

在人才聘用和职称评定方面，浙江赋予符合条件的省级新型研发机构相应级别职称评审权，广东实施企业家职称评审直通车制度。

在法人登记和税收等方面给予优待，济南制定新型研发机构事业单位法人登记管理办法，广东提出作为省或市登记设立的事业单位不纳入机构编制管理，浙江提出进口科教用品免税方面享受与省属科研院所同等待遇和政策。

（二）"稳"定支持：给予机构稳定性支持

在经费支持方面，对新建的新型研发机构，在其前期的 3~5 年建设期，苏州、浙江、广东等地都给予稳定性财政支持，后续也会根据实际情况再进行持续性补助。

（三）"负"面清单：建立经费负面清单制度

在经费使用方面，广州、深圳、北京、江苏等地针对建设经费、科研经费等的使用普遍建立了负面清单制度，给予新型研发机构更多经费使用自主权。

（四）"下"放权限：投资决策权下放给机构

在投资审批方面，广东针对省市参与建设的事业单位性质新型研发机构，可授予其自主审批下属创投公司最高 3000 万元的投资决策权；允许新型研发机构设立多元投资的混合制运营公司，其管理层和核心骨干可以货币出资方式持有 50% 以上的股份。

表2　我国各地新型研发机构的体制机制探索

主题	地区	经验做法	政策文件
人才政策	浙江	赋予符合条件的省级新型研发机构相应级别职称评审权 高校、科研机构科研人员按规定带项目或成果离岗到省级新型研发机构工作,返回原单位时工龄连续计算,待遇和聘任岗位等级不降低 省级新型研发机构聘用的海外高端人才可不受年龄、学历和工作经历限制	《浙江省人民政府办公厅关于加快建设高水平新型研发机构的若干意见》
	广东	科研人员参与职称评审与岗位考核时,发明专利转化应用情况可折算论文指标,技术转让成交额可折算纵向课题指标 实施企业家职称评审直通车制度,科技型企业家可直接申报高级(含正高级)专业技术职称	《关于支持新型研发机构发展的试行办法》《关于进一步促进科技创新的若干政策措施》
财政支持	苏州	对建设期的新型研发机构,分期分档最高给予1000万元联动支持。建设期满的,根据实际情况,给予最高20%的补助,每年单个机构补助最高500万元	《苏州市推进新型研发机构集群发展的实施细则》
	浙江	对符合条件的研发总部和研发机构给予最高3000万元支持。对第三方绩效评价优秀的省级新型研发机构,根据上年度非财政经费支持的研发经费支出给予适当补助	《浙江省人民政府办公厅关于加快建设高水平新型研发机构的若干意见》
	广东	对粤东西北地区的经认定为省新型研发机构且评估优秀的,最高给予2000万元奖补	《关于进一步促进科技创新的若干政策措施》

续表

主题	地区	经验做法	政策文件
经费使用	广州	实行经费"负面清单"管理制度	《广州市合作共建新型研发机构建设经费使用"负面清单"(2019年版)》
	深圳	出台《关于加强新型科研机构使用市科技研发资金人员相关经费管理的意见(试行)》	《关于加强新型科研机构使用市科技研发资金人员相关经费管理的意见(试行)》
	北京	实行财政经费负面清单管理制度,负面清单以外的经费使用由单位自主决定	《北京市支持建设世界一流新型研发机构实施办法(试行)》
	江苏	省产研院独立法人性质的专业研究所使用财政资金取得的不涉及国防、国家安全、国家利益、重大社会公共利益的科技成果,其使用权、处置权、收益权归其所有;科技成果转化收益可自行处置,不需履行相关手续;对主要贡献人员和团队的奖励,计入当年单位工资总额,不作为工资总额基数	《省政府办公厅关于支持江苏省产业技术研究院改革发展若干政策措施的通知》
资产配置、使用	广东	对省市参与建设的事业单位性质新型研发机构,省或市可授予其自主审批下属创投公司最高3000万元的投资决策权 允许新型研发机构设立多元投资的混合制运营公司,其管理层和核心骨干可以货币出资方式持有50%以上股份	《关于进一步促进科技创新的若干政策措施》
法人登记	济南	制定新型研发机构事业单位法人登记管理办法	《济南市新型研发机构事业单位法人登记管理办法(试行)》
	广东	符合条件的省实验室及所属科研机构、高水平研究院,经批准可作为省或市登记设立的事业单位,不纳入机构编制管理	《关于进一步促进科技创新的若干政策措施》

主题	地区	经验做法	政策文件
政策优惠	广东	属于省政府重点扶持且纳税确有困难的新型研发机构,可申请酌情给予减税或免税照顾。	《关于支持新型研发机构发展的试行办法》
	浙江	省级新型研发机构在申报各类科技计划、进口科教用品免税方面享受与省属科研院所同等待遇和政策	《浙江省人民政府办公厅关于加快建设高水平新型研发机构的若干意见》

四 对策建议

新型研发机构作为链接产学研的枢纽型载体,其发展的关键在于"体制新、机制活、转化快"。上海探索建立"三不一综合"的事业单位性质新型研发机构,已迈出突破传统科研事业单位制度重要的一步。下一步,建议聚焦此类机构的发展痛点堵点,加快完善对研究机构的顶层设计,为进一步释放体制机制优势、提高创新体系效能、激发科学家创新活力提供重要动力。

(一)出台总体方案,形成一揽子顶层设计

针对事业单位性质新型研发机构,加快形成一揽子政策和制度。建议研究出台事业单位类型新型研发机构运行管理制度,就新型研发机构事业单位的概念、登记管辖权、登记程序、监管责任等内容进行界定,建立健全涵盖准入、登记、运行、管理、退出和监管全过程的配套制度体系,推动此类新型研发机构"设得快、办得好、管得住、退得出"。创新科研人才管理机制,建立"高层次人才周转编制"或双聘制。坚持放管结合,探索实行审慎包容监管。在明确主管部门、举办单位、登记机关,以及人力资源保障、财政、审计、税务等相关部门监管职责的基础上,充分利用"互联网+监管"实行远程动态监管和信用监管,不干预机构日常运营;探索建立公益

指数评价机制,对机构业务开展情况和提供公益服务的行为、成效等进行定量定性综合评价。

(二)加快"放管服"改革,多方共办共建

建议市区两级尽快研究给予此类新型研发机构 3～5 年建设期内的稳定资金支持机制,探索财政科技后补贴模式,保障人才在资金充裕的环境中潜心研究。探索在适当时机,下放对外投资审批权、行政级别相关事项审批权(如公务用车、装修、租房等)等权限至各机构,可赋予机构 3000 万元人民币以下投资的自主审批权,行政级别相关事项可由各机构制定相关办法报主管部门备案。探索员工参与孵化形成或出资设立的子公司"上持下"股权激励方案,开展混合所有制改革试点,激发核心技术骨干的积极性和创造性。

(三)创新运营管理模式,探索"预算＋负面清单"

支持新型研发机构实施以章程管理、综合预算管理和绩效评价为基础的管理模式。落实国务院常务会议要求,参考进一步改革完善中央财政科研经费管理的相关措施,大力破除不符合科研规律的经费管理规定,支持新型研发机构实行"预算＋负面清单"管理模式。建议依据"契约管理"模式,借鉴上海科技大学等综合预算管理方式,赋予此类新型研发机构充分自主权,将其取得的财政拨款收入、科研收入、经营收入和其他收入等各项收入全部纳入部门预算,统一核算、统一管理。创新运行管理机制,逐步建立具有竞争力的薪酬体系。提升财政经费使用的灵活度,对机构获得的市级财政建设经费和市级科技创新发展专项经费(事前资助)进行"负面清单"管理,支持研究院围绕既定的目标任务,根据科研活动实际需要,将财政经费用于人员、设备、试验、交流等。除"负面清单"及特殊规定之外,财政资金支持产生的科技成果及知识产权由新型研发机构依法取得、自主决定转化及推广应用。

服务型经济篇

Service-oriented Economy Reports

B.5
上海医疗机构对外开放的现状、挑战与对策研究

周 婷 刘玉博 张国梁*

摘 要： 近年来，国家和上海市政府不断出台文件，为加快医疗服务业开
放步伐，提供有力开放政策支持。本报告从股权结构、地区分布、
机构种类、患者来源等方面梳理了上海医疗机构对外开放的特征，
并分析了上海在巨大潜在消费者市场、强大医疗技术支持、优越
内外部制度等方面所具备的开放优势与机遇，探讨了上海外资医
疗机构面临的疫情冲击、人才发展政策瓶颈、市场准入与发展运
营制度障碍等挑战，并提出了相应的对策建议。

关键词： 外资 医疗机构 对外开放 医疗服务业

---

* 周婷，经济学博士，上海社会科学院经济研究所助理研究员，主要研究方向为医疗卫生政
策、社会保障；刘玉博，法学博士，上海社会科学院经济研究所助理研究员，主要研究方向
为人口经济学；张国梁，上海社会科学院经济研究所。

一 医疗机构对外开放政策的变迁

（一）我国医疗机构对外开放的政策变迁

改革开放以来，我国始终毫不动摇地秉持对外开放基本国策不改变。20世纪80年代至今，我国医疗机构对外开放政策演变过程如表1所示。尤其是近十年来，医疗机构对外开放的力度和维度全面提升，政策出台的密集度和开放度反映了我国在医疗服务业领域坚持高质量、高水平开放的基调与立场。

从市场准入来看，我国大力强化对社会办医的政策支持，持续扩大市场开放。近年来不断放宽社会办医的准入门槛，逐步下放社会办医的审批权限。如2017年出台的《关于支持社会力量提供多层次多样化医疗服务的意见》提出，要对社会办医疗机构在准入方面与公立医疗机构一视同仁，营造公平竞争环境；2019年出台的《关于印发促进社会办医持续健康规范发展意见的通知》提出，为社会办医留足发展空间，对社会办医区域总量和空间布局不作规划限制。各地在新增或调整医疗卫生资源时，要首先考虑由社会力量举办或运营有关医疗机构。

从股权结构限制来看，国家对医疗机构中的外资股权比重和审批权限逐步放宽。政策方面，从1997年的"中方合营者股权比例不低于50%"，到2000年"中方在医疗机构中所占股权比例或权益不得低于30%"，再到2010年"允许台港澳服务提供者设立独资医院"，进而到2014年"允许7省市设立外资独资医院""外资独资医院的设置审批权限下放到省级"。但从2015年开始，医疗机构被列为"外商投资产业指导目录"中的限制类项目，仅限于合资、合作，直至2020年发布的《外商投资准入特别管理措施（负面清单）（2020年版）》，仍将其限于合资。这可能是由于医疗服务业事关人民群众健康乃至生命安全，又具有信息不对称等市场失灵特征，政府对外资独资医院的开设持较为审慎态度。可见，外资独资医疗机构开放政策经历了由紧到松再到收紧的过程。

从与社会基本医保对接来看，政府逐步允许社会办医疗机构与社会基本医疗保险之间建立对接通道。2015 年国务院发布《关于促进社会办医加快发展的若干政策措施》，明确将社会办医纳入医保定点范围；2020 年出台的《中华人民共和国基本医疗卫生与健康促进法》进一步明确鼓励社会办医疗机构提供基本医疗服务。外资医疗机构的医疗服务范畴和定位已从中高端服务拓展至面向更广大民众的基本医疗服务。

表 1   我国医疗机构对外开放相关政策

年份	政策	发布单位	内容
1989	《关于开办外宾华侨医院、诊所和外籍医生来华执业行医的几条规定》	卫生部	中外可以合资、合作建医院或诊所,不允许外商独资
1997	《关于设立外商投资医疗机构的补充规定》	对外贸易经济合作部	外商投资医疗机构的中方合营者股权比例一般不低于 50%，特殊情况下不低于 30%。经营期限不超过 20 年
2000	《中外合资、合作医疗机构管理暂行办法》	卫生部	合资、合作中方在医疗机构中所占股权比例或权益不得低于 30%
2007	《〈中外合资、合作医疗机构管理暂行办法〉的补充规定》	卫生部、商务部	香港、澳门服务提供者在内地设立的合资、合作医疗机构,其投资总额不得低于 1000 万元人民币
2009	《〈中外合资、合作医疗机构管理暂行办法〉的补充规定二》	卫生部、商务部	明确允许香港、澳门服务提供者在广东省以独资形式设立门诊部,门诊投资总额不作限制
2010	《关于进一步鼓励和引导社会资本举办医疗机构意见的通知》	发展改革委、卫生部、财政部、商务部、人力资源社会保障部	将境外资本举办医疗机构由限制类调整为允许类外商投资项目,逐步取消对境外资本举办医疗机构的股比限制,对外商独资医疗机构先行试点、逐步放开
2010	《香港和澳门服务提供者在内地设立独资医院管理暂行办法》	卫生部、商务部	港澳服务提供者可以在上海市、福建省、广东省、海南省和重庆市等 5 省市设立独资医院,自 2012 年 4 月起扩大到所有直辖市及省会城市

续表

年份	政策	发布单位	内容
2013	《关于促进健康服务业发展的若干意见》	国务院	逐步扩大具备条件的境外资本设立独资医疗机构试点范围
2013	《关于加快发展社会办医的若干意见》	国家卫生计生委、国家中医药管理局	进一步放宽境外资本在内地设立独资医院的范围；将台港澳服务提供者设立独资医院的地域范围扩大到全国,由省级卫生部门负责审批
2014	《关于开展设立外资独资医院试点工作的通知》	国家卫生计生委、商务部	允许境外投资者通过新设或并购的方式在北京、天津、上海、江苏、广东等7省市设立外资独资医院,其设置审批权限下放到省级
2015	《外商投资产业指导目录》	国家发改委、商务部	医疗机构列入限制类项目,限于合资、合作
2015	《关于促进社会办医加快发展的若干政策措施》	国务院办公厅	进一步放宽社会办医准入条件,拓宽投融资渠道,促进资源流动和共享,在税收、医保、监管、收费等方面优化发展环境
2016	《"健康中国2030"规划纲要》	中共中央、国务院	破除社会力量进入医疗领域的不合理限制和隐性壁垒,逐步扩大外资兴办医疗机构的范围
2017	《关于支持社会力量提供多层次多样化医疗服务的意见》	国务院办公厅	强化对社会办医的政策支持,进一步扩大市场开放。对社会办医疗机构在准入、执业、监管等方面与公立医疗机构一视同仁,营造公平竞争环境
2019	《关于促进社会办医持续健康规范发展的意见》	卫健委、发改委、科技部、财政部、人社部等	对社会办医区域总量和空间布局不作规划限制;乙类大型医用设备配置实行告知承诺制,取消床位规模要求
2020	《中华人民共和国基本医疗卫生与健康促进法》	第十三届全国人大常委会第十五次会议	鼓励社会办医疗机构提供基本医疗服务、参与医疗服务合作机制;支持社会办医与政府办医疗机构开展各类合作;社会办医享有与政府办医疗机构的同等权利

资料来源：笔者梳理。

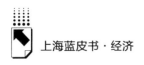

（二）上海医疗机构对外开放政策的演进特征

上海依据国家相关部门的政策文件，出台大量地方性法规和规范性文件，推进对中央文件精神的落实。上海还充分发挥在自贸区、国际医学园区建设等方面的优势，在社会办医政策上积极先行先试，不断突破束缚外资医疗机构发展的政策瓶颈和制度障碍，有效推动了上海医疗机构的高质量、高水平对外开放。相关政策包括以下几方面。

1. 鼓励外资等社会资本举办医疗机构

从政策层面看，在上海医疗机构布局中逐步给予社会资本更大空间和优先级。2013 年出台的《关于进一步促进本市社会医疗机构发展实施意见》提出，鼓励境外资本举办社会医疗机构；2016 年《上海市卫生计生改革和发展"十三五"规划》鼓励社会资本在人口导入区开设医疗机构，发展一批有一定规模、影响和品牌特色的社会医疗机构；2018 年上海"健康服务业 50 条"提出重点培育和发展社会办医品牌；2020 年在上海遴选的首批国际医疗旅游试点机构中，有 20 家社会办医机构入选，其中包含 7 家中外合资医疗机构。这显示医疗机构的对外开放已成为上海的城市名片，既显示了外资等社会资本办医机构的医疗质量和影响力，也彰显了上海政府在该领域扩大开放的坚定决心与政策方向。

2. 逐步放开外资举办独资医疗机构

2013 年 9 月上海以《中国（上海）自由贸易试验区总体方案》为契机，允许设立外商独资医疗机构；2014 年上海被纳入国家卫计委、商务部在全国设立的 7 个外资独资医院试点工作省市之一；同年，国务院批准了上海自贸试验区进一步扩大开放的 31 条措施，取消了外商投资医疗机构的最低投资总额和经营年限的限制；2015 年上海自贸区第一家非港澳台资外商独资医疗机构（日资）上海永远幸妇科医院成立，也成为大陆第一家外商独资医疗机构（港澳台除外）。

3. 不断放开准入限制并简化审批程序

上海针对境外资本等社会资本举办医疗机构的准入门槛逐步放宽，同时优化审批程序、下放审批权限。2018 年在"放管服"方面进行突破，先行放开 100 张床位及以上的社会办医疗机构等规划限制，简化社会办医的审批流程，推进网上审批；2019 年进一步放宽服务业外资市场准入限制，降低对外国投资者资产总额的要求，取消对外国投资者已设立企业的数量要求；同年提出取消部分社会资本办医的机构数量、等级、床位规模、选址距离等限制。

4. 逐步将外资医院纳入社会医保定点对象

上海不断完善社会医疗机构纳入医保定点的相关政策，推动医保定点落地。2013 年起上海逐步推动社会医疗机构纳入医保定点；2014 年出台的《关于进一步促进本市社会医疗机构纳入医保定点工作的通知》提出社会医疗机构在医保定点准入方面要一视同仁、公平准入；2016 年完善政府和医保购买服务机制；2018 年上海对在高水平社会办医机构就医的医保病人，实行基本医疗服务费用由基本社会医保基金按照公立医院同等收费标准予以结算，非基本医疗服务费用由病人自负。

5. 促进医师多点执业

上海不断优化外资医疗机构用人环境，鼓励医师多点执业。2013 年上海完善相关制度，鼓励医师到社会医疗机构多点执业，并规定原单位不得因此降低其政策规定的相关待遇标准；2016 年进一步推进医师多点执业；2018 年进一步加大上海在医学人才培养、科研申报、培训教育等方面向社会办医疗机构开放的力度。

6. 支持外资等社会资本办医疗机构配置大型医用设备

2013 年上海提出制定和调整配置规划时应为社会医疗机构发展合理预留空间；2018 年上海"健康服务业 50 条"继续完善医疗技术备案制度，并逐步推广上海自贸区社会办医疗机构乙类大型医用设备管理模式；2019 年新虹桥"十条新政"进一步优化乙类大型医用设备配置准入管理制度。

7. 其他相关配套政策

上海还在土地、金融、税收和价格等其他配套政策方面给予外资医疗机构积极支持。2013 年提出完善社会资本举办的非营利性医疗机构可按照国家规定享受税收优惠政策，用电、用水、用气、用热与公立医疗机构同价；营利性医疗机构按照国家规定缴纳企业所得税，提供的医疗服务（不包括药品）实行市场调节价，按照"补偿成本、合理回报"的原则自主定价，免征营业税；2018年提出社会办医机构经认定后可享受高新技术企业或技术先进型服务企业的优惠政策。

表2 近年来上海医疗机构对外开放的相关政策

年份	政策	内容
2012	《上海市医疗机构设置规划（2011—2015）》	进一步发展社会办医，提高和扩大社会办医的质量和规模，促进多元化办医格局形成
2012	《关于促进本市国际医学园区医疗机构建设与发展的若干意见》	坚持发展高端医疗，以推进国际医学园高端、特需医疗为抓手，大力发展现代医疗服务业
2013	《关于进一步促进本市社会医疗机构发展实施意见》	沪28条鼓励境外资本举办社会医疗机构。完善境外资本举办医疗机构的审批程序
2013	《中国（上海）自由贸易试验区总体方案》	允许设立外商独资医疗机构
2013	《中国（上海）自由贸易试验区外商独资医疗机构管理暂行办法》	细化开放措施；对外商独资医疗机构作出最低投资总额为2000万元等要求
2014	《关于进一步促进本市社会医疗机构纳入医保定点工作的通知》	社会医疗机构在医保定点准入方面一视同仁、公平准入；在执行与公立医疗机构相同的报销政策方面给予同等待遇；优化定点审批、规范审批流程
2016	《上海市卫生计生改革和发展"十三五"规划》	逐步提高社会办医疗机构的床位比重；支持社会力量提供体检、医学检验、影像检查、健康管理、医疗旅游、健康咨询、卫生检测等服务

续表

年份	政策	内容
2017	《上海市医疗机构设置"十三五"规划》	社会办医疗机构床位数达到千人口1.5张以上;新增治疗床位的25%为社会办医疗机构预留空间
2018	《关于推进健康服务业高质量发展加快建设一流医学中心城市的若干意见》(简称"健康服务业50条")	先行放开100张床位及以上的社会办医疗机构限制;简化社会办医疗机构审批流程;完善医疗技术备案制度;逐步推广乙类大型医用设备管理模式
2019	《关于优化本市社会办医疗机构设置管理的意见》	取消部分社会资本办医的机构数量、等级、床位规模、选址距离等限制;市区两级卫生健康行政部门分别负责不同规模社会办医疗机构的设置管理
2019	《关于进一步支持新虹桥国际医学园区社会办医高质量发展的若干意见》(简称新虹桥"十条新政")	境外已上市新药的先行试用;优化乙类大型医用设备配置准入管理制度;推进医保管理和商业健康保险模式创新
2019	《上海市新一轮服务业扩大开放若干措施》	进一步放宽服务业外资市场准入限制;降低对外国投资者资产总额的要求,取消对外国投资者已设立企业的数量要求
2021	《上海市卫生健康发展"十四五"规划》	对社会办医预留规划发展空间,包括安排部分乙类大型医用设备配置规划;支持公立与社会办医在人才、技术、管理等方面开展合作;高水平社会办医认定及纳入医保标准

资料来源:笔者梳理。

在上述政策的不断推动下,上海外资医疗机构得到大力发展。尤其是近十年来,外资医疗机构蓬勃发展。我们在此进行简单对比:1992～2001年,上海设立外资医疗机构5家;2002～2011年,上海设立外资医疗机构12家;2012～2021年,上海设立外资医疗机构14家。外资医疗机构的增长速度一直在加快,这得益于宏观政策环境的改善与优化。

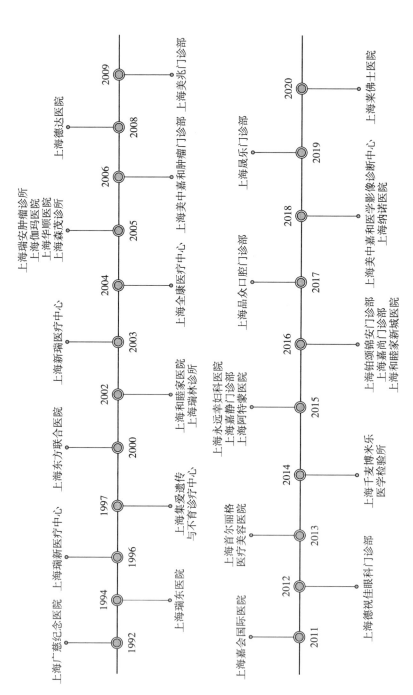

图 1　上海外资医疗机构成立时间

资料来源：笔者梳理。

二 上海医疗机构对外开放的现状：特征与优势

随着上海居民收入水平的不断提高和人口老龄化程度的日益加剧，医疗健康领域消费市场急剧扩大。显然，以公立医院为主体的医疗服务体系已难以满足市场多层次、多元化需求。当前，上海已形成一批以提供中高端医疗服务为主要业务范畴的外资医疗机构，丰富了上海医疗机构发展的多样化格局。

本课题组通过走访调研上海和睦家医院、嘉会国际医院、德达医院、永远幸妇科医院、莱佛士医院等外资医疗机构，了解其发展现状与特征，以及面临的机遇和挑战，以期提出有价值的政策建议。

（一）上海医疗机构对外开放的现状特征

改革开放以来，越来越多的外资医疗机构以合资或独资的形式进入上海。截至 2021 年 9 月 30 日，上海外资医疗机构（包括港澳台资）共有 31 家，并在股权结构、资金渠道、患者来源等方面呈现丰富化和多元化特征。

1. 股权结构：以合资为主，渠道较为多元

各级政府对于外商独资医疗机构的设立持较为谨慎态度，因而上海也较少有此类医疗机构项目落地，大多是以合资的形式设立。从注册登记类型来看（见表 3），截至 2021 年 9 月，在上海外资医疗机构中，中外合资（包括港澳台与内地合资）的医疗机构共有 24 家，占比高达 78%，（非港澳台资）外商独资医院则仅有日资独资医疗机构永远幸妇科医院一家。

从持股比例来看（见图 2），随着对外资持股比例限制的放宽，目前外资（含港澳台资）持股比例占到 70% 以上的已有 16 家，占所有合资医疗机构的 67%。综上所述，上海外资医疗机构主要以合资医疗机构形式存在，其中外资（包括港澳台资）持股比例较大。

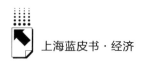
表3 上海外资医疗机构情况

单位：家，%

类型	数量	占外资医疗机构比重
中外合资(不含港澳台资)	13	42
港澳台与内地合资	11	36
港澳台独资	6	19
外商独资	1	3

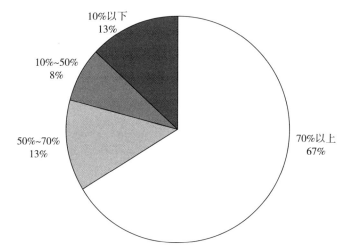

图2 上海外资医疗机构中外资（含港澳台资）持股比例情况

资料来源：外资医疗机构类型数量数据来自上海市卫健委网站，https：//wsjkw.sh.gov.cn/fwjg/20180601/0012-55887.html；注册登记类型及各资金持股比例数据来源于企查查 App。

上海外资医疗机构的资金渠道较为多元化，主要来自中国香港、日本、新加坡、英国、美国等地区。截至2021年9月，上海外资医疗机构中由亚洲国家或地区投资的共有24家，占比75%。港资在所有资金来源中具有较大优势，半数以上的外资医疗机构获得港资投资，而由美国、英国、德国等欧美国家投资的较少，占比约为21%。

2. 地区分布：集中于中心城区，郊区布局较少

随着上海居民收入水平的提高，他们对于优质医疗服务的需求也不断增加。与公立医院相比，外资医疗机构一流的就诊环境、软硬件设施和服务质量吸引着越来越多的高收入阶层，包括在华外籍人士和本土高收入群体。

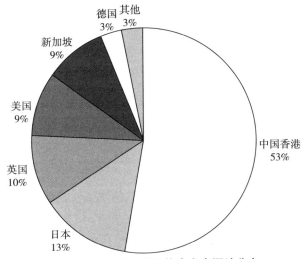

图3 上海外资医疗机构资金来源地分布

资料来源：根据企查查App数据整理而得，资金来源地由外资医疗机构上一级投资公司的注册地确定。

中心城区人口密度大、消费能力强，外资医疗机构更倾向于分布在这些区域。如图4所示，上海外资医疗机构主要集中分布在浦东、黄浦、静安等

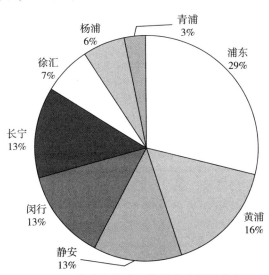

图4 上海外资医疗机构的市内地区分布

资料来源：上海市卫健委网站，https：//wsjkw. sh. gov.cn/fwjg/20180601/0012－55887. html。

中心城区，而远郊地区分布较少。截至 2021 年 9 月，31 家外资医疗机构中有 26 家位于上海中心城区，占比高达 84%。其中浦东新区外资医疗机构数量最多，共有 9 家，占比达 29%；而处于近郊的闵行区拥有 4 家，处于远郊的青浦区有 1 家；其余松江、嘉定、奉贤等 8 个郊区目前仍未引入外资医疗机构。

3. 机构种类：类型丰富，综合与专科全面发展

从机构类型来看，上海外资医疗机构形成医院与门诊、综合与专科全面协同发展的格局。截至 2021 年 9 月，上海共有外资医院 15 家，占外资医疗机构总数的 49%，外资门诊部共有 14 家，占比 45%，二者占比基本相当。此外，综合性医疗机构数量（21 家）多于专科机构（8 家）。目前上海专科外资医疗机构覆盖了妇产、眼科、口腔、肿瘤等，占外资医疗机构的 26% 左右。

表4　上海不同类型外资医疗机构的数量及占比

单位：家，%

类型	数量	占外资医疗机构比重
综合医院	12	39
综合门诊部	9	29
专科医院	3	10
专科门诊部	5	16
其他	2	6

注："其他"包括医学影像诊断中心、临床检验所等。
资料来源：上海市卫健委网站，https：//wsjkw. sh. gov. cn/fwjg/20180601/0012 – 55887. html。

4. 患者来源：服务本地，辐射全国及国外

上海作为中国医学技术水平最发达的城市之一，在全国医疗领域有着举足轻重的地位和影响力，对外省市（尤其是欠发达地区）的患者有着较大的吸引力。因此，上海医疗机构的服务对象人群不仅局限于上海，而是覆盖长三角乃至全国，甚至对部分国外地区都有着一定影响力和辐射力。

我们调研了解到，上海外资医疗机构除服务生活于本地居民和外籍人士

图5　上海外资医疗机构的类型分布

资料来源：笔者根据上海市卫健委信息梳理。

外，还为大量外地患者服务。例如，永远幸妇科医院的患者群体中，外地病人占比达到60%左右；上海和睦家医院的门诊患者中有15%来自长三角等地区；德达医院的患者群体来自全国各地，其中不乏从东北、西北、西南等地区慕名而来求诊的患者。疫情前，还有一定规模的国外患者远道而来，赴上海外资医院求医问诊。患者来源地的多元化反映了上海部分外资医疗机构过硬的医疗技术和较高的服务质量。

5. 医保定点：逐步接入社会医保，深耕本土市场

2018 年，上海推出"健康服务业 50 条"（《关于推进健康服务业高质量发展加快建设一流医学中心城市的若干意见》），鼓励高水平社会办医疗机构参照公立医院同等价格政策或病种费用标准，提供基本医疗服务。

同年，在上海市医保、卫生等部门的大力支持下，上海首家外资综合国际医院——上海嘉会国际医院率先成为沪上首批高水平社会办医疗保险定点医疗机构。截至 2021 年 9 月，上海共有嘉会国际医院、阿特蒙医院、德达医院、伽玛医院、美中嘉和肿瘤门诊部 5 家外资医疗机构成为高水平社会办医疗保险定点医疗机构。

我们调研了解到，外资医院更看重的是医保定点所带来的政府背书意义，而非医保资金本身。同时，社会医保的引入亦使外资医院的目标客户由原来覆盖面较窄的外籍人士等群体向更多普通医保用户拓展，使其社会知名度和接受度都大幅提升。

表5　上海纳入医保的外资医疗机构

医院名称	所属区县	结算等级
嘉会国际医院	徐汇区	三级
伽玛医院	徐汇区	三级
德达医院	青浦区	三级
美中嘉和肿瘤门诊部	黄浦区	三级
阿特蒙医院	浦东新区	二级

资料来源：上海市医保局网站，http：//ywtb. sh. gov. cn：18018/ac – product – net/YBYYQuery/index. do。

（二）上海医疗机构对外开放的优势与机遇

1. 潜力巨大的消费者市场

上海作为一座拥有将近 2500 万常住人口的国际化大都市，其人口结构呈现多样化、复杂化格局，医疗服务需求的内涵和层次也十分丰富，因而单一的公立医疗体系并不能满足如此多元化医疗服务需求，各类级别、规模以及专业细分领域的医疗机构在上海都拥有一定市场空间。外资医疗机构作为中高端医疗服务的主要提供者，其目标客户群体主要包括在沪境外人士、本土居民中消费力较强的部分人群等。

一方面，从在沪境外消费群体来看，其人口规模不容小觑，为外资医疗机构的发展提供了较为广阔的市场空间。2018 年在沪外国常住人口达 17.2 万人，比上一年增长 5.33%。[①] 从在沪外国常住人口的国别构成看，其来源较为广泛，包括亚洲、欧洲、美洲等地区（见图6）。

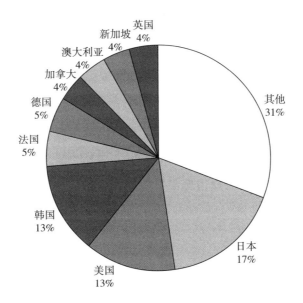

图6 2018 年在沪常住外国人口来源国构成

资料来源：上海市统计局、国家统计局上海调查总队：《上海统计年鉴 2019》，中国统计出版社，2019。

我们调研了解到，外资医院普遍聘请了一定比例的外籍医务人员，[②] 他们在与患者交流沟通方面拥有语言、文化优势，也形成了相对于本土医院的竞争优势。据相关研究成果，2016~2018 年，上海境外人士在沪住院人次

---

① 上海市统计局、国家统计局上海调查总队：《上海统计年鉴 2019》，中国统计出版社，2019。
② 例如，上海和睦家医院的外籍医务人员占比达到25%。

年均增长率为 6.67%，2018 年达到 4969 人次，其中，来自美国、日本、澳大利亚、加拿大、法国等国的外籍住院患者占比为 84%。其间，共有 189 家医疗机构为境外患者提供住院诊疗服务。[①]

另一方面，从本地居民消费群体来看，本地城镇居民的收入水平和消费能力不断提升，成为外资医疗机构的重要服务对象。由表 6 可知，2016～2019 年，上海经济保持稳定上涨，城镇居民人均可支配收入和人均消费支出亦表现出强劲增长态势，年均增长率分别为 8.12% 和 3.12%，人均医疗保健支出年均增长率也达到 5.77%。

受疫情影响，2020 年上海整体经济增速大幅放缓，上海市生产总值增速由 2019 年的 6% 骤降至 2020 年的 1.7%；城镇居民人均可支配收入 76437 元，比上一年增长 3.8%；然而，城镇居民人均消费支出 44839 元，出现罕见下滑趋势，比上一年下降 7.1%。[②]

近期，随着疫情防控形势的向好，2021 年上海经济增长趋于恢复。2021 年前三季度上海市生产总值约为 30866.73 亿元，比上一年同期增长 9.8%。[③] 2021 年上半年上海市城镇常住居民人均可支配收入 42348 元，比 2020 年同期增长 10.1%[④]，经济增长呈现一定反弹态势。在此形势下，上海居民追求高水平生活品质的热情仍未消减，他们对中高端医疗服务的需求和消费仍然可期。

除此之外，由于国内其他省份乃至其他国家和地区亦是上海外资医疗机构重要的患者来源地，随着新冠肺炎疫情防控形势向好，以及全国和全球经济复苏，患者的跨区域、跨境流动将更便捷、频繁，这有利于外资医疗机构撬动巨大的潜在外部市场。外地患者的流入有利于医疗机构发挥人、财、物的规模效应，也有助力上海亚洲医学中心建设，使上

① 徐崇勇、许明飞、康琦等：《上海市国际健康旅游发展策略研究》，载上海市卫生健康委员会等组编《上海卫生健康政策研究年度报告（2019）》，科学出版社，2020，第 20～25 页。
② 《2020 年上海市国民经济和社会发展统计公报》，上海市统计局，2021 年 3 月 19 日。
③ 上海市统计局网站，http://tjj.sh.gov.cn/ydsj2/20211025/a121cde0349947c8bfbd5fe6179b16f6.html。
④ 《2021 年上半年上海市国民经济运行情况》，上海市统计局，2021 年 7 月 21 日。

海的高端医疗技术和服务能辐射上海以外的区域，使国内外市场得到充分利用与挖掘。

表6　上海经济增长及城镇居民收入和消费情况

单位：元，%

指标	2016 年	2017 年	2018 年	2019 年	2020 年	2016～2020 年年均增长率
人均 GDP	123628	136109	148744	157279	155605	6.47
城镇居民人均可支配收入	57692	62596	68034	73615	76437	8.12
城镇居民人均消费支出	39857	42304	46015	48272	44839	3.12
人均医疗保健支出	2840	2735	3222	3332	—	5.77

注：2020 年人均 GDP 由笔者根据上海市 GDP 和第七次全国人口普查数据中的上海市常住人口数量计算得出。

资料来源：《上海统计年鉴》（2017～2020 年）、《2020 年上海市国民经济和社会发展统计公报》、《上海市第七次全国人口普查主要数据公报（第一号）》。

2. 强大的医疗技术支持

上海外资医疗机构在医疗技术方面拥有国内和国外两种资源优势，可予以充分支持。一方面，上海拥有大量高水平三甲医院资源，外资医疗机构可充分利用这些资源为其提供强有力的技术支撑。我们调研发现，上海外资医疗机构的医生主要来源于本地知名公立医院中拥有一定资历的医务人员。此外，外资医院还可整合国内优质医疗技术资源为其服务。例如，德达医院以专职或兼职方式聘请了一批心血管专业领域的国内知名专家，包括来自北京阜外医院和安贞医院的心血管外科团队，以及来自上海中山医院和华山医院的心血管内科专家，从而使其心血管专科技术在长三角乃至全国处于技术领先地位。上海和睦家医院在十余年来吸纳了大量来自复旦大学、上海交通大学附属三甲医院的优秀医疗人才，致力于全职医生团队阶梯建设，为患者提供从预防、治疗到康复的全生命周期服务。

另一方面，外资医院拥有外资背景，通常与境外医疗机构建立了长期技术交流与合作机制，为其对接国外发达和前沿技术提供了便利条件。例如，嘉会国际医院与美国最大教学医院——哈佛大学医学院附属麻省总医院达成长期战略合作意向，并引入麻省临床循证医学，学习临床上的全球性规范，并累计输送超过 600 余人次到波士顿进行培训和进修；上海德达医院与美国哥伦比亚大学心脏中心形成技术合作，实现跨国、跨学科的诊疗模式；上海永远幸妇科医院在医患交流、治疗流程和质控管理等医疗服务环节复制日本总院的基本模式，借鉴集团在全世界近三十年的诊疗经验，使用集团自主研发的采卵针、冷冻液等耗材，减缓了患者的治疗创伤和病痛，提高了妊娠率，获得了较高的市场评价。

3. 优越的内外部制度优势

一方面，上海外资医疗机构在运营管理等方面具备一定的内部制度优势。外资医疗机构在挂号费、手术费等方面拥有更充分的自主定价权，因此可在这些收费项目上更好地体现医务人员的劳务价值和诊疗水平，如嘉会国际医院对医生的服务定价标准参照了美国麻省总医院的同等水平。因而，外资医院的医药费用结构往往更为合理，即医务人员的劳务价值占费用的主要部分，药品耗材仅占较小部分。我们调研了解到，外资医院的医药费用占比普遍很小，如嘉会国际医院药占比在 11% 左右，和睦家医院药占比控制在 10% 以下，德达医院药占比也控制在 30% 以下。这在一定程度上抑制了医生过度医疗的利益驱动，有利于其可持续性和良性发展，以及和谐医患关系的构建。

另一方面，上海外资医疗机构在改革发展方面拥有较好的外部制度环境。如上海自贸区临港新片区作为全方位高水平对外开放的新高地，在改革自主权和政策"先行先试"等方面具有独特的制度优势。2021 年上海临港新片区针对境外回流高端人才，对其超过 15% 的个人所得税税负部分差额实行补贴。这对于降低高收入群体的个税税负、吸引境外高端医疗人才具有重要意义，无疑为外资医疗机构的发展创造了有利条件。此外，上海还在制度创新方面得到了国家政策的大力支持。如在国家政策的支持下，上海出入境管理局明确规定，从 2019 年开始外籍患者及其陪护人员持政府认可医院开具的病历证明，即可享受签证便利；2021 年 6 月，全国人大常委会作出《关于授权上海市人民代表大会及其常务委员会制定浦东新区法规的决定》。根据这一授权，上海市人大及其常委会可以制定浦东新区法规。"立法权"赋予了浦东改革、探索的更大空间，也有利于医疗卫生领域更及时地破除制度障碍和瓶颈，加快制度创新，减少医疗机构对外开放的阻力。

三 上海医疗机构对外开放中面临的瓶颈与挑战

（一）新冠肺炎疫情的冲击

受新冠肺炎疫情影响，2020 年以来上海外资医疗机构的业务量遭受较大负面冲击。

疫情前，上海市政府力推相关政策和规划，大力吸引国内外医疗旅游游客。2010 年 6 月，由上海市东方医院牵头，中外多方合作成立上海市医疗旅游产品开发和推广平台，正式拉开上海发展医疗旅游的序幕；2017 年 9 月，上海新虹桥国际医学中心入选国家首批 13 个健康旅游示范基地；2018 年 9 月，上海市政府出台《关于促进上海旅游高品质发展加快建成世界著名旅游城市的若干意见》，提出打造中医药健康旅游成为上海推进国际健康旅游的一大发力点。

疫情冲击下，患者的跨区域、跨境流动曾一度陷入停滞状态，大量非紧急或非重大疾病患者的跨地区求诊计划被迫搁置或延后。从国际旅游相关统计数据可见，国内外旅客规模的大幅萎缩给上海外资医院带来十分不利的影响。2020 年上海接待国际旅游入境者 128.62 万人次，比上年减少 85.7%。其中，入境外国人 83.01 万人次，减少 88%；港、澳、台同胞 45.61 万人次，减少 77.8%。在国际旅游入境者中，过夜旅游者 104.18 万人次，减少 85.8%。全年接待国内旅游者 23605.71 万人次，减少 34.7%，其中外省市来沪旅游者 11834.57 万人次，减少 31.1%。全年入境旅游外汇收入 37.74 亿美元，减少 55%；国内旅游收入 2809.5 亿元，减少 41.3%。[①] 疫情无疑对上海的医疗旅游市场造成重创，进而对上海外资医疗机构产生较大负面

---

① 《2020 年上海市国民经济和社会发展统计公报》，上海市统计局，2021 年 3 月 19 日。

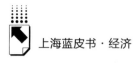

冲击。

为应对疫情，政府出台了一系列举措，延续和推出了国际医疗旅游相关规划与政策，以展开积极应对。2020年8月，上海发布首批国际医疗旅游试点机构名单，包括10家试点机构和10家种子培育机构，积极探索具有上海特色的国际医疗旅游服务模式，培育富有竞争力的医疗旅游服务产品，打造上海国际医疗旅游服务发展的排头兵和先行者；2021年2月，上海将"深化本市首批国际医疗旅游试点"作为该年上海卫生健康重点工作之一。随着政府积极推动国际医疗旅游行业的复苏与发展，境外来沪患者的活跃度有所回升。但与疫情前相比，境外客户群体规模仍未恢复至疫情前水平。

上海本地患者到外资医疗机构的就诊活动亦受到疫情影响。一方面，部分患者顾及院内交叉感染风险，改变了原来的线下就诊模式，转至线上问诊，而许多外资医疗机构并不具备开展互联网医疗的资质和条件，导致部分患者流失；另一方面，在疫情防控下，政府出于安全管控考虑，将发热等症状患者统一收至公立医院进行摸排管理，这也导致外资医院患者数量明显下滑。

医疗服务行业具有"重资产""重运营"的双重属性，投资回报周期较长。以医生的知识、技能、经验、资源等为代表的人力资本，为外资医疗机构带来了更高溢价，同时也在运营成本中占据了比设备、药械等实物资产更高的价值比重。我们调研了解到，为维持医院正常运作，大部分外资医疗机构一边承担着高昂的医务人员劳务成本支出，另一边面临着疫情下严重萎缩的就诊量影响。许多医疗机构运营较为艰难，收支出现严重的不平衡状况，一些医疗机构也在疫情后积极争取新一轮外部投资支持，以渡过难关。可见，疫情全面考验着医疗机构的抗压能力、资金实力、管理水平等综合实力。

（二）人才发展方面的瓶颈

医疗卫生人才所拥有的知识、经验、技能等人力资本是医疗机构的核心价值所在，因此人才问题也是医疗机构最关心的。我们调研发现，上海外资医疗机构主要面临以下一些与人才发展有关的瓶颈。

1. 部分外资医疗机构的人才队伍仍不完善和不稳定

合理的人才队伍结构应该是初级、中级、高级人才呈梯形分布，即部分学科带头人带领相当数量的中间骨干力量，同时配备初级技术人员，共同组成有序分工合作、高效协同推进的团队。当前，一些外资医疗机构的人才主要依赖于公立医院的输送。然而，具备一定资历的医疗人才更关注和看重的往往并不只是薪酬，还包括平台机构的行业资质与地位。显然，公立医院对于他们在专业提升和职业发展方面更具潜在吸引力。因此，部分具备一定专业基础和成就，并持更高个人发展目标的医疗人才，可能会选择继续留在公立医院谋求个人发展。这也导致许多外资医疗机构较难招募到公立医院的中坚骨干力量。因而，其人才结构常常表现为"哑铃型"，即人员主要集中在资历较浅的年轻医务人员和资深的退休返聘人才两端，而中坚人才数量不足。

此外，随着新冠肺炎疫情在全球的暴发与蔓延，外资医疗机构聘请的外籍医务人员存在大量滞留境外、长期难以返沪的情况，造成人才供给的波动与不稳定，也为院方人才储备造成了压力。

2. 外资医疗机构在人才证照与职位的国际互认和对接上仍存在瓶颈

由于国内外在医学教育体系、医师执业资格认定、医师岗位与职级设置等方面存在较大差异，我国在与国际标准和制度的互认与对接上仍很不足。这也成为我国医疗服务业加速开放的掣肘，不利于我国积极融入和适应国际标准与规则体系，也阻滞了医学人才的国际流动和跨国行医。

我们调研了解到，在此方面主要有三类制度障碍：第一，国际医疗人才的执业资质互认问题。由于政策限制，目前境外获取执业资质的来沪行医者仅限于医师类人才，暂未向护士和技师类开放。这也导致一些来自境外的持护理类和医技类执照的医务人员难以顺利上岗，其中包括优秀的康复顾问、护士、技师等人才。这类政策梗阻已在实践中影响到外资机构的工作开展，使其无法全方位地满足患者需求。第二，国际医疗人才的职位对接问题。由于国内外在医学学科和诊疗科目设置上存在一定差异，一些外资医院及其医生所擅长的科目无法与行业主管部门核定的科目完全对应，从而无法通过审批程序。此外，行业主管部门对外资医院中全科与专科的科室比例设置作出了较为具体和严格的规定，这可能与一些外资医院的实际科室需求存在冲突和矛盾。加之境外全科医生执照在上海很难转为专科执照，导致医院在人才利用上较为僵化和不便，也造成了一定的人才流失。第三，国际医疗人才的职称对接问题。外资医院普遍反映，由于各国的医师职称系统存在较大差别，当前医疗人才在职称的国际对接上缺乏明确和权威的依据，不利于医疗机构对已在境外获得高职级人才的身份确认与对外宣传，也对他们的工作开展造成一定困扰。此外，申报中级职称仅限于在国内获得医学学位人员，这显然不利于吸引国外优秀医学人才。另外，医学类职称考试采用全中文命题，这对于那些想参与职称评定、获取资历认定的国外医师造成了难以逾越的语言屏障。

3. 外资医疗机构中的高端人才面临较高个人所得税负担

相较于境内外发达国家和地区，上海高收入群体的综合所得个税税率明显偏高。例如，与新加坡和中国香港特区相比，上海的个税最高税率高达45%（应纳税所得额96万元以上），而新加坡的个税最高税率仅为22%（应纳税所得额32万新加坡元以上，约为152元人民币以上）；香港则实行最高17%累进税率。

与国内部分地区相比，上海的个税税率亦明显偏高。例如，海南自贸港2020～2025年对境内外高端和紧缺人才的个税实际税负超过15%的部分，直接予以免征；广东省和深圳市2019～2023年对在大湾区工作的境外高端和紧缺人才，按内地与香港个人所得税税负差额给予补贴，且该补贴免征个人所得税。目前，上海仅临港新片区从2021年开始针对境外回流高端人才的个人所得税税负（超过15%部分）差额实行补贴。总体而言，上海的个税制度对外资医疗机构中的高端医疗人才形成较大负担，一定程度上影响了他们在上海长期执业的积极性。

（三）市场准入和发展运营方面的政策障碍

外资医疗机构在市场准入、机构运营、发展方面也面临以下一些困难与瓶颈。

1. 上海外资医疗机构在市场准入环节仍存在一定障碍

近年来，上海致力于打造更高水平的市场化、法治化、国际化营商环境，努力建立更加公平、公正、公开的市场环境，加强对外商投资合法权益的保护。在外资医疗机构的准入审批方面不断试点、改革，社会办医政策朝着更透明、更公开的方向发展。政府不断减少审批层级，大幅缩短审批时间，节省市场准入成本，100 张床位以下外资医疗机构设置的审批权已下放至区级政府层面。原则上，100 张床位以上外资医疗机构的设置不受政府规划限制。

然而，从与国际接轨的角度来看，上海外资医疗机构市场准入审批政策的透明度、稳定性和一致性等仍需提升。具体而言，在市场准入细则向社会及时公开方面，行政效能还有待提高；在准入政策在一定时期内保持相对制度化和稳定性方面仍存在进步空间；在各区的准入制度和政策保持一致性方面仍有待提升。这既与政府的开放理念中存在一定保守因素有关，也与相关部门的监管水平与行动力不足相关，还与各区发展规划和思路的差异性分不开。无疑，这些政策局限性给外资医疗机构的市场准入带来一定困扰。

2. 上海外资医疗机构在等级评定上仍存在制度空白

根据我国《医院分级管理标准》，医疗机构等级分为三级，每级再划分为甲、乙、丙三等，其中三级医院增设特等级别，共分为三级十等。从全国范围来看，当前仅有天津、上海、西藏、青海和宁夏没有对非公立医院进行分级，上海在此方面显然已滞后于大部分省区市。

医疗机构等级评定具有十分重要的意义，一方面，有利于政府在规范的框架下实施监管，对不同级别的医疗机构提出相应的科研方向、人才技术力量、医疗硬件设备等资质要求；另一方面，外资医疗机构也可根据实际情况，做到对标自查，实现有章可循，此外，还有利于高等级医疗机构加强对

外宣传，提升其市场影响力。我们调研了解到，外资医疗机构评级制度的空白还引发相关问题，如很多医疗技术的准入及医疗行为的许可都要求医院具有一定级别的资质，而外资医院由于缺乏等级认证，无法获取相应资质，与公立医院处于不对等地位，限制了其发展空间，难以形成对公立医院的有益补充。

3.上海外资医疗机构的运营和监管体制仍有待完善

近年来，国家和地方政府为促进外资医疗机构的发展出台了很多利好政策，不断完善政策制度，简化行政审批手续，取得了较大成绩，与此同时，在细节方面仍存在有待进一步改进的空间，其中，反映最为突出的是设备器械的购置审批问题。外资医疗机构普遍反映，在设备购置方面仍受到较大管制和约束，在额度竞争环节相较于公立医院处于明显弱势地位，审批实际通过的执照额度和进度明显滞后于实际需求。这导致一些医疗机构的设备配置无法与之医疗技术服务能力有效匹配，有的医疗机构已购入医疗设备却只能将其闲置，在一定程度上影响了医疗机构的运营。

此外，还有一些针对医疗机构的运营监管制度存在不合理之处。例如，参照公立医院的标准，对外资机构作出相应规定，要求其全科和专科科室设置须符合一定比例；单个专科床位数须达到一定规模；每个科室需配备一定数量的医务人员等。这些规定没有考虑到部分外资医疗机构"小而专"的专业集聚发展特征，以及床位、人力等资源充分交叉利用的发展特色，因而在具体执行中给医疗机构带来一定困扰。另如，在对外资医疗机构病历规范监管方面，要求其需用中文进行书写，这与部分外籍医师的执业现状相矛盾，增加了机构为符合监管要求而进行病历文字翻译工作的额外负担。

四 对策建议

（一）继续推动高质量医疗机构对外开放

坚定不移地推进上海医疗机构的高质量、高水平对外开放，利用上海领先全国的医疗技术和医学人才优势、对全国甚至境外消费市场的辐射优势、全面改革创新的制度优势等，结合"亚洲医学中心""全球卓越城市"等建设目标，在夯实公立医院发展基础的同时，促进医疗机构所有制的多元化发展，不断满足人民群众日益多层次和多样化的健康保障需求，促进上海高端服务业发展。

同时，想方设法积极应对疫情冲击，在税收减免、互联网医院牌照发放等方面给予外资医院更大支持力度。随着疫情防控形势向好，延续和强化疫情前已开始实施的上海国际医疗/健康旅游业推广工作，进一步吸引境外患者回流，全面提升上海医疗服务业的开放活力。

（二）从多维度破除束缚人才发展的政策瓶颈

首先，针对部分外资医疗机构人才队伍不稳定的现状，推进有关医师多点执业政策的落实，使公立医院和外资医疗机构之间的人才充分流动。推动外资医院在技术准入、科研立项、职称评定等方面享受与公立医院同等的待遇，进一步优化外资医院吸引医疗人才的政策环境。

其次，深入推进医疗人才标准的国际对接与互认。打破国外人才在职称认定、岗位晋升等方面的政策限制，从规则、标准等方面实行国际接轨，有利于促进医疗人才的国际流动，从而加快高质量、高水平对外开放步伐，否则将不利于外资医院的学科建设，也不利于引入医护一体的专科人才队伍。具体而言，应加快出台国内外医学领域职称等级的对接机制；启动医师境外执业资历认定程序；推进护士、技师类医务人员专业执照的国际互认；修改职称申报中有关学位获得地的限制性规定；推出外国语种医学职称考试，满足外籍医师在沪的职称认定和晋升需求等。

最后，对有突出贡献的高端医学人才，切实降低其个人所得税负担。向海南自贸港、粤港澳大湾区的高端紧缺人才个税制度看齐，争取扩大上海个税优惠政策实行范围，加大对医疗领域境内外高端人才的个税减免和返还力度，缩小与中国香港、新加坡等地的差距，从而增强上海外资医疗机构对优质医疗人才的吸引力。

（三）完善市场准入和发展运营等方面的监管政策

全面提高政府治理能力和监管水平，增强改革创新意识和服务意识，将医疗机构的对外开放作为上海高端服务业对外开放中的重要一环，不断优化外资办医营商环境。在全面防范医疗行业开放风险、坚守人民群众生命健康安全的前提下，尽量将审批和监管环节后置，避免在市场准入环节"误伤"行业优质竞争者。进一步提升审批和监管政策的透明度、稳定性和可预期性，还要提升各区之间准入标准的一致性，全面提高行业开放框架的清晰度和可操作性。

此外，还应加快推出针对外资等非公医疗机构的等级评定制度，加强监管审批依据的合法性和合规性；进一步落实中央文件精神，对乙类大型设备实行告知承诺制，破除束缚外资医院发展中设备购置的政策障碍；在科室和床位设置、病历书写等方面，更多地考量外资医疗机构"小而专"的特色及其实际需求与相应国际规范，修正当前不符合机构实践和国际标准的相关规定，更好地体现政策改革的与时俱进。

参考文献

徐崇勇、许明飞、康琦等：《上海市国际健康旅游发展策略研究》，载上海市卫生健康委员会等组编《上海卫生健康政策研究年度报告（2019）》，科学出版社，2020。

上海市统计局、国家统计局上海调查总队：《上海统计年鉴2019》，中国统计出版社，2019。

《2020年上海市国民经济和社会发展统计公报》，上海市统计局，2021年3月19日。

《2021年上半年上海市国民经济运行情况》，上海市统计局，2021年7月21日。

B.6
数字新技术推动上海大健康
产业发展研究

刘　丰*

摘　要： 以互联网、大数据、人工智能、区块链、云计算和物联网为代
表的数字新技术变革加速业态融合、模式创新、结构重塑，成
为推动上海大健康产业发展的新引擎、新动能。本报告分析了
数字新技术推动上海大健康产业发展现状及其面临的问题、挑
战与机遇，探讨了大健康产业应用数字新技术的前景，并针对
数据安全公平、大健康产业结构及大健康匹配等给出了相关政
策建议。

关键词： 大健康产业　数字技术　上海

2016 年中国提出"健康中国 2030"战略后，健康问题提升至国家战略
层面。上海市迅速制定了《健康上海行动（2019—2030 年）》，以期通过扩
大和提高大健康产业规模和发展质量使其成为城市支柱产业。在信息化、数
字化、智能化时代背景下，上海大健康产业与互联网、大数据、人工智能、
区块链、云计算和物联网等数字技术进行了融合。在上海市政府的政策支持
下，实体医院、医疗相关企业、健康管理平台等不断改革、创新，形成了传
统医疗、在线医疗和智慧医疗相结合的新型诊疗模式，加之区块链、云计算

---

* 刘丰，经济学博士，上海社会科学院经济研究所助理研究员，主要研究方向为经济计量分
析、人口资源与环境经济学。

和物联网技术的辅助，大健康产业得以安全、高效运行。为此，本研究系统梳理大健康产业应用数字技术发展现状，探讨大健康产业应用数字新技术的背景和机遇，对于促进上海市大健康产业高质量发展和实现 2030 年健康发展战略目标具有重要的现实意义和战略意义。

一 上海大健康产业应用数字新技术现状与特征

传统健康业主要是为了满足人们的基本健康需求，但随着文明程度的提高，人们对健康产品和服务的需求呈现多层次、多元化、个性化的特征。目前，在数字新技术的支持下，上海大健康产业不断发展。以互联网为依托的线上线下相结合的医疗模式成为大健康产业发展的新渠道；大数据技术为挖掘医疗大数据信息、创造大健康产业新价值提供了支撑；人工智能技术使大健康产业向智慧化方向发展成为可能；区块链技术通过为医疗数据安全存储提供保障构筑了大数据时代大健康产业的新防线；基于云计算技术实现了海量医疗数据的高能高效运算，打破了诊疗时空限制；物联网技术则在各健康产业之间架起了桥梁以实现万物万联，助力智慧医疗和智慧养老发展。简言之，上海大健康产业在应用数字新技术方面呈现"全面开花、重点发力"的局面。跨领域巨头通过合作打造了上海大健康产业生态圈，头部企业则是细分领域、拓展外延、做专做精助力上海大健康产业高质量发展。总体来看，上海大健康产业应用数字新技术现状和特征如下。

（一）互联网技术开拓大健康产业新渠道——线上线下

上海大健康产业在互联网技术的支持下开拓了新发展渠道，在线医疗健康平台和传统线下医疗模式双轮驱动。线上线下相结合的模式不仅使大健康产业迅速发展，而且其类型丰富、功能齐全满足了人们大部分日常所需。具体而言，大健康产业主要拓展了以下五类在线服务：在线医疗平台、在线医药平台、在线医保平台、在线培训平台、在线医疗服务（见表1）。

表 1 互联网在健康产业中的应用

类型	应用场景	布局企业
在线医疗平台	疾病问询、在线预约、在线问诊、远程会诊、慢性病等健康管理	申康医联预约平台、医生在线、如医医生、中华网、牙有质、医跟踪、郁乐园、爱怡康、助医网、平安健康、未来医生、关爱体检通、众欣健康云
在线医药平台	在线问药、开具电子处方、药品导购和配送	上药云健康、111 集团、1 药网、徐汇云医院、国药在线、健一网、饿了么医药健康频道
在线医保平台	直付和理赔保险服务	药联健康、泉依
在线培训平台	医生在线学习平台、健康管理培训、医疗资讯、医生专业交流帮助	医学界、修龄中医、大专家、医频祥、宝葫芦、医学之窗
在线医疗服务	智能化决策支持、运营管理系统，智慧医疗硬、软件技术服务，医疗信息监管	商宏网络、熙软科技、因旭健康、昱极科技、腾程医疗科技、怡道科技、栈略数据

注：企业排名不分先后；限于篇幅，仅列出部分代表性企业。
资料来源：笔者整理，数据截至 2021 年 9 月。

1. 互联网 + 大健康跨越时空约束，实现优质资源配置

互联网技术在一定程度上使得异地优质医疗资源跨越时空进行有效配置成为可能。通过在线问询、在线预约、在线问诊、远程会诊、健康管理服务，患者可获得从预防疾病到治疗疾病再到愈后健康管理的全流程在线医疗服务。例如，2006 年，申康依托于上海市政府资源推出医联预约平台，旨在为上海市民提供一站式、精准化的医疗健康服务，缓解市民"看病难、看病贵"问题。截至 2021 年 9 月，该平台已包含 53 家市级医院，其中综合医院 21 家，中医医院 7 家，专科医院 25 家，年度累计预约已达 327 万人，单日就诊达 2 万余人，日均预约 1.2 万人。

与此同时，患者还可通过在线医药平台购买所需用药，足不出户即可获得送药上门服务。上海市徐汇云医院是上海首家实现线上脱卡支付、药品配送到家的公立互联网医院。饿了么旗下的医药健康频道于 2017 年开始投入运营，送药平均响应时间为 30 分钟。在线医保平台则为患者支付和报销相关治疗费用提供服务支持,避免患者因身处异地或不便到现场进行医疗保险结算而受阻。上海泉依公司将保险公司、药房与医疗机构进行无缝对接,为用户提供健康管理和直付理赔服务。基于此,互联网+大健康实现三医联动,形成健康闭环。

2. 互联网+大健康打破信息孤岛,实现降本增效

互联网+大健康模式打破了传统医疗机构间因互不联通而形成的信息孤岛,通过互联互通的方式实现了医疗资源共享、医疗服务专业化分工,进而降低医疗成本、提高服务效率。

以上海第三方在线医疗平台为例,其主要涵盖妇幼、中老年、牙科、心理科、内外科、糖尿病、皮肤科、体检等细分领域,专注服务于某类专科的全程诊疗就医和全生命周期的健康管理服务,使医患双方实现有效互通(见图1)。例如,"医相随"专注于服务围产期以及小儿病患的全程诊疗就医;"众欣健康云"通过互联网+健康管理服务为健康和亚健康人群及老年人群提供慢病治疗、未病防治、健康干预等健康管理服务;"微糖"则是一个服务于糖尿病患者的移动健康服务平台,可及时提醒患者服务药物和使用胰岛素;"优质皮肤"则是服务于皮肤医生的平台,用于记录皮肤患者就医信息,便于医生高效翻看电子医疗档案;"英仕健康"(Inshealth)通过整合互联网医疗门户网站,以及与多家知名互联网医疗公司、著名医院和体检机构等合作,为各大机构客户(银行、保险公司、上市公司等)、企业高管等提供医疗健康综合服务。

(二)大数据技术创造大健康产业新价值——创造创新

数据规模越大,处理难度越大,但对其进行挖掘可能得到的价值就越大。大数据以大量、高速、多样、低价值密度、真实性的特点,为创造大健康产业新价值提供了技术支撑。大数据技术通过集成整合数据信息,助力医生深入了解患者病情,实现精准治疗。同时,通过挖掘数据价值,倒逼现有传统医疗技术企业依托于大数据进行创新升级,实现大健康数据信息化建设。

图 1　上海专业在线医疗平台

注：企业排名不分先后；限于篇幅，仅列出部分代表性企业。

资料来源：笔者整理。

1. 大数据 + 大健康整合数据集群，实现精准治疗

医疗健康信息数据具有大数据的特点，通过利用大数据技术整合数据集群，有利于医护工作者精准掌握致患原因并开展精准治疗，同时医疗平台亦可利用大数据算法筛选信息，为用户提供精准的用药推荐，帮助用户进行用药研判。上海企业积极探索肿瘤、基因、临床检测等方面的精准治疗，形成了一系列针对自身特色赋能的医疗平台，极大地提升了治疗效率。荣获"2019 医疗人工智能年度解决方案奖"和"2021SAIL 奖 TOP30"的"森亿智能"公司拥有强大的数据集成能力。2019 年 3 月，"森亿智能"与华为联合发布医院大数据中心解决方案。截至 2021 年 9 月，该公司共拥有 3871 + 元数据、150 + 大型三甲医院数据集成经验、765 + 数据集成（补全和纠错）规则、治理集成 100 亿 + 数据。同时，该公司基于 10 + 机器学习模型形成了 10000 + 患者风险组合筛选方法，从海量的电子病历

数据中分析各风险因子间的非线性关系，为医院提供专业、高效的数据化服务，实现精准治疗。

2. 大数据 + 大健康挖掘数据价值，推动医疗技术创新

除了对大数据进行整合辅助医疗外，为顺应未来大健康发展趋势，必然需要对海量样本数据进行深入挖掘，进而创造出更尖端的治疗技术和方法，用以缩短新药物、治疗技术等的研发周期，实现大健康行业创新和信息化建设。

在治疗技术方面，医疗数据量较大，容易形成数据压缩、传输、分析等一系列瓶颈，进而导致治疗技术研发偏误、不先进问题。近年来，医疗大数据开发项目升级为国家推动医疗大健康数据应用的规划项目，在挖掘数据价值进行技术研发方面的重要性凸显。"华点云"是国内首家将生物信息学分析技术、高性能计算技术和互联网技术结合的生物科技企业。2017 年，该公司与"立菲达安"公司合作，凭借"华点云"在大数据计算方面的优势，研发基因检测试剂盒用于临床检验。其推出的"百菌探"在儿童重症肺炎及时诊断、治疗以及降低致死率和发病率方面作出了重要贡献。通过将病原菌与"华点云"特色病原菌 6000 + 大数据库比对分析，可以高效检测出是否存在致病基因。相较于传统菌培养检测技术样本需求量大、检测时间长、检测准确率的问题，"百菌探"基因检测则不依赖于培养，仅通过 2mL 的样本即可在 3 天内给出检测结果，灵敏度和呈阳性率高。为此，以大数据为依托的技术研发模式对挖掘产业新价值而言意义重大。

（三）人工智能技术拓展大健康产业新方向——智慧智能

大健康产业应用人工智能技术开拓了新的发展方向，即在传统的医疗健康模式基础上构建快速精准的智能健康体系，实现大健康产业的智慧化升级，为用户提供更智能化的服务。目前，上海市人工智能在大健康领域的应用主要涉及虚拟助理、医学影像、辅助诊疗、疾病风险预测等业务（见表 2）。人工智能 + 大健康各类应用全面覆盖了患者、医生、医院和医学各方的智能化需求。无论是患者问诊、治疗和健康管理等就医全流程，还是医生查询患者电子病历、病房管理和疾病评估，抑或是医院智能化升级和医学科研使用均向智能化方向发展。例如，在虚拟助理方面，AI 通过与用户交谈了解其病情，进而为其匹配对应科室或推荐用药。"糖医机器人"通过自然语言语音交互功能获取糖尿病患者数据，为其提供量身定制的医药使用、饮食方案等。同时，人工智能机器人助手还可以模仿真实的在线医生，提供 24 小时医疗问题解答，解决医患黏性不足的问题。医学影像方面，AI 技术能够快速精准地识别病灶来提高图像分析效率，进而利用 3D 技术重建病变位置。

表2　人工智能在大健康领域中的应用

类型	场景	布局企业
虚拟助理	语音电子病例、智能导诊、智能问诊、推荐用药	糖医机器人、彪特人工智能、褚信医学
医学影像	病灶识别与标注、三维重建、图像处理、靶区自动勾画与自适应放疗	云量几何、素芯医学影像、新眼光
辅助诊疗	医疗大数据辅助诊疗、医疗机器人	邃蓝智能、皓桦科技、颜云
疾病风险预测	基因测序与检测服务、预测癌症/白血病等重大疾病、早期患癌风险评估	点内生物、杏脉科技、智考健康
药物挖掘	新药研发、老药新用、（数字）药物筛选、药物副作用预测/跟踪研究	特霍芬、舒辅医疗、Aucta、AccutarBio
健康管理	营养学、身体健康管理、精神健康管理	心倍健、爱达品智、西太智能
医院管理	病例结构化、分级诊疗、DRGs 智能系统/专家系统	威豪医疗、智赢健康、森亿智能
辅助医学研究平台	线上科研平台、提供 CPU 计算、算法框架/数据分析	翼方健数、巅思科技、Aibaby Health

注：企业排名不分先后；限于篇幅，仅列出部分代表性企业。
资料来源：笔者收集整理得到。

1. 人工智能 + 大健康打造智能机器人，突破人为限制

人工智能 + 大健康模式下衍生出了一系列智能化服务机器人，在较大

程度上突破了认为限制因素。当下,人工智能机器人已经实现了远程医疗、药物分拣、病房消毒、辅助患者康复、健康护理等功能,不仅可以实现人为所不能及的操作或服务,还能够合理配置医护人力资源,避免其进行简单重复工作。上海人工智能机器人类型可归纳为手术机器人、康复机器人、辅助机器人和服务机器人四类。据统计,除辅助机器人外,其余三类机器人占比均在25%以上,以手术机器人应用最为突出,占比达30.77%(见图2)。

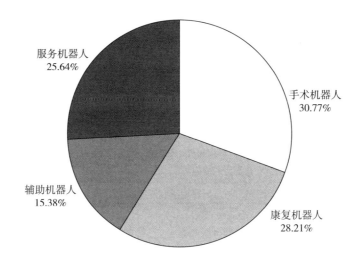

图2 上海人工智能机器人应用领域

资料来源:数据来自天眼查网站(https://www.tianyancha.com)整理得到。

上海钛米机器人专注于细分市场、创新能力强、市场占有率高,其所研发的医疗服务机器人可作为护理机器人应用于医院场景,完成医疗场景中的物流及引导任务。2021年8月,该公司上榜工信部国家级专精特新重点"小巨人"企业名单。特别的,在新冠肺炎疫情期间,钛米机器人在全国300+医院的隔离病房进行消毒工作,并且在全国高风险地区实现自动定时消毒,降低了医护人员暴露于危险环境中的可能性。

表3　人工智能机器人特征及品牌

类型	主要特点	品牌
手术机器人	手术操作精确 手术创伤小 减少术后疼痛 在狭窄空间操作灵活	术凯机器人 盼研机器人 磅客策 奥朋医疗
康复机器人	康复训练精确化、智能化 运行灵活 提供个性化训练,减少康复损伤	傅利叶智能 犟京科技 司羿智能
辅助机器人	远程咨询、治疗 病情诊断准确性高 辅助医护人员治疗、配药等环节效率高	哎哒医疗 春英医疗 梵界信息
服务机器人	可在特殊医疗环境运行(如传染病隔离病房等) 替代人工行使护理、陪伴功能	钛米机器人 弗徕威智能机器人

注:企业排名不分先后;限于篇幅,仅列出部分代表性企业。
资料来源:笔者收集整理得到。

2. 人工智能 + 大健康破局监测困境,实现智能健康管理

人工智能与大健康结合的另一重大应用则是智能化监测身体各项指标机能变化,防止疾病突发造成患者因抢救不及时而遭受不可逆的伤害。在健康管理方面,上海企业聚焦营养学、身体健康管理、精神健康管理三方面,致力于形成全套、一体化健康管理体系。"红喜健康通"作为全国首家ISO9001认证的健康管理系统,自2017年成立以来致力于1 + 11 + 365私人定制服务模式,形成了覆盖健康档案管理、疾病风险预警、营养膳食管理、运动体格测评、心灵疏导净化和健康投资规划功能的全方位智能健康管理服务体系。此外,针对儿童、老年人以及患者等群体,研发了不同的智能化健康监测服务平台。"智考健康"利用精准医学与人工智能筛查技术,通过为用户提供睡眠监测服务,使用户掌握儿童健康和发育情况,并提供睡眠管理、预防疾病和纠正儿童生活方式等服务。此外,对于老年人及患有疾病的人群大多通过可穿戴监测技术为其提供身体健康管理服务,通过佩戴移动设备检测身体健康指标(血压、血氧、心跳等)状况,以便及时向监护人和相关医疗机构求助。

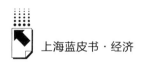

（四）区块链技术构筑大健康产业新防线——安全安心

区块链本质上是一个去中心化的数据库，也可以说是一种分布式公共账本，所有人可以更新这个账本，但是不可篡改。区块链技术具有去中心化、时序数据、集体维护和安全可信等特点。

1. 区块链 + 大健康保障数据安全，为大数据时代保驾护航

依托于大数据技术，秉承"数据多跑路，用户少费心"的理念，各个医疗机构储存了大量的健康数据，实现了智慧医疗，使居民看病更加便捷，间接完善了分级诊疗制度，促成和谐的医患关系。在此背景下，如何在符合安全隐私机制的前提下共享开放，创新看病就医、健康服务模式是关键，也是难点。卫宁健康科技集团股份有限公司创建于 1994 年，2001 年在深交所上市，以"科技赋能，提升人们健康水平"为使命，业务覆盖智慧医院、智慧区域卫生、互联网 + 医疗健康等众多大健康领域。公司利用区块链技术所具有的多方公式、不可篡改、多方存证、随时可查等特征，保障健康数据真实可靠，以及传输与共享过程透明安全，在会诊转诊、商报理赔、处方流转以及业务监督等业务领域提供更加高效的解决方案，借此保证了海量健康数据的安全性。

2. 区块链 + 大健康打破数据壁垒，实现健康数据互通互用

ALLIVE 公司利用区块链技术，构建了大健康生态智能区块链网络，为全民医疗开创了一个基于区块链技术的一个去中心化的医疗服务平台。该服务平台破除了医疗机构之间数据的封闭性与不可流通性问题，各个机构医生都能够完全掌握患者之前的治疗信息，大幅度地提高了数据利用率，缩短了诊疗时间，使医患关系更加和谐。在区块链网络，用户可以全面掌控自己的健康数据，并由人工智能医生进行个性化健康管理，进而满足其在医疗健康方面的全流程需求，缓解了医疗资源不足的矛盾。该公司产品 Olife 实质上是个人健康加密画像，它可以将用户在不同平台留存的数据收集起来，制成基础的个人健康画像，包含运动、饮食、血压、健康状况等信息，这些信息都存储在区块链上，有效提高了数据的利用率，节约了成本。区块链上的数

据信息可以在不同医疗机构间流动，打破了不同部门、不同医疗机构之间的信息壁垒，消除了信息孤岛，实现了医疗机构内不同业务系统间诊疗信息的共享调阅与快捷查看。

（五）云计算技术推动大健康产业新发展——高能高效

云计算利用网络"云"将巨大的数据计算处理程序进行分解，相对于传统的医疗机构数据中心，虚拟化和云端化的数据中心极大地控制了医疗成本，加强了医患之间的联系，提高了医疗资源的利用效率。

1. 云计算＋大健康构建数据共享平台，打破时空限制

锐达影像云平台是基于"互联网＋医疗影像"打造的一款共享、智能、便捷的服务平台。借助云计算高效的数据处理能力，平台顶层设计可轻松联通省级、市级、区域级医疗机构间异构 PACS 影像系统，快速实现数据互联、互通、共享服务，打破地缘边界。影像云平台可整合区域优质资源，实现数据资源、医生资源共享，通过高效的会诊、灵活的教学、标准化的质控、便民的患者健康档案，向患者与医生提供更便捷的影像服务。该平台还充分考虑全域医疗机构和监管部门面临的困境，向下填补基层医疗机构云 PACS 服务空缺，向上助力卫生监管部门大数据监控工作，开创互联网环境下的医疗影像服务新模式，真正实现影像服务价值导向。并且，医生可利用碎片化时间对患者病情进行有效跟踪，随时制定动态化治疗方案，提升患者的就医体验感。

2. 云计算＋大健康构建健康云服务平台，实现远程诊疗

熙业信息的无线健康云解决方案通过整合新兴的远程医疗健康服务和现有的社区医疗服务，借助云计算强大的计算与存储能力，利用无线通信网络以及智能健康终端为城市居民提供专业和便捷的医疗监护与健康指导服务。基于数据被保存在本地并定期同步到云端，平台医生可利用碎片化时间或者集中时间远程对用户的各项健康数据进行离线诊疗判断。对有异常生理数据的用户，医生采用远程监护的方式进行实时监护。对有生理状况危机的用户，医生通过智能手持终端和监护仪查看病人生理指标，进行在旁即时诊

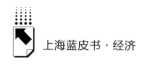

断。该平台的建立打破了传统医疗的地域限制，节约了用户的时间，通过提前对患者进行分流，进一步整合医疗资源，避免了资源的浪费。

（六）物联网技术打造大健康产业新系统——万物万联

物联网的核心技术是无线射频识别技术（FRID），通过 FRID 和互联网将所有"物"连接起来，实现智能化识别与管理。物联网能够实现对医院医疗设备和可佩戴移动终端设备的信息化与智能化管理，助力智慧医疗和智慧养老。

1. 物联网+大健康构建智慧医院，实现智慧医疗

不同于传统的医疗模式，智慧医疗通过数字化技术增进患者与医务人员、医疗机构、医疗设备之间的联系，逐步实现信息化和智能化，形成一个以患者为中心的医疗服务信息化和智能化平台。运用物联网技术，智能终端设备、无限感应器等设备对各种对象加以标识，并通过无线网络技术将信息反馈至信息处理中心，从而能够实现物资管理可视化、医疗信息数字化和医疗过程数字化，对医院进行智能化管理。以上海森亿医疗科技有限公司（森亿智能）为例，该公司是中国智慧医院整体解决方案提供商，长期专注于为医院提供专业、高效的数据化和智能化新基建解决方案，目前处于 E 轮融资阶段。在 2021 年中华医院信息网络大会（CHINC）上，森亿智能 SYNERGY 智慧医院解决方案首度揭露。解决方案以"12306"为框架，即 1 个目标、2 项技术、3 个内涵、全方位闭环（0）、6 大场景。通过"森亿号"建设新模式，能解决数据治理不足、智能程度不高、价值导向不清晰、缺乏闭环解决机制和业务场景不完善等问题。同时，SYNERGY 可助力医院完成智慧医院、互联互通、电子病历评级等方面的建设工作，进而促使其实现高质量发展的目标。

2. 物联网+大健康设计智能终端，破局养老难题

物联网在可佩戴医疗物联网设备领域的应用也很广泛。通过互联网赋予各类移动终端网络连接功能，实现物与物、物与人的泛在连接，实现对物品和过程的智能化感知、识别和管理。上海孝信网络科技有限公司成立于

2015 年，运用"互联网＋"的科技养老新理念，设计可佩戴物联网设备，致力于提高老年人的生活质量。该公司是一家便携式老年日常健康监测设备研发商，旗下产品主要提供语音微信、求助报警、智能定位、健康监测及智能助老等服务。其中，一拉报警功能便于佩戴者在需要紧急求助时，可以即时将求助信息发送给监护人或救助机构，能够紧急处理老年人意外滑倒等情况。健康检测功能能够智能检测老年人的血压、血糖、血氧、心率健康等，可一键上传健康数据，实行全天 24 小时健康检测。

二 大健康产业应用数字新技术的背景与机遇

（一）政策促进数字新技术与大健康产业融合

2015 年至今，国务院、国家卫健委、国家中医药管理局等相继出台政策，用以支持地区自主研发新型技术，并与医疗健康产业结合，实现医疗数据共享、医疗技术智能化，进而为患者提供更智能化的辅助治疗手段和更精准的治疗。具体而言，政策由面及点逐步精细化实施。2015 年，政策旨在鼓励地区应用互联网、人工智能、物联网、云计算等数字新技术，鼓励医院和医疗机构破除时空约束，实现医疗数据共享和优质医疗资源配置。2016 年，政策则是更进一步聚焦中西部和基层地区的医疗问题。国家通过鼓励地区形成互联网＋大健康模式，实现线上线下相结合的智慧医疗，实现远程医疗服务，破除医疗服务壁垒，以期实现医疗资源共享的目标。2017 年开始，政策聚焦人工智能、互联网等技术在实际运用中的具体场景。通过明确人工智能在精准治疗、辅助诊疗等方面的重要作用，加快推进中国智慧医疗、互联网医疗建设。2019 年以来，政策有针对性地解决了医疗、医药、医保三医联动的问题，不仅允许网络售药，而且还能够实现跨地区医保在线结算、报销等。此外，在新冠肺炎疫情期间，政策推动数字新技术＋大健康融合，在患者问诊、治疗、购药、康养等方面提供高效、安全的服务，意义重大。

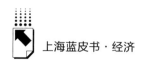

表4 新技术+大健康相关政策

年份	政策	具体内容
2015	《国务院关于积极推进"互联网+"行动的指导意见》《全国医疗卫生服务体系规划纲要（2015—2020年）》	鼓励地区应用互联网、物联网、云计算、可穿戴设备等新技术，加快人工智能核心技术突破，建立跨医院的医疗数据共享交换标准体系
2016	《国民经济和社会发展第十三个五年规划纲要(2016—2020年)》《国务院关于印发"十三五"卫生与健康规划的通知》《关于新一代人工智能发展规划》	鼓励重点突破新型领域人工智能技术，大力发展手术机器人；发展面向中西部和基层远程医疗与线上线下相结合的智慧医疗；促进信息技术与健康服务融合
2017	《关于征求互联网诊疗管理办法(试行)》《关于推进互联网医疗服务发展的意见(征求意见稿)意见的函》《"十三五"全国人口健康信息化发展规划》	增强中国互联网医疗的深化发展保障；重点支持机器智能辅助个性化诊断、精准治疗辅助决策支持系统和智慧医疗发展
2018	《全国医院信息化建设标准与规范(试行)》《关于促进"互联网+医疗健康"发展的意见》《关于规范家庭医生签约服务管理的指导意见》	促进互联网与医疗健康深度融合发展；完善"互联网+医疗健康"支撑体系；鼓励加快研发AI的诊疗决策系统等技术
2019	《中华人民共和国药品管理法》	在遵循相关规定的前提下，药品上市许可持有人、药品经营企业通过网络销售药品
2020	《国家卫生健康委办公厅关于在疫情防控中做好互联网诊疗咨询服务工作的通知》《关于推进"上云用数赋智"行动 培育新经济发展实施方案》	鼓励医疗机构提供针对新冠肺炎的网上免费咨询、居家医学观察指导与健康评估等服务；鼓励实行互联网医疗、医保首诊制和预约分诊制等
2021	《"十四五"全民医疗保障规划》《"十四五"优质高效医疗卫生服务体系建设实施方案》	鼓励建设智慧医保、推广医保电子凭证；加快数字健康基础设施和健康医疗大数据体系建设

资料来源：国家卫健委、国家医保局及上海市卫健委等网站公开信息。

　　上海市积极响应"健康中国2030"规划要求，制定了全国首个省级中长期健康行动方案——《健康上海行动（2019—2030年）》。该方案第十六部分明确了健康信息化行动具体内容。例如，在符合数据和网络安全的情况下，可以深度挖掘健康医疗大数据，实现医疗机构信息互联互通；同时依托健康医疗，以区块链、云计算、物联网等技术为支撑，提供"互联网+医疗""互联网 + 护理"等服务，为居民提供诊前、诊中、诊后全流程服务。同时，需借助大数据平台，建立疾病风险评估模型，从全生命周期角度动态化保障居民健康。此外，上海大健康产业发展还需要精细化，依托"上海健康云"平台建成"医、防、养、康、护、药、保"一体化的"互联网 + 医疗健康"惠民服务平台。2019 年 6 月，上海出台了《上海市"互联网 + 护理服务"试点工作实施方案》，正式实施了中长期健康行动方案。2021 年 7 月，上海市发布了《上海市卫生健康发展"十四五"规划》，进一步明确了"十四五"期间鼓励医疗健康服务与数字新技术融合，并提出了相应的预期目标。如在青浦区建成长三角（上海）智慧互联网医院，在嘉善县推广上海智慧健康驿站，支持健康服务新业态发展，建成 50 家互联网医院等。

（二）老龄化促使大健康产业加持技术护盾

随着人口结构的不断变化，人口老龄化问题逐渐凸显，随之而来的是，癌症、心脑血管疾病以及失能失智等成为每个家庭和社会最为担忧的问题之一。现如今，我国疾病模式从以急性病为主转为以慢性病为主，老年人慢性病负担更重。2015 年，近 80% 的城乡老年人患慢性病，48.8% 的老年人同时患有两种及以上的慢性病。由此，大健康产业调整发展方向是必然趋势。上海市出生人口数量呈逐年减少态势，且老年人口占比在全国仍居前列。加快构建生育友好型社会，促进人口长期均衡发展是上海市大健康产业寻求数字新技术加持的主要原因。根据上海市第七次全国人口普查公报数据，采取多项式趋势外推法预测 2021 年人口老龄化水平可以发现，1952 年以来上海市常住人口中老年人口占比呈增加趋势。按照联合国老龄化社会划分标准，上海市早在 1982 年前后就已经步入老龄化社会，早于中国平均水平。2020 年，上海市常住人口中 60 岁及以上人口占比高达 23.4%，是除了辽宁省外全国老年人口占比最高的省份。

如此庞大的老年群体，必然导致高品质健康服务需求大幅增长，由此加剧地区供需不匹配矛盾。同时，上海也是 31 个省份中唯一 0 ~ 14 岁人口

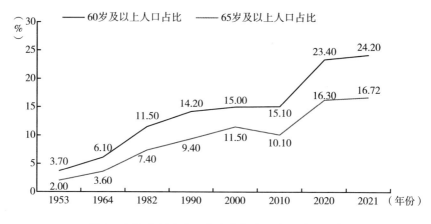

图3 上海市历次人口普查老年人口占比变化趋势

占比低于10%的省份，长期来看将面临劳动力供给不足问题。为此，老年人健康管理成为十分重要的问题。年轻子女忙于工作无暇陪伴老人，老年人因生命体征监测不及时而突发身体疾病等现象层出不穷。上海市许多大健康企业主推老年人陪护的机器人服务和智能穿戴设备，提供老年人健康管理服务，如"诺童智能机器人""朗朗信息""邦邦机器人"等。此外，根据1991～2020年《上海统计年鉴》中每千人拥有的医生数量数据，构建ARMA模型预测2020～2021年医生水平并绘制趋势图发现，上海市医护人员数量严重不足。2021年，每千人拥有的医生数量不足3.4人。为此，需要新的技术支持，将医护人员从繁杂的简单操作工作中解放出来，进而从事更为紧急、重要的工作，如上海迈鹊医用机器人技术有限公司研发的智能医用采血机器人等。

（三）商业巨头跨领域合作推动资金助力大健康产业技术创新

随着健康中国战略的推进，人们的健康意识不断提升，大健康产业建设成为顶层设计的核心内容之一。中国大健康产业虽然刚刚起步，但市场潜力较大。各领域巨头纷纷进驻大健康产业开展跨领域合作，促使大健康产业体系逐渐完善。总的来看，中国企业布局大健康产业的类型可分为：（1）医

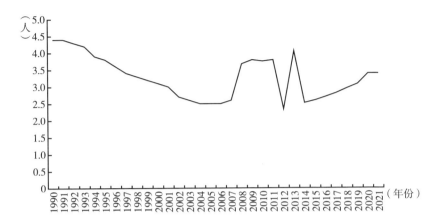

图4 上海市每千人拥有的医生数量变化趋势

药企业，如同仁堂、片仔癀、九芝堂等；（2）房地产企业，以万达为代表的企业，通过合作、并购、自建等方式迅速抢占大健康市场份额；（3）互联网企业，如腾讯、百度、阿里等企业，将互联网、人工智能等信息技术与大健康产业融合以拓展新领域。

上海以资源优势吸引了众多企业涉足大健康产业，本土企业力图通过不断向头部企业融资等方式实现大健康产业技术创新。例如，腾讯家族成员"未来医生（原企鹅杏仁）"在腾讯、红杉中国和腾讯家族共同发起之下，拥有45万+医生的医疗团队，私人家庭医生为用户提供360°全流程医疗服务。不仅拥有腾讯超智能医疗辅助引擎，而且"未来医生"智能终端还可以终生免费存储医疗档案。"未来医生"在2013年创立之初就获得了光速中国数百万元的天使轮投资；2014年，红杉中国和光速中国共同出资500万美元助力其完成A轮融资；2015年，"未来医生"在前两位投资方的基础上获得方源资本支持，实现了2亿元的B轮融资。此后，"未来医生"寻求谋变、创新，历经3年多的时间于2019年4月获得9家投资方支持，完成了2.5亿美元的C轮融资。其中，碧桂园创投、腾讯投资、招银国际分别作为地产、互联网、券商的代表助力大健康产业，反映了大健康产业发展的风向。

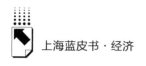

三 大健康产业在应用数字新技术方面
存在的瓶颈与挑战

新兴科技与大健康产业的结合是信息化时代的必然产物，亦是重要的基础性战略资源。新兴科技的应用推动了健康医疗模式的革命性变化，有利于扩大医疗资源供给、降低医疗服务成本、提升医疗机构运行效率。但是，目前上海市新技术在应用的过程中依然面临着不少瓶颈和挑战，为此，本部分将从以下几个方面进行梳理。

（一）数据安全性和公平性

1. 健康医疗数据存储和使用安全问题

医疗服务信息化是国际发展的大趋势，但是由于医疗健康产业的特殊性，当医疗健康产业走向移动化、数据化，隐私保护、信息安全问题则需要被予以重点考虑。腾讯智慧安全研究发布的《医疗行业安全指数报告》指出，全国医疗行业指数处于良好水平，但中国仍有40%的医院安全指数处于一般及以下水平。大数据时代的共性安全性问题有：（1）不断增加的医疗数据使得设备容量不足、运行缓慢等，造成数据丢失问题。如果未能对设备进行及时检查、备份和维护，则会造成不可逆的损失。（2）频繁的黑客攻击、信息泄露问题对医院等公共机构构成威胁，医疗信息安全问题不容乐观。（3）在共享开放过程中患者健康、疾病、就诊等信息被第三方违规泄露。

2. 健康医疗数据的公平性问题

虽然依托于云计算等新兴技术可以实现健康医疗数据的共享、共有和共为，但是相比于小数据时代来说，健康医疗大数据作为一种"资源"蕴含着的巨大商业价值，进而演化出数据垄断和数据霸权问题。上海的医疗大健康数据基本上由头部企业掌握，小企业想获得查阅权比较困难。即便各大医疗机构可以共用资源，仍要清晰界定数据资料来源。一旦发生数据来源模糊问题，会造成数据分享过程采集者利益受损，以及科学合作研究的成果、责任归属出现模棱两可的情况。

3. 民众接受度问题

如上所说，数字化信息蕴含着大量的个人信息，包含着大量的商业价值。经常有不法分子会觊觎这些数据，一旦发生数据泄露，会给居民造成巨大的财产损失，数据安全问题难以保障。如最简单的手机号码泄露问题，有些用户经常会收到骚扰电话和诈骗信息，面临经济损失风险。就此而言，公众将重要的个人健康信息提供给平台需要很多的法律保障。上海作为国内领先城市，可以以身作则，率先制定相关政策制度。

（二）在线医疗发展的结构失衡

1. 在线医疗沟通障碍

相较于传统医疗望、闻、问、切的模式，在线诊疗无法进行药物敏感测试、使用医疗器械进行身体机能检查等，仅通过视频或者图像进行诊疗，不仅难度与风险较高，还容易造成误诊，并且视频和图像的画质有赖于高速的网络。同时，患者对于医学专业的不了解，很可能在描述病情时传递错误的信息，医生容易误判患者的病情。

2. 在线医疗机构水平参差不齐

不可否认，在线医疗健康产业在预约、排队、分诊、买药等方面的确存在优势。但是，在医生诊疗质量方面仍存在提升空间。在线医疗对医院质量和医生专业能力的审核标准并不统一，使得在线医疗机构的服务水平存在差异。按照医院等级划分，即便三级医院还存在甲、乙、丙三等之分。在同一所医院中，不同医生之间也存在住院医师、主治医师、主任医师和副主任医师的区别。为此，究竟如何分配医生进行线上诊疗十分关键。专家医生在线下诊疗分配时间过度，会造成线上患者需求得不到满足等问题，反之也是一样。另外，如果在线医疗为了拼医师数量和回复速度聘请过多医生获取流量，容易走向"脱实向虚"之路。

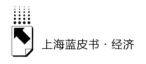

3. 高新技术公司众多且水平各异

从天眼查数据可知，各类高新技术公司众多，每个企业都宣称依托于互联网，结合人工智能、大数据、云计算和物联网等技术构建云平台，但高新技术的实际应用情况还有待考察。头部数字技术企业一直寄希望于 AI 医疗，对外宣称准确率在 98% 以上。然而，AI 医疗的实际应用还仅停留在分诊和辅助上，距离实际诊断还有很长的路要走。并且，上海医疗健康企业中规模较大的头部企业较少，正在进行融资过程的公司很少，大部分的小公司仍然处于非融资状态，导致健康医疗市场鱼目混珠，信息不平等的情况下消费者容易误信，造成人身和财产损失。

（三）医疗资源的匹配度和行业发展前景

1. 医疗资源的匹配度不高

不同的用户群体对医疗资源的需求不尽相同。通过医疗资源的有效配置，提高资源利用率和匹配度是满足用户需求的关键。青年用户多进行普通疾病（感冒、发烧、健康管理等）的问询，而中老年用户大多患有原发性老年疾病、慢性病等，对医疗资源的使用频率相对于青年人更高。七普数据显示，上海市 60 岁及以上人口占比为 23.4%，跃居全国第二，真正需要医疗资源的老年用户很多，但其往往无法享受到新技术带来的益处。随着互联网时代的高速发展，中老年人逐渐无法跟上智能化发展节奏，难以享受数字社会发展带来的便利。当前在线医疗平台的活跃用户以非老年用户为主，老年用户参与度不高，这未能充分发挥在线医疗平台缓解医疗资源供需不平衡的作用，反而可能会进一步扩大老年人的"数字鸿沟"。

2. 在线支付与医保融合度不高

医疗保险是五项社会保险中信息化水平最高的险种。截至 2020 年 12 月底，上海市职工基本医疗保险参保人数达 1587.18 万人，占城镇常住人口的 71.46%。早在 2016 年国家人社部就发布《"互联网 + 人社"2020 行动计划》，旨在运用新兴科技使得医保大数据与社会融合。例如，构建各类医疗费用的一卡结算体系，包括线上和线下的门诊、住院、购药的直接结算等。

通过实现医保移动支付，满足人们获取在线服务的需求。然而，由于医疗保险涉及参保人、医疗机构、药店等众多直接和间接关联方，仅有少数地区开始推行医保在线支付。

四　政策建议

（一）强化数据安全保障，助力医疗资源共享

1. 加大医疗数据安全运维力度

严防医疗大数据泄露。大多医疗机构自主研发新技术并不现实，因而衍生出与新兴科技公司合作的模式，但也由此引发了医疗机构外部人员私带数据导致患者数据泄露问题。为此，应健全医疗机构与企业合作体系，对相关责任进行明确界定。严控外部专业技术人员或医疗机构内部工作人员携带存储功能设备，并建立局域网以防通过在线传输等方式将数据存储至外部云端，最大程度减小数据流出的风险隐患。

2. 探索医疗数据安全监管

构建多主体协同共治模式。由上海市政府、医疗机构、第三方企业、产品市场、用户等利益相关者形成联合监督主体，并制定医疗数据存储、使用、维护等行为规范。各方对数据安全享有知情权和监督权，并承担数据丢失、泄露等失误的责任分摊。政府要制定明确的法规来严惩信息窃取者，释放政府保障人民信息安全的信号，降低居民对分享自身数据的抵触感。

（二）加大新兴技术政策扶持力度，突破新兴技术创新瓶颈

1. 多维度政策扶持

新技术要想落地，政策是关键。政府要在新技术的应用上适当放开，可以借鉴其他"兄弟省份"的政策规定，制定适合上海本地区的规章制度，吸引更多高新技术公司落户，助力上海智慧城市建设。具体的，可以从新技术、医疗健康和相关领域人才输出等维度制定政策，建立健全新兴技术、医

疗、健康养老和教育领域跨部门协同工作机制，实现各维度逐个推进、全面合作，并辅之以严格的新技术、医疗服务资质、人才培养模式审核规则、完善的行业标准体系和法律保障体系，提高各方准入标准。

2. 吸取国外经验，培育和吸引人才

依托上海金融中心地缘优势与城市吸引力，大力引进发达国家和地区的先进数字技术企业来上海投资、合办企业，学习其技术经验，在此基础上结合本地区医疗机构实际情况，着力攻关核心技术，增强自主研发能力，形成本土化的先进技术。另外，尽快联合培养跨领域专业人才。为此，应加大力度培育交叉学科人才。依托上海本地高校及医疗机构优势，构建产—学—研一体化培养方案，促进企业、学校、政府、医院等机构通力合作。

（三）增强高技术健康企业软实力

1. 提高医疗服务质量

医疗平台、医生和患者三方协作，提升医疗服务质量。健全医疗平台隐私保护功能，及时过滤劣质问题、加急处理突发患者，保障医生和患者权益。强化线上消息回复提醒功能，确保医患及时沟通。制定在线诊疗双向打分制度，促使医生注意在线诊疗的态度、回答的有效性和及时性，以及防止患者过度苛责医生，引发不必要的纠纷。从提高沟通效率和医患相互重视角度，提高双方满意度。另外，医疗平台要与医院制定合作计划，致力于提升医生诊疗质量，分配好在院医生的线上和线下诊疗人数与诊疗时间。医院要将线上和线下诊疗视为同工同酬，合理安排绩效考核，治疗质量和服务质量要与年终奖挂钩。

2. 构建在线医疗平台综合体系

针对不同受众，设计差异化在线平台使用手册或用户使用界面。一方面，通过绘制简洁版在线平台操作指南，减小用户的使用难度。另一方面，根据用户画像和用户需求构建多功能在线医疗平台，并针对不同用户需求，形成差异化用户使用版本。通过菜单式或智能引导的使用模式，帮助信息化掌握度不高的群体（以老年群体尤甚）提高使用频率，并吸引更多线下就医患者参与。

3. 促进健康企业和医保报销结合，构建完整闭环

健康企业要进一步拓展与人社局和医院在医保方面的合作，共建共享医保数据库，实现线上、线下医保一体化平台。整合各项医疗健康数据的同时，打通诊疗前、诊中和诊后整个看病流程，形成完整闭环。由于社保数据具有很强的隐私性，如果被滥用或者泄露将会产生严重后果，为此在数据的安全性方面医疗平台一定要高度重视。

参考文献

党俊武主编《老龄蓝皮书：中国城乡老年人生活状况调查报告（2018）》，社会科学文献出版社，2018。

李晓洁、丛亚丽：《健康医疗大数据公平问题研究》，《自然辩证法通讯》2021 年第 8 期。

刘延东：《深化卫生与健康事业改革发展 奋力开创健康中国建设新局面》，《中国卫生监督》2017 年第 5 期。

邬贺铨：《大数据时代的机遇与挑战》，《求是》2013 年第 4 期。

徐婷婷、徐玲玲：《大数据背景下智慧医疗发展浅析》，《智能计算机与应用》2020 年第 1 期。

赵昌安、张方国：《双线性对有效计算研究进展》，《软件学报》2009 年第 11 期。

朱洪波、杨龙祥、朱琦：《物联网技术进展与应用》，《南京邮电大学学报》（自然科学版）2011 年第 1 期。

开放型经济篇

Open Economy Reports

B.7

构建新发展格局下
上海开放型经济发展研究

陈建华　郭王玥蕊*

摘　要： 浦东开发开放以来，上海的经济社会发展进入了新的阶段。上海
作为我国改革开放的排头兵与创新发展的先行者，通过发展开放
型经济不断提高生产效率，促进上海乃至长三角地区经济社会进
入快速发展的轨道。在我国构建以国内大循环为主体、国内国际
双循环相互促进的新发展格局背景下，上海对外开放的功能与形
式将会相应地升级。上海将在促进我国内需增长、推动新型消费
发展、提高我国科技创新能力以及促进长三角地区产业结构优化
升级中将起到更好的作用。上海将基于长三角地区的市场与资
源，不断发挥长三角地区首位城市功能，促进资源优化配置，积

* 陈建华，经济学博士，博士生导师，上海社会科学院经济研究所研究员，主要从事城市与区
域经济学研究；郭王玥蕊，上海社会科学院经济研究所政治经济学博士生，主要从事城市与
区域经济学研究。

极提高全球资源配置功能。上海将依托国内超大规模市场优势，以长三角地区一体化、浦东社会主义现代化建设引领区和中国（上海）自由贸易试验区建设，推动经济转型发展、创新驱动，促进更高水平开放型经济发展。

关键词： 新发展格局　开放型经济　创新驱动　上海

一　我国构建新发展格局与上海开放型经济发展

在《中共中央　国务院关于构建开放型经济新体制的若干意见》中，开放型经济新体制的总体目标为"加快培育国际合作和竞争新优势，更加积极地促进内需和外需平衡、进口和出口平衡、引进外资和对外投资平衡，逐步实现国际收支基本平衡，形成全方位开放新格局，实现开放型经济治理体系和治理能力现代化，在扩大开放中树立正确义利观，切实维护国家利益，保障国家安全，推动我国与世界各国共同发展"。其中，"互利共赢、多元平衡、安全高效"是开放型经济新体制需具备的三大特征。围绕这一总体目标，又可阐述为四个具体方面，即建立市场配置资源新机制、形成经济运行管理新模式、形成全方位开放新格局和形成国际合作竞争新优势。[①]

自浦东开发开放以来，上海作为我国改革开放的排头兵、创新发展的先行者，是我国开放型经济最典型的代表。构建新发展格局下全球化重心和形式发生了转移，这赋予了上海为国家构建开放型经济新体制探路的使命。上海服务构建新发展格局的目标定位是打造成为国内大循环的中心节点和国内国际双循环的战略链接。[②] 当下，上海既要主动迎接经济全球化的开放趋

---

① 《中共中央　国务院关于构建开放型经济新体制的若干意见》，《人民日报》2015 年 9 月 18 日。

② 《上海要成为国内大循环中心节点和国内国际双循环战略链接》，国新网，2021 年 4 月 22 日。

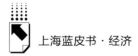

势，将国际中的高标准加以借鉴，也要充分挖掘国内市场需求的空间剩余，将国内的强优势加以利用，继而驱动主导全球化进程。在上海"十四五"规划中，上海扩大开放政策的内容不断深化、力度持续加大，为促进形成更高水平开放型经济不断努力。《上海市国民经济和社会发展第十四个五年规划和二〇三五年远景目标纲要》指出，上海应围绕更好地促进国内国际两个市场、两种资源联动流通，统筹重点突破与系统集成相结合、对内开放与对外开放相促进，着力强化开放窗口、枢纽节点、门户联通功能，着力推动规则、规制、管理、标准等制度型开放，率先基本形成更高水平开放型经济新体制。① 作为我国开放型经济新体制探索的开路先锋队，上海的开放型经济发展应在遵循我国开放型经济新体制总体要求的基础上，"大胆闯、大胆试、自主改"，这要求上海应从要素数量与规模集聚转向对创新要素的有效利用，同时要更好地发挥上海的全球资源配置功能，将长三角地区"多头对外"出口导向型生产格局转变为分工协作"协调对外"格局，继而推动我国从国际生产分工与协作的参与型国家向平台型或主导型国家转变。这样，上海才能更快实现建立与国际通行规则相衔接的制度体系，发展融入全球产业链价值链中高端、体现高水平投资贸易便利化自由化的开放型经济。

构建以国内大循环为主体、国内国际双循环相互促进的新发展格局是根据我国发展阶段变化与国际治理状况变化审时度势作出的重大决策，是重塑国际合作和竞争新优势的战略抉择。当今世界全球化仍在不断加深，从明显的区域经济一体化趋势中可见一斑。截至 2021 年 10 月，世界各国向 WTO 通报的区域贸易协定达 786 个，其中有 568 个 FTA 生效，全球双边/区域自由贸易区 FTA 数量不断上升（见图 1）。目前，在签订 RCEP 和《中欧双边投资协定》之后，我国正在积极加入 CPTPP 等一系列行动。在这一全球化趋势中，我国正在不断向主动参与国际分工的新阶段迈进，并取得了可喜的成绩。1978 年我国经济总量占世界份额只有 1.8%，货物进出口额仅排世界第

---

① 《上海市国民经济和社会发展第十四个五年规划和二〇三五年远景目标纲要》。

29 位，对外经济依存度为 9.74% ;① 2001 年加入 WTO 后，我国积极参与国际经济生产分工，逐渐融入国际经济大循环，货物进出口总额为 5098 亿美元，外贸排名升至全球第 6 位。② 目前，我国外贸总额排名已经上升到了全球第一的位置。

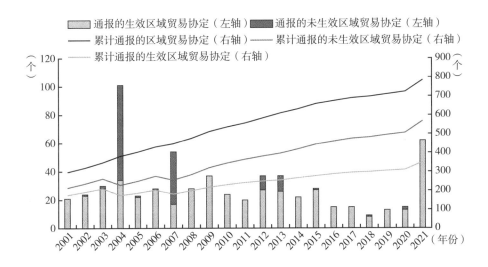

图 1 世界各国向 WTO 通报的区域贸易协定情况

资料来源：WTO 区域贸易协定数据库，http://rtais.wto.org/。

2020 年，虽然受到疫情影响，但是我国的进出口额却双双创新高，是全球唯一实现货物贸易正向增长的主要经济体，进一步巩固了我国外贸排名全球第一的地位。然而，伴随着我国经济体量与质量的极大提升，原来以中低端要素加入全球价值链的出口导向型战略必须优化升级。③ 我国经济增长中必须不断提高消费需求的份额与作用，进而降低出口与投资在经济增长中的占比。随着我国经济进入新发展阶段、国际治理状况出现新变化，国内消费与投资在我国经济增长中的作用不断提高，这是我国在构建新发展格局时

① 武力：《改革开放 40 年：历程与经验》，当代中国出版社，2020。
② 裴长洪：《共和国对外贸易 60 年》，人民出版社，2009。
③ 陈爱贞、刘志彪：《自贸区：中国开放型经济"第二季"》，《学术月刊》2014 年第 1 期。

面临的重要特征。因此，当前亟须以国内经济转型为抓手，通过以国内大循环为主体的改革迎接新一轮经济全球化的蓝筹，促进我国经济增长由出口与投资驱动进一步转向由消费与创新驱动，开启我国开放型经济的升级版。要实现这一目标，关键在于加快实施利用国内国际两个市场、两种资源，协调国内国际两个循环的双循环战略，在牢牢坚持扩大内需这个战略基点上，积极推动建设更高水平开放型经济新体制。

二 构建新发展格局对上海开放型
经济发展的要求与变化

习近平总书记指出，构建新发展格局是把握发展主动权的先手棋，不是被迫之举和权宜之计。从国际比较看，大国经济的特征都是内需为主导、内部可循环。我国作为全球第二大经济体和制造业第一大国，国内经济循环同国际经济循环的关系客观上早有调整的要求。① 随着国际经济形势发展，我国不能仅仅关注出口导向型经济的拉动作用，还应该注重增强双向的国内与国际经济循环相互促进对我国经济发展产生的积极作用。上海作为我国体现国际化水平的现代大都市，我国构建新发展格局对上海发展开放型经济也有新要求。

（一）内需占比趋于提高，新型消费发展较快

在新发展阶段，要把满足国内需求作为根本任务，抓住扩大内需的战略基点。随着人民日益增长的美好生活需要，需求结构亦处于转型升级阶段，未来一段时间，把握好区域与国内消费需求升级对于企业发展与经济增长而言至关重要。其中，探索生产与服务深度融合的新业态、新模式将是新发展阶段企业高质量发展的关键。在增强内需动力方面，上海立足于国内超大内需市场，并致力于建设国际消费中心。同时，受到新冠肺炎疫情的影响，我

---

① 《"五位一体"谱华章》，《人民日报》2021年9月13日。

国消费者的消费观念与消费习惯出现了一定变化，消费者开始青睐国内产品。疫情期间，"互联网＋生活服务"需求增加。在适应我国消费结构升级进程加快趋势方面，上海显然已经领先一步。2016年上海市率先设立"互联网＋生活性服务业"创新试验区，这为上海在线新经济的发展提供了条件。2020年上海市社会消费品零售额达1.59万亿元，持续居全国第一，网络购物交易额1.17万亿元，全国排名靠前。① 未来，上海将更加注重发展线上消费、体验消费、健康消费等新型消费，并通过促进生产与服务深度融合形成新业态、新模式，以更好地应对国外需求不足问题，促进区域产业结构优化升级与经济高质量发展。

（二）科技创新作用不断增强，产业结构优化升级明显

作为国家的三大国际科技创新中心，"十三五"期间上海在科技创新层面亦交出了良好答卷。世界知识产权组织（WIPO）9月20日发布的《2021年全球创新指数报告》中，创新能力综合排名我国位列全球第12名，上海位于全球科技集群百强中的第8名，可见上海国际科技创新中心在我国创新型国家建设进程中发挥的支撑和引领作用。② 科技创新功能是推动我国产业经济转型升级和国际竞争力提升的重要引擎，科技创新也日益成为长三角城市群的主导功能，上海作为长三角城市群的龙头，长三角地区的创新资源无疑为上海的开放创新提供了较好的条件。当前，长三角区域集聚了全国19%的高等院校、21%的国家级科研基地、26%的高新企业，③ 规模以上工业企业新产品开发经费支出、新产品开发项目数、新产品销售收入和有效发明专利数均占全国的1/3以上，2020年长三角地区R&D经费投入更是超过7000亿元人民币。④ 可以看出，长三角区域具有科技创新活跃、人才集聚、

---

① 《助力国际消费中心建设，浦东将这样做》，https：//baijiahao.baidu.com/s？id=1700719737239911139&wfr=spider&for=pc，2021年5月25日。

② 《科技部：以上海为龙头强化长三角科技创新共同体建设》，中国新闻网，2021年9月29日。

③ 马飒、张二震：《以更高水平开放促进形成新发展格局》，《中国社会科学报》2020年10月13日。

④ 《深度融入长三角一体化发展》，《浙江日报》2021年3月7日。

市场潜力巨大等诸多优势，这为上海探索科技创新道路提供了得天独厚的条件。下一阶段，以上海为首的长三角城市群应实现从传统要素集聚向创新要素集聚的转型，大力推动长三角地区的科技协同创新，高质量提升长三角城市群的竞争力。同时，上海作为国家科技创新高地，还应加快运用新一代的信息化技术和数据要素，更有效地整合区域科技创新资源，有序推进国家科技创新取得更大突破，为参与下一轮经济全球化进程打下基础。

（三）国际产业纵向链条趋于缩短，区域产业横向分工趋于深化

浦东开发开放以来，上海是我国对外开放的窗口。随着全球化发展受阻和新冠肺炎疫情的蔓延，国际产业纵向链条趋于缩短，区域产业横向分工趋于深化；全球价值链呈现出区域化属性加强、全球化属性减弱的态势。相应地，我国经济发展的阶段、环境和条件出现变化，以往国际大循环战略的拉动作用开始减弱。伴随着国内消费与投资需求不断增加，以国内循环为主、国内国际互促的双循环发展新格局正在构建之中。然而，上海正在积极发挥龙头作用，推动区域城市群间分工与合作的深化。现阶段，经济增长应基于区域与国内生产与消费需求，上海作为长三角地区的龙头城市，应推动相邻省市不断提高生产与消费的匹配性、提升供给与需求的耦合度，构建长三角区域协同创新共同体。上海应利用好长三角地区的制造业资源，积极同江苏、浙江与安徽开展分工与协作。未来，上海将致力于同周边城市增进分工与协作关系，形成一个兼顾竞争与合作、分工与协作的梯度有序的有机整体，打造以长三角城市辐射周边都市圈的空间格局，进而以区域与城市群的整体优势参与国际经济竞争。

（四）国内外市场链接节点性不断加强，全球资源配置功能趋于加强

我国正在以国内大市场来联系国际市场，以我国市场的巨大吸引力和全方位开放来吸收全球要素与资源，向内外需均衡型与创新型经济发展。在此过程中，上海发挥着至关重要的作用。上海要打造成为双循环战略的"中心节点"与"战略链接"，拥有良好的经济、金融、贸易、航运和科创

能力基础。上海可以以长三角高质量一体化发展为支撑，基于国内市场联系国际市场，推动我国经济增长从出口与投资驱动向消费与创新驱动转变。

上海正构建国内大循环"中心节点"和国内国际双循环"战略链接"，将成为全球资源的配置和功能中心。建设国际航运中心有利于提高上海的航运专业服务能力与航运的附加值，是上海打造成为全球资源配置中心的基础。下一阶段，上海应继续推进构建空铁复合、海陆通达的综合交通体系。同时，在制度开放层面上海应积极发挥引领作用，在投资、贸易、金融、人才等领域加快先行先试，率先探索形成成熟、定型、有效的制度标准，进一步提高对外开放的质量与水平，推进更高水平的制度型开放。此外，上海应顺应区域产业分工与协作发展趋势，注重与相邻省市形成合作关系，促进创新要素与创新资源的跨地区流动与有效率配置。加快推动世界级企业总部与功能性机构、吸引具备全球资源配置能力的生产性服务企业和机构集聚，也是上海打造成为全球资源配置中心的关键。从纽约、伦敦、东京等国际大都市的发展经验来看，全球城市的资源配置主要仍为离岸配置，上海还需提升全球资源离岸配置能力。先进生产性服务业的集聚有利于构建上海服务功能的战略新优势，更大力度提升上海的门户枢纽功能。

三　上海开放型经济发展现状与国际比较

（一）上海开放型经济发展的现状

1. 对外贸易方面

进出口规模连年扩大，贸易结构不断优化。2020 年上海口岸货物进出口总额超 8 万亿元，继续居全球城市首位。2021 年前 8 个月，上海市实现进出口总值 2.57 万亿元人民币，从贸易方式上看，以一般贸易方式的进出口为 1.49 万亿元，占上海进出口总额的比重约为六成，而以加工贸易方式的进出口比重则持续下降，整体上外贸结构不断完善。从企业性质上看，

2021 年上半年，民营企业进出口增长 35.5%，外商投资企业进出口增长 13.9%，国有企业进出口增长 14.4%，在上海货物贸易进出口产品中，外商投资企业进出口占比较大，外资企业对上海经济持续快速发展的影响较大。从贸易产品上看，机电产品出口占比近七成，集成电路为最大类进口商品。从市场分布上看，2020 年上海与"一带一路"沿线地区重要节点城市进出口总额占全市的 22.47%，而与欧盟、东盟和美国进出口额占全市的比重分别为 20.04%、13.90% 和 13.83%，总体上对外贸易多元平衡，"一带一路"沿线地区为重要外贸区域（见图 2）。①

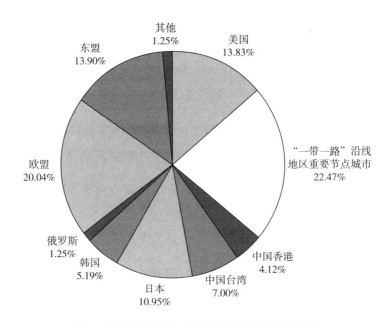

图 2 主要国家和地区货物贸易额占上海市比重

资料来源：《2020 年上海市国民经济和社会发展统计公报》。

服务贸易蓬勃发展，数字贸易成为新驱动力。受到疫情的影响，全球服务贸易规模大幅下降，但上海服务贸易仍表现出较强韧性。2020 年，上海服务贸易规模继续保持全国第一，约占全国服务贸易总额的 1/4，居全球城

---

① 《2020 年上海市国民经济和社会发展统计公报》。

市前列。2021年上半年，上海市服务进出口总额998.4亿美元，服务出口460.3亿元，进口538.1亿元。其中，上海文化产品和服务表现突出，2020年进出口额达到105.1亿元，文创产业增加值占上海市生产总值的比重为13%，网络文学销售收入同比增长37.7%，网络游戏海外销售收入同比增幅超过50%。此外，2020年上海的数字贸易额高于服务贸易额平均值，数字贸易正成为上海服务贸易的新驱动力。上海数字贸易仍处于蓬勃发展阶段，2021年第一季度，数字贸易额达到127.7亿元，同比增幅超过35%。[1]

推动消费品进口，建设国际消费中心城市。2021年第四届中国国际进口博览会（CIIE）在上海举行，共有58个国家和3个国际组织参加国家展，来自127个国家和地区的近3000家参展商亮相企业展，国别、企业数均超过上届。[2]借助于进博会，上海形成了具有强大影响力的全球贸易协作平台，打造了辐射亚太的进口贸易集散地。同时，《上海市建设国际消费中心城市实施方案》提出，"十四五"时期上海将率先基本建成具有全球影响力、竞争力、美誉度的国际消费中心城市，进一步放大进博会的溢出效应。

2. 利用外资方面

在疫情以及国际经济低迷的叠加压力下，上海对外资的吸引力依旧较大。"十三五"期间，上海实际利用外资规模从2015年的184.6亿美元突破至2020年的202.3亿美元，实际利用外资规模占全国的13%；服务业实际外商直接投资规模从2015年的159.4亿美元扩大到2020年的191.1亿美元；同时，2020年累计在上海投资的国家和地区数量为189个，相较于2015年增加了24个。

在质量方面，上海利用外资质量不断提升。截至2020年底，上海有近6万家外资企业，世界五百强企业大多在上海有投资项目；累计吸引跨国公

---

① 《今年上半年上海服务进出口大增逾三成》，中国新闻网，2021年9月1日。

② 《第四届进博会筹办工作基本就绪 将迎来近3000家参展商》，《人民日报》（海外版）2021年10月30日。

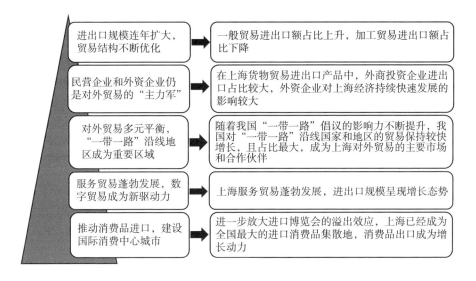

图3 "十三五"时期上海对外贸易情况

资料来源：基于相关资料整理得到。

司地区总部 771 家，其中亚太区总部 137 家，约占全国的 24%，继续保持全国第一的位置；在上海设立的外资研发中心累计达 481 家，占全国的 26%；而 185 家在华外资著名品牌中，在上海落地总部的就有 99 家，占比过半。

在结构方面，上海利用外资结构不断优化。从外资产业结构上看，上海以服务业利用外资为主，且近年来这一趋势愈发明显。2020 年服务业外商直接投资实际到位金额 191.12 亿美元，占比接近 95%。从投资来源结构上看，2020 年上海排前五位的外资来源地依次为中国香港、新加坡、欧洲、日本和美国，占比超过九成；截至 2020 年，在上海设立的 771 家跨国公司地区总部中，欧洲企业占 29%，美国企业占 27%，日本企业占 21%，合计占比 77%；在上海设立的 481 家外资研发中心中，来自欧洲、美国、日本的合计占比 59%[1]。

在经济增长贡献方面，上海外资贡献显著。上海外资企业贡献了全市超

---

① 《论上海开放进程中的跨国公司》，上观新闻，2021 年 9 月 8 日。

过 1/4 的地区生产总值、超过 1/3 的税收收入、约 2/3 的进出口总额和规上工业总产值、解决了近 1/5 的就业以及一半的规上工业企业研发投入，无疑外资企业是上海经济社会发展的重要组成部分。同时，上海是中国内地跨国公司地区总部最集中的城市，跨国公司总部集聚效应明显促进了上海的经济发展与对外开放。而外资研发机构也成为上海建设全球科技创新中心的重要力量，为上海科技创新奠定了坚实的基础。截 2021 年 4 月，上海认定的外资研发中心已达到 488 家，位列全国第一，有 59 家外资研发机构加入上海研发公共服务平台。①

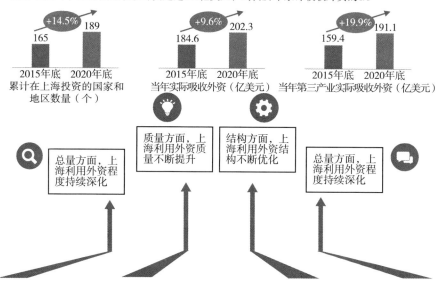

图4 "十三五"时期上海利用外资情况

资料来源：基于相关资料整理得到。

3. 对外投资方面

2020 年，上海共备案非金融类对外直接投资项目 814 个，备案中方投

---

① 《在沪外资研发机构助力上海城市数字化转型》，上观新闻，2021 年 5 月 11 日。

资额 151.2 亿美元,对外直接投资实际汇出额全国排名第二;实际完成营业额 96.71 亿美元,同比增长 2.9%,位居全国第二;受疫情等因素影响,新签对外承包工程合同金额和累计派出各类劳务人员均有所下降。现阶段,上海对外投资呈现出四大特点。其一,重大项目支撑、拉动效应明显,全年备案中方投资额 5000 万美元以上项目中中方投资额占全市的比重逾七成,超过 1 亿美元项目占比近 50%,超过 5000 万美元的大中型项目新签合同额占比达到 73.3%。其二,对外直接投资结构不断优化,以知识技术密集为特征的信息传输、软件和信息技术服务业与科学研究和技术服务业快速增长;并购仍是企业对外投资首选,并购项目备案中方投资额全市占比为 55.3%;民营企业备案中方投资额全市占比为 69.0%,外资企业对外投资备案中中方投资额占全市的约 1/5,反映了民营企业是对外投资主力军,外资企业对外投资增速较快。其三,对欧盟和 RCEP 成员经济体投资增速较快,对欧投资同比增长近 90%,对 RCEP 成员经济体投资同比增长超过 50%。其四,浦东新区对外投资占比过半,临港新片区发展势头良好,浦东新区(含自贸区)投资额同比增长近 30%,占全市的 73%,已成为本市对外投资企业的主要集聚区,且越来越多的企业开始选择将临港作为"走出去"的窗口。[1]

此外,为全面做好企业对外投资合作和风险防范服务,上海全面排摸"走出去"项目和人员在外情况;积极协调解决国际物流不畅、防疫物资通关难、采购难等问题;开展复工复产走访调研和政策宣讲,调研重点企业48 家,解决低成本融资、上下游企业对接等业务诉求;开展常态化防控阶段情况排摸和发展计划调研,发放问卷数千份,覆盖本市重点企业和专业机构,形成《新冠疫情防控常态化背景下本市"走出去"企业发展有关情况的调研报告》;实行专项对接机制,做好问题跟踪解决服务,开展初步建立"走出去"主体库、需求问题清单和潜在项目清单"一库两清单"等一系列境外疫情防控及复工复产工作。[2]

---

① 《上海市民营企业"走出去"资讯快报(2021 年第二期)》,澎湃新闻,2021 年 3 月 30 日。
② 资料来源于上海市商务委员会。

● 全年备案中方投资额5000万美元以上项目中中方投资额占全市的71.4%
● 1亿美元以上项目备案中方投资额占全市的48.2%
● 超过5000万美元的大中型项目新签合同总额占全市的73.3%

● 以知识技术密集为特征的信息传输、软件和信息技术服务业与科学研究和技术服务业快速增长
● 并购仍是企业对外投资首选
● 民营企业是对外投资主力军,外资企业对外投资增速较快

重大项目支撑、拉动效应明显　01

02　对外直接投资结构不断优化

对欧盟和RCEP成员经济体投资增速较快　04

03　浦东新区对外投资占比过半,临港新片区发展势头良好

● 对欧盟备案中方投资额同比增长89.1%
● 对RCEP成员经济体备案中方投资额同比增长54.7%

● 浦东新区(含自贸区)备案中方投资额同比增长29.56%,占全市的72.7%,成为本市对外投资企业的主要集聚区
● 越来越多的企业开始选择将临港作为"走出去"的窗口

图5 "十三五"时期上海对外投资情况

资料来源:上海市商务委、"投资上海"平台。

4. 营商环境方面

从 2017 年的"优化营商环境 1.0"到 2021 年发布的"优化营商环境 4.0"《上海市加强改革系统集成持续深化国际一流营商环境建设行动方案》,上海不断推动营商环境优化。"十三五"时期,上海市营商环境举措成效整体上呈现出三大特点。其一,"便利化"制度措施不断丰富。例如,建立健全《浦东新区代理记账行业综合监管办法》及配套制度,提升代理记账许可审批便利性;提供科创人才海关"一体化"线上服务,减少科创人才及其进出物品通关阻碍;上海外高桥保税物流园区转型为上海外高桥港综合保税区,推行免除艺术品进境 CCC 证明、免除艺术品进出境文广局批文等贸易便利化创新措施;等等。其二,"智能化"应用场景不断拓展。从建设企业开办"一窗通"平台,到优化新兴行业经营范围登记,再到注销平台智能化,上海不断努力打造国际一流营商环境。2020 年,上海通过"一窗通"平台累计核发营业执照超过 40 万户,占同期新设企业总数的

99.56%，累计近 28 万户市场主体领取了手机版电子营业执照，26.46 万户企业使用电子营业执照登录网上政务服务平台办理业务。① 其三，"规范化"管理模式不断完善，2020 年 11 月至 2021 年 8 月上海市共计 30 个部门新增制定或修改 133 项配套文件，覆盖条例 56 项条款，其中，监管执法、行政审批改革、信用管理等三个领域的新增配套文件数量约占 40%。② 总体而言，近年来上海优化营商环境方面成效显著，连续四年制定实施优化营商环境行动方案，体现出了上海积极推动创造一个符合国际惯例、自由开放、开拓创新的市场经济环境的决心。

（二）上海开放型经济发展在全球所处的地位

对外贸易方面，例如在离岸贸易方面，上海仍处于试点阶段，在全球价值链中的高端管控功能不强。从离岸功能看，上海口岸货物国际中转比率不足 10%，与中国香港的 85%、新加坡的 60% 和釜山的 50% 相比仍有较大差距。目前，上海国际中转集拼业务成本比新加坡高 35% ~ 50%，货物进出境耗时 3 个工作日、需经过"两次报关"，且国际监管货物与国内普通货物尚未实现中转混拼，这无疑制约了转口贸易的发展。同时，上海是国内最大的货物贸易口岸，电子商务交易额亦居全国首位，但是数字贸易发展却相对滞后，2020 年上海服务进出口总额为 1530 亿美元，数字贸易占服务进出口比重为 28.3%，与美国纽约与英国伦敦相比仍有差距。③其中，数字技术的成熟和落地情况势必会影响数字贸易发展，在全球数字竞争力城市榜中，上海排在纽约、新加坡和北京之后，仍有一定发展空间。④

利用外资方面，虽然上海在该方面已经展现出极强的发展潜力，但与国

---

① 《上海全力打造国际一流营商环境》，产业网，2021 年 1 月 28 日。
② 《强化政策落实 优化营商环境 市人大常委会会议听取和审议相关情况报告》，《解放日报》2021 年 9 月 28 日。
③ 李锋、陆丽萍：《聚焦薄弱环节，精准强化上海开放枢纽门户功能》，《科学发展》2021 年第 1 期。
④ 连玉明主编《大数据蓝皮书：中国大数据发展报告 No.5》，社会科学文献出版社，2021。

内某些城市及一些国际大都市相比还存在一定差距。在《财富》杂志公布的 2021 年世界 500 强企业中，总部在上海的只有 9 家，而东京有 39 家、纽约有 17 家、伦敦有 15 家。① 从在沪跨国公司总部的数量和能级来看，上海与新加坡、东京、中国香港等城市相比差距较大，上海累计引进跨国公司地区总部 720 家，而中国香港超过 1400 家、新加坡超过 4200 家。而在上海设立地区总部的跨国公司，其主要的服务对象仅是我国市场，在沪设立亚太区总部占比仅 16%，可见上海对全球供应链的统筹能力与对亚太地区资源的配置能力还有待提高。②

对外投资方面，2020 年上海国际金融中心基本建成，全年金融市场成交额突破 2200 万亿元。在英国智库 Z/Yen 集团 2021 年上半年发布的第 29 期全球金融中心指数（GFCI 29）中，上海仅次于纽约和伦敦，连续第二次位列全球前三，与纽约、伦敦等其他国际顶级金融中心相比，上海金融资源配置的国际化程度还不够，需要更开放、更国际化，在不断完善体系中提升能力。③

营商环境方面，世界银行发布的《2020 年营商环境报告》肯定了上海近年来在优化营商环境方面取得的成绩。与 2006 年报告调查结果相比，2020 年上海企业在准备、申报和纳税环节花费时间极大缩短，从年均需花费 832 个小时减少到 138 小时，从需支付 37 笔款项减少到 7 笔。但对比报告中细分的十个方面的营商环境评价指标也可以看到，上海在营商环境方面仍有较大提升空间。此外，根据最新 GaWC 排名，上海吸引或培育的先进生产性服务企业总部仅有 1 家（交通银行），远低于纽约（47 家）、伦敦（28 家）。上海国际金融机构、国际顶级律师事务所数量均为个位数，与国际领先城市相比还存在较大差距。

---

① 《〈财富〉世界 500 强发榜：北京超纽约东京之和，广州超洛杉矶》，上观新闻，2021 年 8 月 3 日。

② 李锋、陆丽萍：《聚焦薄弱环节，精准强化上海开放枢纽门户功能》，《科学发展》2021 年第 1 期。

③ 《上海浦东——构筑全球资源配置功能新高地》，《人民日报》2021 年 8 月 11 日。

表1　2020年上海与全球主要城市的营商环境一级指标排名对比

一级指标排名	上海	纽约	伦敦	东京	新加坡	北京	香港
开办企业	7	9	5	13	2	4	3
办理施工许可	11	7	6	4	2	10	1
获得电力	7	10	5	11	9	6	2
登记财产	4	7	9	10	1	2	12
获得信贷	10	2	5	11	4	9	6
保护少数投资者	8	9	3	12	1	7	4
纳税或税收支付	13	7	6	9	2	12	1
跨境贸易	11	7	4	12	9	13	3
执行合同	3	5	9	10	1	4	8
办理破产	13	2	8	4	11	14	12

资料来源：《2020年营商环境报告》，https：//www.doingbusiness.org/en/doingbusiness。

四　推动上海开放型经济进一步发展的路径

开放型经济不仅是高层次高水平的对外开放，也是高质量高标准的对内开放。上海开放型经济发展设立的市场条件、战略定位与其他开放型城市不同，可供借鉴的经验有限，唯有找准"对路子"，才能迈出"大步子"。上海推动开放型经济发展应深刻结合自身所具备的条件，充分利用国家战略支持、充分把握自身地理优势、充分开拓特色创新方式，紧跟"以国内大循环为主体、国内国际双循环相互促进"的战略统筹要求，才能更好地实现更深层次改革、更高水平开放。为此，上海应依托国内超大规模市场优势，突出大国腹地型开放型经济发展的特色，积极建成国内大循环的中心节点、国内国际双循环的战略链接。同时，以长三角地区一体化、浦东社会主义现代化建设引领区和中国（上海）自由贸易试验区建设促进上海开放创新，助推上海经济社会发展。

（一）上海开放型经济发展与长三角地区一体化

上海需要依靠于长三角地区的支撑与国内超大规模市场，才能在世界城市体系中不断提高自身的地位。2020 年长三角地区外贸进出口总额为118543.37 亿元，外商直接投资实际到位金额 827.23 亿美元，分别占全国的 36.9% 和 57.3%，[①] 其对带动整个国家开放型经济快速发展具有重要的引领作用。长三角城市后劲强、潜力大、要素资源丰富，若能实现区域内城市间的互融互通、提高城市的开放度、加强城市间合作、促进资源要素联通共享，将能极大程度地提高区域开放型经济协调发展水平。持续深度融入长三角一体化发展，一方面要加强基础设施互联互通与共享共用，利用 5G 网络、人工智能等新一代信息技术与数据生产要素，建设长三角一体式的"智能化、信息化"综合交通运输体系，全面提升区域一体化运输效率；另一方面要加强与其他三省的分工协作、运用创新资源和创新要素等方式，促进长三角地区科技创新共同体的形成，优化产业结构，体现分工协作新优势。下一阶段，上海应利用自身比较优势与创新要素，加强同周边省份、城市群的合作。上海应积极发挥好省际毗邻区的战略协同作用，尤其是实现科技创新和产业发展战略的协同，全力打造长三角科技协同创新共同体，有效地配置与利用创新要素与创新资源，进而为协同构建国内国际双循环格局提供强大支撑。

表 2 2020 年浦东新区、上海市和长三角地区主要经济指标比较

指标	浦东新区	上海市	长三角地区
面积(平方公里)	1210	6340.5	358000
GDP(万亿元)	1.32	3.87	24.47
一般公共预算收入(亿元)	1077	7046	26569
社会消费品零售额(亿元)	3183	15932.50	97982.3
外商直接投资实际到位金额(亿美元)	94	202.33	827.23
外贸进出口总额(亿元)	20938	34828.47	118543.37

资料来源：上海市浦东新区人民政府网，上海市、江苏省、浙江省、安徽省统计局网站。

---

① 根据上海市、江苏省、浙江省、安徽省国民经济和社会发展统计公报与国家统计局网站公布数据整理得到。

（二）以浦东社会主义现代化建设引领区促进上海开放型经济进一步发展

浦东开发开放三十多年来取得了辉煌的成就，为上海乃至我国开放型经济发展积累了宝贵的实践经验和制度创新基础。2020 年，浦东新区实现 GDP 1.32 万亿元，全市占比超 1/3。① 进一步推进浦东新区开发开放将是新发展格局下推动上海经济发展的关键。2021 年 7 月 16 日，《中共中央 国务院关于支持浦东新区高水平改革开放 打造社会主义现代化建设引领区的意见》发布，站在新的起点上中央赋予浦东作为更高水平开放的开路先锋、建设现代化国家的排头兵、彰显"四个自信"的实践范例的重大历史使命。作为承担国家战略使命的核心功能区，浦东应充分利用好"引领区"制度高地的巨大优势，让上海开放型经济在"引领区"中迈开步子，继续为我国开放型经济发展探索新路。在浦东"引领区"建设中，应坚持贯彻以创新驱动、高质量供给引领和创造新需求的理念，在创新发展、集成改革、制度开放、功能打造、城市治理上"先试先行"，进一步增强张江、陆家嘴、金桥、外高桥等重要区块的开放创新动能，加快打造自主创新新高地，以高质量创新引领高质量开放。同时，在产业发展方面积极构建集成电路、生物医药、人工智能三大先导产业，推动形成电子信息、生命健康、汽车、高端装备、先进材料、时尚消费品六大重点产业集群，通过打造具有国际竞争力的高端产业集群，引领上海产业结构不断优化升级，促进上海开放型经济不断发展。

（三）以中国（上海）自由贸易试验区促进上海开放创新

中国（上海）自由贸易试验区及其临港新片区，促进了上海的改革与创新。自由贸易试验区对标高水平国际经贸规则，成为上海贸易自由化与投

---

① 《关于浦东新区 2020 年国民经济和社会发展计划执行情况与 2021 年国民经济和社会发展计划草案的报告》。

资便利化的窗口，为上海吸引更多外商投资企业和增加贸易量打下了坚固的基础。在对标高水平国际经贸规则方面，中国（上海）自由贸易试验区不断创新尝试，为上海开放创新摸索出了经验与发展路子。在新发展阶段，中国（上海）自由贸易试验区应充分发挥"双自联动"优势，利用好国内国际两个市场、两种资源，一方面要大力推进建设具有全球影响力的科技创新中心，提升科技创新引领力、竞争力与聚合力，发挥好创新这一开放新引擎的作用；另一方面要不断增强园区制度优势，全面提升贸易自由化水平、大力提高投资便利化程度，为推进高质量发展打下良好的基础。同时，为实现临港新片区 2035 年建成具有较强国际市场影响力和竞争力的特殊经济功能区的战略目标，临港新片区应努力探索政策和制度创新，积累更多园区开发、产业发展的经验，更好地促进境内外人流、物流、信息流、资金流的联通。

参考文献

陈爱贞、刘志彪：《自贸区：我国开放型经济"第二季"》，《学术月刊》2014 年第 1 期。

连玉明主编《大数据蓝皮书：中国大数据发展报告 No. 5》，社会科学文献出版社，2021。

李锋、陆丽萍：《聚焦薄弱环节，精准强化上海开放枢纽门户功能》，《科学发展》2021 年第 1 期。

裴长洪：《全面提高开放型经济水平的理论探讨》，《中国工业经济》2013 年第 4 期。

裴长洪：《中国开放型经济建设 40 年（下）》，中国社会科学出版社，2018。

裴长洪：《共和国对外贸易 60 年》，人民出版社，2009。

彭焕才：《深入理解构建新发展格局》，《人民日报》2021 年 9 月 10 日。

乔依德：《上海构建双循环新发展格局研究》，《科学发展》2020 年第 12 期。

武力：《改革开放 40 年：历程与经验》，当代中国出版社，2020。

杨春蕾、赵越：《长三角区域开放型经济高质量发展水平的测度分析》，《改革与开放》2021 年第 11 期。

赵蓓文：《构建开放型经济新体制：上海实践与对策》，《上海经济研究》2017 年第 5 期。

《中共中央　国务院关于构建开放型经济新体制的若干意见》，《人民日报》2015 年 9 月 18 日。

B.8
上海自贸试验区及临港新片区对标 CPTPP 构建开放型经济新体制

王 佳*

摘　要：　本报告旨在总结上海自贸试验区及临港新片区成立以来的制度创
新成果之上，使之与 CPTPP 的各项高标准经贸规则作比较，找
出上海自贸试验区及临港新片区各项经贸规则与 CPTPP 标准的
差距。为以更大力度在更深层次、更宽领域推进全方位高水平开
放，也为将来我国加入 CPTPP 谈判积累经验与筹码，上海自贸
试验区及临港新片区需要对标 CPTPP 的各项高标准规则，先行
先试，强化压力测试，从要素型开放向制度型开放全面拓展，率
先建立与国际通行规则相互衔接的开放型经济新体制。

关键词：　上海自贸试验区　临港新片区　CPTPP　制度型开放

31 年来，浦东新区创造性贯彻落实党中央决策部署，取得了举世瞩目
的成就，诞生了第一个金融贸易区（陆家嘴金融贸易区）、第一个出口加工
区（金桥出口加工区）、第一个保税区（外高桥保税区）、第一个"区港一
体"的保税港区（洋山保税港区）、第一个自由贸易试验区及临港新片区、
第一份外商投资负面清单、第一个国际贸易单一窗口、第一个（也是唯一
的）特殊综合保税区（洋山特殊综合保税区）等一系列"全国第一"，为浦

---

* 王佳，经济学博士，上海社会科学院经济研究所助理研究员，主要研究方向为制度经济学、
国际经贸规则、土地财政制度等研究。

东、上海乃至全国的全面深化改革和扩大开放试制度、出经验，更好地推动了我国由要素型开放向制度型开放的转变。

2021 年 7 月 15 日，《中共中央　国务院关于支持浦东新区高水平改革开放打造社会主义现代化建设引领区的意见》指出，上海在党和国家工作全局中具有十分重要的地位，浦东开发开放掀开了我国改革开放向纵深推进的崭新篇章。中共中央、国务院支持"推动浦东高水平改革开放，勇于挑最重的担子、啃最硬的骨头，努力成为更高水平改革开放的开路先锋；从要素开放向制度开放全面拓展，率先建立与国际通行规则相互衔接的开放型经济新体制；在浦东全域打造特殊经济功能区，加大开放型经济的风险压力测试"。①

未来浦东进一步对接国际经贸新规则，深入推进高水平制度型开放，打造更高水平改革开放的新高地，需要推进中国（上海）自由贸易试验区及临港新片区先行先试，更好地发挥中国（上海）自由贸易试验区及临港新片区"试验田"作用，对标最高标准、最高水平，实行更大程度的压力测试，为全国推进制度型开放探索经验。②

在国际经贸规则标准方面，CPTPP 代表着国际贸易协定的最高标准、最高水平。CPTPP 已经远远超越了贸易和投资的范畴，增加了许多过去自由贸易协定（FTA）未涉及的内容，如劳工、环境、金融服务、合作与能力建设、国有企业、中小企业、反腐败、技术标准等。因此，作为现行最高标准的国际经贸规则，CPTPP 的各项规则非常值得参考。2021 年 9 月 16 日，我国商务部向新西兰贸易与出口增长部提交了正式申请加入 CPTPP 的书面信函。虽然上海自由贸易试验区自 2013 年 9 月 29 日正式挂牌成立以来，在以负面清单管理为核心的投资管理制度、以贸易便利化为重点的贸易监管制度、以资本项目可兑换和金融服务业开放为目标的金融创新制度、以政府职能转变为核心的事中事后监管制度等方面，以及形成与国际投资贸易通行规

---

① 《中共中央　国务院关于支持浦东新区高水平改革开放打造社会主义现代化建设引领区的意见》。
② 《中共中央　国务院关于支持浦东新区高水平改革开放打造社会主义现代化建设引领区的意见》。

则相衔接的制度体系方面取得了重大进展，特别是两年来临港新片区已基本形成以"五自由一便利"为核心的制度型开放体系框架，但是上海自由贸易试验区及临港新片区的制度型开放与代表高标准国际经贸规则的 CPTPP 相比还存在不小的差距。

本研究旨在总结上海自由贸易试验区及临港新片区制度创新的成果之上，使之与 CPTPP 的各项高标准经贸规则作比较，找出上海自由贸易试验区及临港新片区各项经贸规则与 CPTPP 标准的差距。为在更深层次、更宽领域、以更大力度推进全方位高水平开放，也为将来我国加入 CPTPP 谈判积累经验与筹码，上海自由贸易试验区及临港新片区需要对标 CPTPP 的各项高标准规则，先行先试，加强压力测试，从要素型开放向制度型开放全面拓展，率先建立与国际通行规则相互衔接的开放型经济新体制。

一 上海自贸试验区及临港新片区制度型
开放体系建设现状

上海自贸试验区及临港新片区在建立与国际通行规则相衔接的投资贸易制度体系、深化金融创新与监管、加快政府职能转变和构建开放型经济新体制方面，取得了重要成果，总体上达到了《中国（上海）自由贸易试验区总体方案》《进一步深化中国（上海）自由贸易试验区改革开放方案》《全面深化中国（上海）自由贸易试验区改革开放方案》《中国（上海）自由贸易试验区临港新片区总体方案》的预期目标。

（一）以负面清单管理为核心的投资管理制度基本确立

一是全面实施外商投资和境外投资备案管理。建立企业准入"单一窗口"制度，变多个部门分头管理为"一表申报、一口受理、并联办事"的服务模式。上海自贸试验区内超过 95% 的外商投资项目在负面清单之外，以备案方式设立。二是对外开放进一步深化。2020 年版自贸试验区外商投资负面清单减少至 30 个条目。三是深化商事登记制度改革。企业名称登记改革，推出了企业名称网上自主申报、可选用名称库等六项创新措施，浦东新区个体工商户简易注册登记改革试点继续深入开展。四是深化"证照分离"改革试点。全面实施"证照分离"改革试点，对审批频次高、投资主体关注度高的 116 项行政许可事项先行开展改革试点。率先探索"先照后证"、注册资本认缴制、统一营业执照样式等商事制度改革。推行"取消、备案、告知承诺、优化准入"四种管理方式，并朝着以告知承诺为主的方向推进改革试点。五是开展工业产品许可证管理改革。从"一品一证"变为"一企一证"，并将试点从工业品推广到食品相关产品领域。六是进一步扩大服务业领域开放。融资租赁、工程设计、增值电信、传播管理、认证检测等扩大开放措施取得明显成效。

（二）符合国际高标准贸易便利化规则的贸易监管制度基本确立

一是国际贸易"单一窗口"上线运行。构建了"自主申报、自助通关、自动审放、重点稽核"和"十检十放"等监管新模式，实现口岸通关全流程和贸易监管主要环节的全覆盖、口岸监管部门的"信息互换、监管互认、执法互助"，使"单一窗口"真正实现了"一个平台、一次提交、结果反馈、数据共享"。二是贸易便利化改革和物流类货物状态分类监管常态化运行。世界贸易组织《贸易便利化协定》中，在货物放行与结关、进口货物移动两个条款上，上海自贸试验区的试点内容已超过该协定明确的贸易便利化程度。

（三）有效防范风险的金融创新和监管制度基本确立

一是创设和拓展自由贸易账户功能及服务。拓展自由贸易账户系统，特别是将应用主体范围扩展至服务科技创新的机构。二是探索"分类别、有管理"的资本项目可兑换、利率市场化和人民币国际化等核心领域金融改革的制度安排和操作路径，建立市场利率稳定机制，稳步推进人民币跨境使用。三是建设面向国际的金融资产交易平台，实施证券"沪港通"，推出黄金"国际版"和"上海金"人民币集中定价机制。四是进一步加强金融综合监管协调机制。积极创新金融领域改革，构建金融监管和风险防范机制。

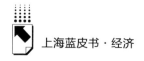
（四）事中事后监管制度基本确立

一是拓展综合执法改革领域和范围。市场监管综合执法体制已在上海区级层面全面推广实施，成立了上海市市场监管工作委员会。二是以综合监管为基础、专业监管为支撑的信息互联共享的协同监管机制和风险分类监管模式基本形成。三是加快推进服务型政府建设。初步形成了提升政府治理能力的先行区建设总体方案，基本构筑了政府先行区建设的"四梁八柱"。四是改革试点经验复制推广程度提升。上海自贸试验区的改革创新理念和100多项制度创新成果在全国被复制推广，包括外商投资备案管理、企业准入"单一窗口"等37项投资领域的改革措施。

（五）临港新片区"五自由一便利"制度型开放体系基本确立

两年来，临港新片区以"五个重要"为统领，对标公认全球竞争力最强的自贸园区、自贸港和高水平国际经贸规则，着力打造更具国际影响力和竞争力的特殊经济功能区。截至2021年10月，《中国（上海）自由贸易试验区临港新片区总体方案》中提出的任务的90%已完成。国家、市、管委会累计出台各类政策190余个，形成典型创新案例60多个，全面系统集成改革创新的成效逐步显现，① 临港新片区已基本形成以"五自由一便利"为核心的制度型开放体系框架。两年来，临港新片区累计签约项目765个，涉及投资额4478.31亿元；累计完成工业总产值3569.1亿元，全社会固定资产投资1223.9亿元。

一是贸易自由方面，在临港新片区内设物理围网区域，设立全国唯一的洋山特殊综合保税区，构建全新的"六特"海关监管模式，全面实施综合保税区优惠政策，对贸易监管、许可与程序要求进行优化，创新更高标准的贸易自由化、便利化政策。② 在大力发展服务贸易方面，临港新片区先行先

---

① 市政府新闻发布会介绍临港新片区成立两年以来制度创新总体情况及最新制订的《关于支持中国（上海）自由贸易试验区临港新片区自主发展自主改革自主创新的若干意见》。

② 市政府新闻发布会介绍临港新片区成立两年以来制度创新总体情况及最新制订的《关于支持中国（上海）自由贸易试验区临港新片区自主发展自主改革自主创新的若干意见》。

试扩大金融、增值电信、数据跨境流动、教育、医疗、文化等领域对外开放，加快发展文化服务、信息通信、医疗健康、跨境数据交易等服务贸易，加速服务贸易自由化。① 为加快发展离岸贸易，根据《关于本市加快发展外贸新业态新模式的实施意见》，临港新片区加大了对离岸贸易结算、税收等制度创新的支持力度。

二是投资自由方面，进一步推动金融等领域对外开放，全国首家外资控股的合资商业理财公司汇华理财、塞拉利昂船级社等首批外资船级社落户临港，首家外商独资的金融科技公司落户临港；在全国率先试点强化竞争政策；率先探索国际化商事纠纷解决方式，启动金融法治试验区建设；率先实行企业名称告知承诺制，正式启动实施商事主体登记确认制。根据国家统一部署，临港新片区率先试点在若干领域放宽外商投资准入、市场准入等限制。先行先试扩大金融、增值电信、数据跨境流动、教育、医疗、文化等领域对外开放，发展医疗健康、跨境数据交易、文化服务、信息通信服务贸易。放宽或取消境外消费、跨境交付、自然人移动等跨境服务贸易准入限制。②

三是资金自由方面，临港新片区致力于促进资金自由的金融开放创新体系全面升级，率先实施企业跨境人民币结算便利化、一次性外债登记、境内贸易融资资产跨境转让、高新技术企业跨境融资便利化额度、本外币合一跨境资金池等创新业务，跨境资金结算、境外融资等便利化程度大幅提升；全国唯一跨区域、跨市场的证券期货纠纷专业调解组织——中证资本市场法律服务中心、总规模 2000 亿元的国有企业混合所有制改革基金等一批标志性项目相继落地。③ 临港新片区还按照法律法规规定，加速简化优质企业跨境人民币业务地办理流程，促进跨境金融服务地自由化、便利化。④ 特别是强调进一步推动高水平资本项目可兑换，强化国际金融资产交易、人民币离岸

---

① 《中国（上海）自由贸易试验区临港新片区发展"十四五"规划》。
② 《中国（上海）自由贸易试验区临港新片区发展"十四五"规划》。
③ 《关于中国（上海）自由贸易试验区临港新片区建设情况的报告》。
④ 《中国（上海）自由贸易试验区临港新片区总体方案》。

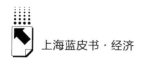
交易、跨境支付结算、离岸金融等功能。①

四是运输自由方面,临港新片区高度开放的运输自由制度逐步构建。《中国(上海)自由贸易试验区临港新片区国际船舶登记管理规定》公布后,已完成 10 艘船舶登记注册。② 未来还将进一步完善中国洋山港籍船舶的登记管理制度,扩大沿海捎带政策适用范围,积极探索发展国际中转集拼业务,进一步放开船舶法定检验。③ 同时,新片区还鼓励国内外企业与相关机构开展航材租赁、航运融资、航运结算、航运保险、船舶交易和航运仲裁等业务。④

五是人员从业自由方面,进一步提升境外人才出入境、停居留便利水平,率先探索电子口岸签证,推行更加开放便利的外籍人才长期及永久居留政策,放宽外国人来华工作许可条件限制,开设工作和居留许可"单一窗口",实行境外专业人才执业备案、开放相关职业资格考试等政策,在全国突破外籍人才 5 年居留许可、一次性 2 年工作许可、直接推荐永居、境外职业资格备案执业等政策。⑤

六是信息快捷联通方面,建设先进的国际通信设施,加快 5G、物联网、车联网、IPv6、云计算等信息基础设施建设,提高新片区内宽带接入能力、网络服务质量和应用水平,构筑安全便利的国际互联网数据联通专用通道。新片区还试行数据跨境流动的安全评估,创立跨境数据流通等方面的数据安全管理机制。加快国际合作试点,加强对专利、版权及商业秘密等的保护力度。⑥ 特别是临港新片区制定"国际数据港"建设方案,率先在智能网联汽车和车联网领域建立数据跨境流动"正面清单 + 分级分类"管理制度,国

① 《中国(上海)自由贸易试验区临港新片区发展"十四五"规划》。
② 市政府新闻发布会介绍临港新片区成立两年以来制度创新总体情况及最新制订的《关于支持中国(上海)自由贸易试验区临港新片区自主发展自主改革自主创新的若干意见》。
③ 《中国(上海)自由贸易试验区临港新片区总体方案》。
④ 《中国(上海)自由贸易试验区临港新片区管理办法》。
⑤ 《上海临港新片区两周年成绩出炉》。
⑥ 《中国(上海)自由贸易试验区临港新片区总体方案》。

际互联网数据专用通道投入使用，试点建设新型互联网交换中心，① 极大程度上实现信息的安全快捷联通。

二　上海自贸试验区及临港新片区与
CPTTP 经贸规则的比较

多年来，上海自贸试验区及临港新片区建设取得积极成效，主动服务和融入国家发展战略，总体达到了国家赋予上海的战略目标定位，推动了开放型经济新体制建设，推进了全方位高质量发展。在 RCEP 正式签署以后，临港新片区也将要迅速落实 RCEP 各项规则，但临港新片区的投资贸易自由化、便利化措施与 CPTPP 的高水平国际贸易投资规则相比还存在一定的差距。

（一）贸易自由化便利化方面

1. 货物的国民待遇和市场准入

CPTPP 关税优惠幅度更大，开放领域更为广泛。其中关税减让方面，各缔约国对几乎所有原产货物实行零关税或者逐步削减至零关税，其削减期限绝大部分在 10 年以内（最长为 16 年）。在 RCEP 中，我国承诺分步骤取消货物贸易的关税及非关税壁垒，逐步实现与 RCEP 各国之间货物贸易的自由化和便利化，最终我国与 RCEP 各国间 90% 的货物贸易将实现零关税。但是，从货物贸易开放程度来看，上海自贸试验区及临港新片区与 CPTPP 还存在较大差距，而且在免税入境以及再制造货物的进出口方面也有一定差距。

2. 原产地规则和原产地程序

为促进区域经济与供应链的统筹发展，RCEP 同 CPTPP 一样制定了一套区域累积的原产地规则以确定货物是否有资格享受优惠关税；形成了通行原产地确认体系。而关于过境和转运，CPTPP 规定原产地证书可以适用于至

---

① 市政府新闻发布会介绍临港新片区成立两年以来制度创新总体情况及最新制订的《关于支持中国（上海）自由贸易试验区临港新片区自主发展自主改革自主创新的若干意见》。

少 1 年期限的相同货物的多次装运；且在进口货物的完税价格不超过 1000 美元等场合下，不得要求提供原产地证书。总体来说，上海自贸试验区及临港新片区未来对接此项条款不存在难度。

3. 纺织和服装

CPTPP 各方同意取消绝大多数纺织品和服装的关税，一些敏感产品的关税削减将经历一段过渡期。将来对接这一条款对于高度依赖外贸出口的我国纺织行业来说，将受益匪浅，因此上海自贸试验区及临港新片区先行先试对接这一条款没有任何困难。

4. 海关管理和贸易便利化

CPTPP 的贸易便利化承诺非常实用，如聚焦高风险货物的风险管理制度、快速海关程序等，并且推动了各国海关在管理与贸易便利化方面的合作。在 RCEP 中，相关条款与 CPTPP 差距较小，比如在 RCEP 中，我国会基于国际接受的货物快速通关和放行标准，应用信息技术（包括在货物运抵前提交数据以及用于风险目标管理的电子或自动化系统）以支持海关运行。而临港新片区推进海关特殊监管区域建设、洋山特殊综合保税区建立的"六特"海关监管模式、优化海关特殊监管区域电子账册管理等措施表明上海自贸区及临港新片区对接该项条款没有太大问题。

5. 贸易救济

我国也承诺遵守《1994 年关税与贸易总协定》中的第十九条和《保障措施协定》中关于贸易救济的规定；关于反倾销和反补贴，我国也会履行《1994 年关税与贸易总协定》中的第六条、《反倾销协定》和《补贴与反补贴措施协定》中规定的义务。上海自贸试验区及临港新片区执行我国国家层面现行各项标准，因此，上海自贸试验区临港新片区对接该条款没有难度。

6. 卫生与植物卫生措施

虽然在 RCEP 中，我国也承诺履行 WTO 在《卫生与植物卫生措施协定》中提出的权利和义务，但是我国的卫生与植物卫生措施低于国际水平。例如动物植物检验检疫标准的科学依据不够充分且标准较低，特别是在农残药残、微生物和重金属等方面，卫生与植物卫生措施不够透明、对违反卫生与植物卫生措施的行为处罚力度不够、市场的后期监管也存在问题。① 因此，上海自贸试验区及临港新片区对接该项规则存在一定难度。

7. 技术性贸易壁垒

我国在 RCEP 下也承诺履行 WTO《技术性贸易壁垒协定》中的相关条款，愿意尽可能保证接受 RCEP 缔约方的合格评定程序结果。而且，在中欧 CAI 中，我国也会为欧盟的公司提供平等使用标准制定机构的机会。但是，我国对医疗器械、化妆品、药品、信息通信技术、红酒、精馏酒、预包装食品、食品添加剂配方、有机产品等特殊产品还没有专门规定，因此，上海自贸试验区临港新片区对接 CPTPP 标准存在一定难度。

（二）跨境服务贸易开放方面

1. 跨境服务贸易

在 RCEP 框架下我国仍然采用正面清单承诺（将在协定生效后 6 年内转化为负面清单），开放程度与 CPTPP 的差距比较大，受到准入限制的服务部门较多，市场准入限制水平比较高。而且，CPTPP 允许所有与跨境服务相关的转移和支付自由进出其领土且无迟延（即资金自由转移）。《上海市全面深化服务贸易创新发展试点实施方案》支持服务贸易发展，也有全国首个服务贸易负面清单，以应对国际经贸格局变化、贯彻落实国家扩大开放举措、提升服务贸易国际竞争力。但是，从服务贸易开放广度与深度来说，上海自贸试验区及临港新片区的服务贸易相关规则与 CPTPP 服务贸易规则相比还存在很大差距。

2. 金融服务

CPTPP 金融服务的规定包括负面清单、国民待遇、最惠国待遇、市场准入以及包括最低标准待遇在内等内容，也针对金融监管和信息传输做了规定。虽然 RCEP 也有与 CPTPP 金融服务相似的条款，但无论是在深度还是

---

① 白洁、苏庆义：《CPTPP 的规则、影响及中国对策：基于和 TPP 对比的分析》，《国际经济评论》2019 年第 1 期。

在广度上都与CPTPP有一定差距，比如缺乏支付卡交易的电子支付相关内容等。在中欧CAI框架下，我国也承诺向欧盟扩大金融服务业开放，删除银行等合资企业要求和外国股权上限等条款。临港新片区致力于促进资金自由流动的金融开放创新体系全面升级，以资金自由流动为目标，建立金融"监管沙盒"制度，试点跨境金融、离岸金融等政策和业务。① 但是，总体来说上海自贸试验区及临港新片区在金融领域的自由化、便利化与CPTPP的金融规则还存在较大对接难度。

3. 商务人员临时入境

我国对自然人自由流动的态度非常谨慎，人员开放的程度也低于不少发展中国家。临港新片区在提升境外人才出入境、停居留便利水平，探索电子口岸签证，推行更加开放便利的外籍人才长期及永久居留政策，放宽外国人来华工作许可条件限制等方面已经取得了巨大的成绩，因此，上海自贸试验区及临港新片区将商务人员临时入境的开放水平提高到CPTPP所规定的水平没有太大难度。

4. 电信服务

CPTPP无论是在电信服务开放方面还是在规则的先进性方面都处于全球领先。如CPTPP规定各国须尽快提供线路租赁及共址服务，允许他国电信服务商接入基站及其他设施，并确保监管措施不对特定技术歧视，客观地管理频率等稀缺电信资源。而我国电信服务的开放较为缓慢，特别是在基础电信业方面，与CPTPP电信服务自由化的相关标准相比还有较大距离。我国近年来采取了多项措施改善电信行业的垄断状况，在RECP中就电信服务的开放，如公共电信网络、专用线路、互联互通、共址服务及海底电缆等作出了承诺，在中欧CAI中我国同意向欧盟投资者开放云服务（但其股本上限为50%）。临港新片区的《关于支持中国（上海）自由贸易试验区临港新片区自主发展自主改革自主创新的若干意见》明确表示，要先行先试扩大金融、增值电信、数据跨境流动、教育、医疗、文化等领域外资开放，特

---

① 《中国（上海）自由贸易试验区临港新片区发展"十四五"规划》。

别是加快信息服务业对外开放。但是在我国电信服务的开放程度及深度都不足的前提下，上海自贸试验区及临港新片区的电信服务的对外开放与国际高标准的 CPTPP 电信规则相比存在较大差距。

5. 电子商务

CPTPP 承诺保障全球信息和数据自由流动，不对电子商务施加过多监管负担，以推动互联网和数字经济发展，在开放网络、个人信息保护、源代码、计算设施本地化、免征关税等方面做了详细而又具有开创性的规定。虽然在 RCEP 中我国就免征关税、个人信息保护、计算设施本地化等的规则接近于 CPTPP 标准，但是，数据的完全自由流动及源代码等相关条款与 CPTPP 标准相比有较大差距。《中国（上海）自由贸易试验区临港新片区发展"十四五"规划》提出，临港新片区将加快推进数字产业化与监管创新，集聚数字创新型企业，推动智能网联汽车、电子商务、金融等领域数据跨境流通。在不涉及国家秘密和个人隐私的前提下，探索特定领域数据非本地化存储。但是，在目前国家层面的法律法规下，上海自贸试验区及临港新片区与 CPTPP 电子商务的标准相比还存在较大的差距。

（三）投资自由化便利化方面

我国已接受准入前国民待遇、禁止业绩要求、负面清单及争端解决机制等。而且在 RCEP 及中欧 CAI 框架下，我国对进一步扩大开放作出了承诺，并对投资保护、自由化、促进和便利化四个方面的投资规则进行了整合与升级。在服务贸易的开放方面，临港新片区执行我国首个《中国（上海）自由贸易试验区跨境服务贸易特别管理措施（负面清单）》，也承诺先行先试扩大金融、增值电信、数据跨境流动、教育、医疗、文化等领域的对外开放。但是，负面清单名单太长、开放领域不够、限制措施过多等因素使得上海自贸试验区及临港新片区对接 CPTPP 的投资规则还有一定难度。

（四）公平竞争地市场规则

1. 政府采购

在 RCEP 中，我国还没有就政府采购的国民待遇和非歧视两大核心原则承诺实质性的规定及强制执行措施，但是承诺通过与 RCEP 各国的谈判与合作对政府采购的相关内容进行完善，以促进政府采购。而且，中国正在申请加入《政府采购协定》，正在扩大政府采购的覆盖范围，2014 年的第六份出价标准已与现有参加方的一般出价水平大体相当。总体来说，上海自贸试验区及临港新片区对接 CPTPP 政府采购规则还是有一定难度。

2. 竞争政策

我国在 RCEP 中也有类似 CPTPP 相关条款的承诺，我国《反垄断法》虽然已于 2008 年开始实施，但是与 CPTPP 的相关规则相比还有较大差距。比如，CPTPP 承诺维持消费者保护法以禁止欺诈或欺骗性商业行为；通过合作和协调有效应对跨越国境的欺诈和欺骗性商业行为。临港新片区曾发布临港新片区强化竞争政策实施试点的 11 条措施，将公平竞争审查制度纳入试点内容，强化公平竞争审查制度刚性约束，进一步增强正面激励和负面约束。[①] 但是，在我国《反垄断法》框架下，上海自贸试验区及临港新片区的竞争政策与 CPTPP 的条款相比还存在较大差距。

3. 国有企业和指定垄断

CPTPP 的规则是要各国保证其所有国有企业和指定垄断在从事商业活动时依照商业考虑行事（非歧视待遇和商业考虑）。虽然目前我国正在进行国企改革，但是国有企业依然享受着优先、优惠的待遇，还存在影响竞争中立的问题。虽然中欧 CAI 要求中国国有企业根据商业考虑采取行动，不对商品或服务的购买和销售进行歧视，还要求我国国有企业负有提供特定信息的义务，以便评估特定企业的行为是否符合中欧 CAI 中的义务，但在 RCEP 中没有就国有企业进行相关约束与承诺。临港新片区决定继续深化国资国企改革，支持临港新片区管委会所属国有企业探索以资本运营为内核的业务模式，探索建立符合国有企业特点的市场化薪酬机制。[②] 但是就目前我国国有企业的相关规定及现状来说，上海自贸试验区及临港新片区对接 CPTPP 国

---

① 《上海临港新片区将公平竞争审查制度纳入强化竞争政策试点》。
② 《关于支持中国（上海）自由贸易试验区临港新片区自主发展自主改革自主创新的若干意见》。

有企业和指定垄断相关规则存在很大难度。

4. 知识产权

CPTPP 知识产权规则的各条款涉及范围广、保护力度大、惩罚力度强，不仅包括工业设计、地理标识、版权、商标、专利、商业秘密等形式的知识产权，而且包括与制药相关的条款，还包括强有力的执行程序，如民事程序、临时措施以及对商业规模的商标假冒等行为采取刑事程序等。我国知识产权规则虽然一直在完善，在 RCEP 框架下对各领域的整体保护水平较《与贸易有关的知识产权协定》也有所加强，但是 RCEP 的各项规则与 CPTPP 中的条款仍存在显著差距。临港新片区在知识产权保护方面已经取得了重大成绩，"中国（上海）知识产权维权援助中心临港新片区分中心"与"临港新片区知识产权综合服务窗口"正式运营，具备临港新片区知识产权咨询服务与知识产权专项财政扶持申报受理功能以及知识产权侵权举报投诉受理、案件信息移送、纠纷调解和咨询解答等功能。① 但是，在我国知识产权保护不够严格的背景下，上海自贸试验区临港新片区在全面对接 CPTPP 知识产权规则方面难度很大。

5. 劳工规则

CPTPP 中与劳工相关的规则强调国际劳工组织宣言中的劳工权利与义务原则，其核心是保护劳工权利（废止强制劳动、最低工资、工作时长等）。虽然我国的劳动环境有了巨大改善，但我国还没有批准国际劳工组织基本公约。在 RCEP 中没有关于劳工的独立章节，虽然在中欧 CAI 中，我国承诺在劳工领域不会降低保护标准以吸引外国投资，也不以保护主义为目的而使用劳工标准。上海自贸试验区及临港新片区在劳工规则方面暂时还未有太大突破。

6. 环境

CPTPP 对各缔约方国内的环境法实施作出了严格的规定，如有很多司法行政程序方面的规定，也涉及了很多专项问题，如臭氧层、海洋环境、生

---

① 《临港新片区知识产权工作成绩单来了》，上海市知识产权局（sh. gov. cn），2020 年 3 月 26 日。

物多样性等，同时还建立了严格的争端解决机制。在 RCEP 中并没有专门的环境章节，不过 CPTPP 并没有包括气候变化的相关问题，且我国环境治理力度正在加强。而且，在中欧 CAI 中我国承诺在环境领域不会降低保护标准以吸引投资，不以保护主义为目的使用环境标准，并遵守有关条约中的国际义务。上海临港新片区实行严格的环境保护制度，健全源头预防、过程控制、损害赔偿、责任追究的生态环境保护体系，健全生态环境公益诉讼制度。① 因此，上海自贸试验区及临港新片区对接 CPTPP 环境规则的难度不大。

7. 透明度与反腐败

CPTPP 的透明度条款旨在应对贿赂和腐败对经济造成的恶劣影响，而且包括与药品医疗器械报销相关的透明度与程序公平的相关规则。各项规定覆盖范围较广、要求更严格。RCEP 中并没有专门的透明度与反腐败章节，但是关于提高透明度方面，RCEP 也有详细规定。中欧 CAI 中我国也承诺提高授权的透明度、可预测性和公平性，还涉及监管和行政措施的透明度规则。在此框架下，虽然上海自贸试验区及临港新片区没有特定措施，但是在对接 CPTPP 透明度规则方面难度不大。

（五）国际经济合作方面

1. 合作与能力建设

CPTPP 的相关规定旨在促进缔约国之间的交流与合作，帮助发展中国家的能力建设。在 RCEP 中我国也同意开展经济技术合作活动，在投资、知识产权、电子商务、竞争及中小企业等方面开展能力建设和技术援助。我国作为发展中国家接受 CPTPP 的该条款没有任何损失，上海自贸试验区及临港新片区对接该条款也没有难度。

2. 竞争力和商务便利化

CPTPP 强调各国的商业环境能够对市场发展作出回应，各国应采取措

---

① 《中共中央　国务院关于支持浦东新区高水平改革开放打造社会主义现代化建设引领区的意见》，2021 年 4 月 23 日。

施帮助中小企业参与区域供应链，此章节的条款并没有涉及太多实质性内容。因此，上海自贸试验区及临港新片区对接这一条款毫无难度。

3. 发展

CPTPP 的相关规则主要是鉴于各国经济发展水平之间存在巨大差距，希望通过合作帮助发展中国家更加容易地获得 CPTPP 协定带来的利益。虽然在 RCEP 中没有有关发展的独立章节，但是，CPTPP 强调的可持续发展、减少贫困、促进小企业发展，帮助妇女提高能力和技能、进入市场，教育、科技、研究和创新等，都是我国正在努力的方向，特别是在减少贫困方面我国取得了巨大的成就。因此，上海自贸试验区及临港新片区对接这一规则也非常容易。

4. 中小企业

CPTPP 历史上首次将中小企业的议题纳入贸易协定文本，主要是强调通过信息分享、建立中小企业委员会来促进各国中小企业更好地参与区域价值链。在 RCEP 中同样包含中小企业章节，相关条款与 CPTPP 的规则相比并没有太大差距，且我国中小企业数量在全国经济中占优势地位，促进中小企业发展的理念与我国努力的方向一致。临港新片区在税制方面，实施15% 的企业所得税优惠等政策有利于中小企业的发展，因此，上海自贸试验区及临港新片区对接 CPTPP 中小企业规则比较容易。

5. 监管一致性

CPTPP 旨在通过促进缔约方之间的货物贸易、服务贸易以及提升投资方面的监管一致性，促进区域内价值链整合。CPTPP 要求各国设置对拟议监管措施进行有效机构间协调和审议的程序或机制，并避免机构之间制定的政策不一致。这是国际贸易新规则中的横向新议题，我国签订的 RCEP、中欧 CAI 以及其他双边 FTA 中都没有涉及此项规则。临港新片区在强化"一网统管"、工程监管、互联网 + 监管、地方金融组织监管、信用监管和综合执法等领域的事中事后监管等方面成绩显著，但是在对接 CPTPP 监管一致性的相关规则方面存在很大难度。

6.争端解决机制

CPTPP的争端解决机制相关规则条款,大多数是WTO与其他自贸协定的贸易争端机制相关条款。而在RCEP中,我国也承诺依照国际公法解释的习惯规则,为解决争端提供有效、高效和透明的程序。临港新片区积极探索国际化商事纠纷解决方式,积极开展"一带一路"商事仲裁、调解等业务,致力于打造面向全球的亚太仲裁中心。而且允许境外知名仲裁及争议解决机构经司法行政部门登记备案后,设立业务机构开展仲裁业务。① 因此,上海自贸试验区及临港新片区对接这一条款没有难度。

三 上海自贸试验区及临港新片区对标
CPTPP 的对策建议

为对标国际最新高标准经贸规则的CPTPP,实施更深层次、更宽领域、更大力度的全方位高水平开放,持续深化差别化探索,加强压力测试,高标准建设上海自贸试验区及临港新片区,构建开放型经济新体制,提出以下建议。

(一)加快实施高标准货物贸易便利化新规则

对标CPTPP的货物贸易便利化规则,鉴于零关税无法在地方层面进行试点,上海自贸试验区及临港新片区的改革目标应该是帮助企业最大程度利用RCEP及中欧CAI等协议利益的贸易监管模式,提高海关通关作业的可预期性和国际合作能力,优化进口货物的口岸与国内市场衔接机制,增强海关监管区域生产制造功能。

一是实施高效的贸易监管。深化海关特殊监管区域货物按状态分类监管改革。创新智慧监管,探索ERP联网监管等新模式。二是努力提升通关效率,提高海关通关作业的可预期性。在货物抵达前通过电子方式提交和

---

① 《中国(上海)自由贸易试验区临港新片区发展"十四五"规划》。

处理海关信息，以便在货物抵达后加快海关监管放行；允许进口商使用非现金等金融工具提供担保，以允许货物凭担保放行；就税则归类及货物是否属原产货物等事项作出书面预裁定。完善原产地货物管理制度，试点原产地证书或自主声明多次使用制度和微小瑕疵容缺机制，并将豁免提交原产地证书产品金额放宽到低于 1000 美元。在正常情况下尽快放行快运货物，在货物抵达并且提交放行所需信息后 6 小时内放行。三是深化"放管服"，优化营商环境。对进出口收取的费用必须合理且须公开有关费用清单并定期审议，以减少其数量和种类。公布所有进出口及过境程序规则、产品归类及海关估价规则、原产地规则等信息。促进电子认证和其他技术的实施以便利贸易。

（二）加速提升跨境服务贸易自由化水平

在 RCEP 框架下，我国已承诺不要求他国的服务提供商在我国设立代表处、分支机构或其他任何形式的法人作为提供服务的前提条件。因此，上海自贸试验区及临港新片区的改革目标应该是积极探索跨境服务贸易"非当地存在"原则下的有效实施方式，按照于我有利原则扩大对 RCEP 各国商务人员临时移动及服务贸易等领域的开放，争取达到 CPTPP 协议中的跨境服务贸易便利化水平。

一是在我国 RCEP 服务贸易正面清单基础之上，缩减上海自贸区服务贸易负面清单，扩大跨境服务贸易"非当地存在"的适用范围。逐步完善服务贸易市场准入制度，推动服务贸易外汇收支便利化试点，探索服务贸易分类管理。采取适当措施承认在相关国家的机构在教育等领域制定互相接受的标准。二是积极利用我国在 RCEP 及中欧 CAI 中的服务开放承诺，扩大服务贸易领域开放。扩大电信、证券、保险、管理咨询服务、知识产权服务、健康、文化、旅游等领域对外开放，先行先试更加便捷的登记准入方式和更加灵活的监管模式。三是提供快捷的运输服务，进一步开放运输服务市场。加快实施国际航空中转旅客及其行李通程联运措施。高标准对接国际多式联运规则，探索建立"一单制"的多式联运体系，鼓励多式联运企业在境外布局服务网络。四是实施更加便利的人员往来服务政策。接受以电子格式提交的移民手续申请。建立外国人临时执业许可制度。完善充实过往资历认可机制，实施更加便利的商务人士短期入境制度。建立人才引进、就业和居留信息共享和联审联检制度。针对高科技领域外国人才、外国技能型人才、符合产业发展方向的外国人才在出入境和外籍人士永久居留等方面采取更开放便利的政策措施。

（三）进一步深化金融服务业对外开放水平

我国的金融开放离加入 WTO 的承诺还有一些距离，虽然在 RCEP 及 CAI 中增加了扩大金融开放的承诺，并且有些规则接近于 CPTPP 标准，但是在具体实施中却有较大差异，如在金融监管的一致性和信息传输等方面，也缺乏支付卡交易的电子支付等内容。因此，上海自贸试验区及临港新片区在对标 CPTPP 金融服务规则方面的主要目标是，在 RCEP 及 CAI 中在扩大金融开放的承诺基础上，进一步扩大金融服务开放，允许国外金融机构在国内开展金融服务，并探索金融服务"沙盒监管"机制；在监管方面做到一视同仁，避免歧视性监管，不因公司的所有权结构或投资者的国籍而对其采用不同的监管措施。完善跨境人民币政策，进一步提高人民币跨境及离岸清算效率。给予外资金融机构与我国国有商业银行相似的待遇；针对外资银行和保险公司的注册牌照要求，缩减并加速其审批流程，放宽其申请条件。

（四）进一步提高外商投资的开放度和透明度

CPTPP 各国实施以负面清单管理为核心的外资准入政策，且对外资不采取限制措施，并承诺国民待遇及优惠待遇。上海自贸试验区及临港新片区对标 CPTPP 的改革目标应该是，在 RCEP 及中欧 CAI 中在我国相关承诺的基础上，以《中华人民共和国外商投资法》和 2020 年版《自由贸易试验区外商投资准入特别管理措施（负面清单）》为基础，探索实施高标准外资准入后国民待遇政策。在保留管理措施的前提下，探索开放部分外商投资禁止领域，取消部分领域外资准入限制，对征收给予公平合理的补偿。保障外资平等使用各种资源（争取使之可以与国有企业以近似的优惠条件使用金融等资源）。按照最终实际控制人实施外资管理，对最终实际控制人是我国居民的，不受外商投资负面清单限制，以有利于"走出去"的本国企业返国投资。

一是实施开放的投资管理。继续完善商事主体登记确认制，充分尊重市场主体的民事权利，对申请人提交的文件仅实行形式审查，尽可能精简审批事项、评估事项和下放审批权限。实施企业简易注销共享税务信息，注销时无须提供纸质清税证明。二是深化行政审批制度改革。更加深入地推进"证照分离"改革，全覆盖试点，对涉企经营事项继续扩大审批改备案及告知承诺制应用范围。推进统一审批服务事项无差别受理、同标准办理，进一步提升政务服务便利化、标准化水平。三是向中央申请在临港新片区修改或废除仅对境外投资者施加投资限制的特定法律法规，如《关于涉及外商投资企业股权出资的暂行规定》《关于外国投资者并购境内企业的规定》《外国投资者对上市公司战略投资管理办法》，以及其他有关外商投资企业外汇经营、融资、投资总额、注册资本的管理规定。

（五）实施更高标准的知识产权保护

我国的知识产权保护标准与 CPTPP 相比还有不足，最主要的问题是我国对知识产权保护实行行政保护和司法保护的理念与 CPTPP 中把一些侵犯知识产权行为定义为刑事犯罪的做法有冲突。上海自贸试验区及临港新片区在知识产权保护方面对标 CPTPP 标准的目标应该是在我国以司法保护为主导、行政保护为支撑的知识产权保护体系的基础上，努力履行我国在 RCEP 中关于知识产权保护的承诺，建立与 CPTPP 高标准规则近似的从严保护的知识产权保护体系。

需要进一步推动知识产权创造、保护和运用。扩大知识产权保护的适用范围，建立局部外观设计保护制度，探索延长外观设计专利保护期限至 15年。探索实行药品专利补偿机制。实施农药化学品实验数据保护制度。建立商标分类制度、商标注册制度，以及商标电子申请的处理、注册及维持制度。采取适当措施驳回、注销商标注册申请，禁止在相同及类似货物或服务中使用与驰名商标相同或相似的商标；驳回申请或注销注册根据法律法规属于恶意的商标申请或商标注册。推进使用非侵权计算机软件。对数字环境中侵犯著作权相关权利及商标的行为同时适用民事救济和刑事救济程序。进一步完善知识产权边境保护制度，将海关知识产权边境保护的适用范围从进出口扩展到过境产品。明确直接使用刑罚的商标和版权侵权行为。加强对侵犯商业秘密行为的刑事处罚。建立互联网版权保护安全港规则。允许境外企业或个人直接办理商标注册。优化知识产权保护协作机制和纠纷解决机制，继续强化知识产权行政保护、司法保护、海关保护之间的衔接，健全司法、仲裁、调解等知识产权多元化纠纷解决机制，更有效地解决科技企业发展中出现的知识产权纠纷问题。

（六）积极探索数字贸易新规则

目前我国在增值电信服务和互联网等的互联互通等方面开放度不高，关于数字贸易和数据跨境流动的规则也不全面。上海自贸试验区及临港新片区在对接 CPTPP 数字贸易规则方面的目标应该是，在确保网络安全的基础上，深化公共电信服务的对内对外开放和市场化竞争，实施国际通行的电子商务管理规则，把落实国内规制和借鉴国际经验结合起来，积极探索数据本地存储和数据跨境传输等领域的规则制定。

为对标 CPTPP 主要建议如下。在电信和信息服务方面，进一步开放国内增值电信业务，继续开放大数据、物联网、云计算、人工智能等与数字科技密切相关的增值电信业务，允许外资设立独资公司，通过先行先试积累经验，完善事中事后监管制度，加快推进增值电信业务开放。提升主要电信供应商的服务透明度。在进一步促进数字贸易方面，完善本地数据存储制度。完善数据跨境传输机制，明确对电子传输内容不征收关税。明确电商平台制止商品假冒与盗版行为的责任。承认电子签名的法律效力，不对电子认证技术和电子交易实施模式的认可进行限制。在保护数据安全基础上促进数据有序流动，完善数字贸易法律与监管体制，在自贸区试点数据的安全有序开放，探索跨境数据流动规则的中国方案。完善数据监管体制，分类分级管理数据跨境流动，对数据传输主体的数据保护能力进行严格评估与监管，明确数据传输主体保护数据安全的权利和义务。探索允许访问境外学术类资料库。完善数字知识产权财产保护制度。采用合适的法律法规保护电子商务领域的消费者权益，保证电子商务用户个人信息得到有效保护。

（七）加快政府职能转变完善公平竞争的市场规则

CPTPP 规则的一大特色是把国际经贸规则向边境后延伸，主要内容涉及公共政策的标准协同和政策的透明度，在这些方面我国与 CPTPP 标准相比还有些差距，如国有企业的优惠待遇问题、劳工权益问题、中小企业发展问题等。因此，上海自贸试验区及临港新片区对标 CPTPP 的目标应该是提高公共资源分配的公平性与透明度，进一步深化政府的"放管服"改革。

针对 CPTPP 的各项标准，上海自贸试验区及临港新片区应努力做到对功能类国有企业适用政府采购管理政策。提高政府采购的透明度和效率，确保政府采购相关法律法规可被公开获取；努力使政府采购相关程序可被公开获取；尽可能通过电子方式使相关信息可被获取和更新；努力使相关信息的英文版本可被获取。探索支持境外企业参与非敏感领域的政府采购。建立国有企业公共项目资金预算制度以应对 CPTPP 中的禁止"非商业援助"条款。建立行政执法与司法部门反垄断执行、司法信息共享机制。建立环境保护社会参与机制。设立中小企业国际投资贸易促进委员会，向中小企业提供 RCEP 及中欧 CAI 协议中有利于中小企业利用协议红利的信息。还需要建立新型事中事后监管机制，深化"放管服"改革。完善以信用监管为核心、与负面清单管理方式相匹配的事中事后监管体制。所有从事商业活动的实体均适用于我国统一的竞争法律和法规。完善失信主体信用修复机制，健全信用异议处理制度，保护各类信用主体的合法权益。

（八）进一步深化国际经贸合作与交流

为对接 CPTPP 中合作与能力建设、竞争力和商务便利化、发展、监管

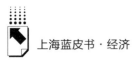

一致性与争端解决等章节的标准，上海自贸试验区及临港新片区需要推动与RCEP 国家、海丝国家及金砖国家的相关国际合作。在合作与能力建设方面，与各国就农业、工业和服务部门，教育、文化和性别平等的促进，灾害风险管理以及技术和创新等加快合作的步伐。采取必要的措施以促进供应链的完善，从而整合生产、便利贸易并降低商业经营成本。通过高效管理的公共机构，对公共基础设施、福利、健康和教育系统进行投资，培养企业家精神并提供经济机会。开展合作，以便于妇女全面获得 RCEP 等协议中所创造的机会。与各国就监管措施进行机构合作；增强国内机构间的磋商和协调，并避免机构之间制定的政策不一致。

流量型经济篇

Flow Economy Reports

B.9

新型电商平台对于促进上海品牌经济
建设的作用与对策研究

詹宇波　郑慧君*

摘　要： 上海品牌经济发展起步较早，并取得了一定成效，但其进一步发展仍存在瓶颈。新型电商平台具有去中心化、依赖私域流量等特点。上海为支持新型电商平台发展制定了多项鼓励政策，同时通过"五五购物节"等方式推动本土新型平台经济快速发展。新型电商平台的代表盒马鲜生通过持续创新业态联动的商业模式、赋能老字号品牌和推动自有品牌建设、主动承担社会责任等方式，不断提升自身品牌价值，并通过商业合作将品牌效应延伸到其他企业与行业，形成了良好的社会影响，对上海品牌经济建设发挥了很好的示范和促进作用。未来上海应通过大力支持新型电

* 詹宇波，经济学博士，上海社会科学院经济研究所西方经济学研究室主任、研究员，主要研究方向为工资理论、劳动议价制度及中国经济转型等；郑慧君，上海社会科学院经济研究所博士研究生。

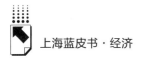

商平台企业开展技术研发及业态模式创新、加快新型电商平台运行规则制定、加大个性化扶持政策力度、支持老字号和城市自有品牌建设、加强金融和人才保障力度等方式鼓励新型电商平台高质量建设，以推动上海品牌经济高质量发展。

关键词： 新型电商平台　品牌经济　盒马鲜生

2020年11月第三届进博会之际，习近平总书记指出为适应新形势新要求，需要大力构建以国内大循环为主体、国内国际双循环相互促进的新发展格局。在这一格局中，上海的目标定位是打造成为国内大循环的中心节点和国际国内双循环的战略链接，其中，中心节点主要是赋能，助力我国的生产、分配、流通、消费，国民经济循环更加顺畅；而战略链接最主要是能量交换，做到要素链接、产能链接、市场链接和规则链接等"四个链接"，进一步巩固对内对外开放的枢纽地位，成为"走出去"的最好跳板、"引进来"的前沿阵地。

作为服务双循环战略的关键举措之一，上海率先开展国际消费中心城市培育建设，成为2021年7月经国务院批准的率先开展国际消费中心城市培育建设的五个城市中的一员。其工作重点包括以下内容：一是聚焦"国际"，广泛聚集全球优质市场主体和优质商品、服务，加快培育本土品牌，努力构建融合全球消费资源的集聚地；二是紧扣"消费"，高标准推进商圈建设，引领消费潮流风尚，加强市场监管服务，全力打造消费升级的新高地；三是突出"中心"，不断强化集聚辐射和引领带动作用，形成全球消费者集聚和区域联动发展的中心。

打造国际消费中心城市离不开品牌建设，这对城市中的企业和城市自身来说都是如此。对企业而言，自有品牌建设可以拓展企业的业务范围、提升产品品质、降低广告费用、提高客户忠诚度，实现整体综合收益的全面提升；对城市发展而言，通过发展自有品牌可以为当地消费升级提升注入新动能，进而提升城市整体品质。2021 年 7 月，上海市在新一轮"上海购物"三年行动计划中明确提出"品牌经济升级专项行动"，将全力打造本土制造消费品品牌创新地，提升本土品牌影响力和美誉度，发展零售自有品牌。品牌是品质的凝聚，品牌意味着信任，上海在打造全球城市过程中亟须将本土品牌作为名片，提升城市知名度，吸引更多的全球资源。

在新发展格局下，上海品牌经济建设将在很大程度上依赖于新技术和新商业模式，而新技术和新商业模式的出现将不断改变商业竞争环境和经济规则。互联网商业模式主要是指以互联网为媒介，整合传统商业类型，连接各种商业渠道，具有高创新、高价值、高盈利、高风险的全新商业运作和组织构架模式，包括传统的移动互联网商业模式和新型互联网商业模式。在"互联网＋"新形态下，商业模式创新不计其数，成为企业获得核心竞争力的关键，也为企业、行业带来新的生机和活力。近年来，上海的平台经济发展呈现出良好态势，尤其是新型电商平台的发展在全国范围内"一枝独秀"，其迅速扩大的规模、广泛的覆盖面和灵活的商业运营模式获得了全国范围内的广泛关注。为夯实平台经济等新兴行业的发展基础，上海市于2020 年 5 月发布了《上海市推进新型基础设施建设行动方案（2020—2022年)》，未来将进一步推动以 5G、人工智能、区块链、增强现实/虚拟现实等为代表的新型互联网技术在城市发展中的应用。

本研究将基于上海品牌经济建设实践和已有政策举措，结合上海市新型电商平台在支持品牌经济建设方面的优势所在，通过代表性企业——盒马鲜生的案例分析，提出针对性政策建议。

一 近年来上海品牌经济发展概况

（一）发展现状

上海向来十分重视品牌建设，全力打响"四大品牌"是上海更好落实和服务国家战略、加快建设现代化经济体系的重要载体，是推动高质量发展、创造高品质生活的重要举措，也是上海当好新时代全国改革开放排头兵、创新发展先行者的重要行动。上海品牌认证工作启动较早，现有的品牌数量相对较多，品牌体验和集聚度不断提升，新品牌层出不穷，品牌经济发展已经取得了一定成效。就品牌经济发展的主要指标而言，2020年上海市有效发明专利拥有量达到14.56万件，同比增长12.20%，每万人口发明专利拥有量达到60.21件。截至2020年，上海共拥有有效商标注册量173.74万件，同比增长17.98%；作品版权登记数31.89万件，同比增长9.30%。此外还拥有地理标志商标17件、地理标志保护产品8个。

图1中刻画了我国主要城市商标有效注册量、申请件数和注册件数，其中有效注册量为截至2021年6月的数据，申请件数和注册件数为2021年第二季度的发生量。

截至2021年6月，上海市商标有效注册量为1909732件，大幅高于作为新一线城市的杭州和成都。但与其他三个一线城市，即北京、深圳和广州相比，仅高于广州市，略低于深圳市，与北京市的2375298件相比存在较大差距。就2021年第二季度而言，上海市在当季的商标申请件数为277507件，低于北京和深圳，高于广州、杭州和成都；而上海当季的注册件数为19639件，低于深圳。

图2展示了截至2021年6月上海市的有效发明专利分布情况。截至2021年6月，上海市有效发明专利共有158329项。其中，企业是提供有效发明专利的主力军，共有112631项，大专院校次之为27924项，科研机构为14000项。机关和个人的有效发明专利较少，分别为999项和2775项。但是，从有效发明专利的增长情况来看，机关的有效发明专利同比实现了30.93%的增长率，而个人有效发明专利数仅同比增长了1.09%，其余三个类别同比增长率均在16%左右。

除了商标和发明专利之外，上海品牌经济建设方面还具有以下特点。

第一，早起步，多部门协作共同推进上海品牌认证。上海品牌认证的工作推进轨迹大致如下：2016年上海市即提出由产品经济向品牌经济转

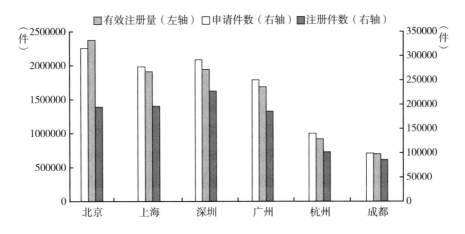

图 1　主要城市商标申请和注册情况

资料来源：上海市工商局网站。

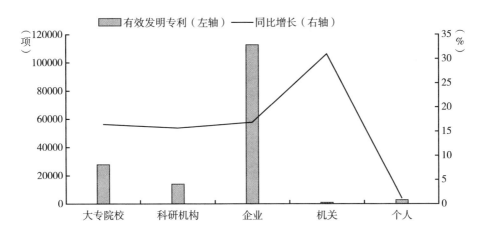

图 2　上海市有效发明专利分布情况

资料来源：上海市专利局网站。

变的发展战略，2017 年上海市质监局印发了《上海品质建设工作试点实施方案》，创新开展上海品质产品认证和服务认证工作，积极培育上海特色品牌，推动形成上海品质建设工作机制，形成了一套可持续的完善制度；2018 年该工作正式更名"上海品牌"认证，并以此作为推动"四大品牌"培育、评价和发展的重要手段。截至 2021 年 6 月，"上海品牌"

认证100家获证组织，涉及150个（项）产品和服务，目前上海市的16个区局均已出台关于获得"上海品牌"认证的激励政策，一般激励金额为10万~50万元。

第二，重体验，消费吸引力及品牌集聚度不断提升。上海作为新零售的主战场，始终强调消费"体验度"。目前，由上海市商务委牵头会同全市相关部门、单位和各区，实施消费引领、消费总动员、商业地标重塑等8个专项行动，消费吸引力不断提升，品牌集聚度、时尚引领度和消费创新度显著增强，消费者体验度和满意度持续提高。2020年，上海市社零总额达15932.50亿元，消费规模居全国城市首位，世界知名高端品牌集聚度超过90%，消费品进口占全国的1/3，离境退税销售额占全国的六成以上，浦东机场免税销售额跻身全球前三。

第三，屡创新，首店经济和实力新品牌持续发力。2018年，上海在"打造全球新品首发地"活动中首次明确提出"首店经济"，并将其定位为打响"上海购物品牌"的靓丽名片，截至2020年，年均引进首店超过800家，占全国的一半左右。另外，上海不仅是国际知名高端品牌的集聚之地、中华老字号的传承之地，也在成为新品牌的"出产地"和"制造机"，逐渐形成上海消费市场未来的"新品牌矩阵"，目前上海列新国货发展最佳城市首位，注册地为上海的新锐品牌贡献了全国近1/6的品牌销售额，天猫TOP 500新品牌的所在地中上海排名第一。

（二）上海在发展品牌经济方面的已有相关政策

上海十分重视对品牌经济的政策支持，以更好地加快培育发展新动能，推进产品经济向品牌经济转型升级，加强自主品牌建设和发展，促进产业高质量发展，服务"加快形成以国内大循环为主体、国内国际双循环相互促进的新发展格局"。综合来看，上海市出台的品牌经济政策具有"制定早、覆盖广、更新快、力度大"等特点。表1梳理了自2016年以来上海市出台的与品牌经济相关的政策。

表1　2016～2021年上海品牌经济建设相关政策

出台时间	政策名称	主要内容
2016年9月	《本市贯彻〈国务院办公厅关于发挥品牌引领作用推动供需结构升级的意见〉的实施办法》	提出坚持"制造向创造、速度向质量、产品向品牌转变"的发展方向,围绕"诚信立本、科技创新、质量保证、消费引领、情感维护"的品牌经济内涵,加快形成上海城市品牌、行业(区域)品牌、产品(企业)品牌的品牌经济发展体系,提升品牌对上海经济发展的贡献度,加快国际品牌之都建设,形成国内国际品牌高地,进一步夯实上海实现卓越全球城市目标的发展基础
2017年2月	《关于推进本市消费品工业增品种、提品质、创品牌的实施意见》	明确增品种、提品质、创品牌等三项主要任务,关于"创品牌"提出:一是引导企业加强品牌建设,鼓励企业制定实施品牌发展战略;二是健全品牌公共服务体系,支持各类品牌公共服务机构发展,支持举办各类品牌活动;三是完善品牌价值发现机制,主要包括支持开展品牌价值评估以及对评估结果的金融创新运用等
2018年4月	《关于全力打响上海"四大品牌"率先推动高质量发展的若干意见》	指出打响"四大品牌"是更好落实和服务国家战略的重要举措,提出建立"1+4+X"框架体系,系统推进打响"四大品牌"工作。其中"上海购物"品牌重在增强体验度,消费品牌要更具丰富度、吸引力,抓住举办中国国际进口博览会契机,加快引进更多全球优质商品、服务和有实力的零售商、采购商,推进更多国际国内知名品牌在上海首发全球新品
2018年5月	《全力打响"上海购物"品牌加快国际消费城市建设三年行动计划(2018～2020年)》	主要概括为"1358",即"1"个总目标,打造面向全球的消费市场,形成与卓越的全球城市定位相匹配的商业文明,建成具有全球影响力的国际消费城市;"3"个导向,以满足需求、创造需求、引领需求为导向;"5个度",消费贡献度达到60%以上,消费创新度、品牌集聚度、时尚引领度、消费满意度显著提升;"8"个专项行动,包括新消费引领专项行动、商业地标重塑专项行动、老字号重振专项行动、消费品牌集聚专项行动、消费名片擦亮专项行动、会商旅文体联动专项行动、消费总动员专项行动、消费环境优化专项行动等
2019年9月	《关于推进本市国有企业重振老字号品牌的若干措施》	结合上海老字号品牌的发展实际,聚焦企业反映的难点、痛点、堵点问题,形成推进本市国有企业重振老字号品牌的若干措施,提出六个方面17项新举措,即落实"一品一策一方案"重振计划、强化国企老字号品牌考核"引逼"、深化国企老字号品牌改革创新、破解老字号品牌产权流动瓶颈、优化重振老字号品牌配套支持政策、构建重振老字号品牌工作组织体系等

出台时间	政策名称	主要内容
2020 年 4 月	《上海市促进在线新经济发展行动方案（2020～2022 年）》	提出将加快在线新经济发展作为超大城市有效推进疫情防控和经济复苏的重要落脚点，作为满足生产生活升级需求和技术场景赋能产业转型的重要发力点，作为强化科创策源功能和高端产业引领功能的重要结合点。在品牌方面提出将打造"100＋"品牌产品，打造美誉度高、创新性强的在线新经济品牌产品和服务，推动一批新产品先行先试，加快创新产品市场化和产业化，不断推陈出新、迭代升级
2021 年 7 月	《全力打响"上海购物"品牌加快建设国际消费中心城市三年行动计划（2021～2023 年）》	提出以品质发展为主线，以数字赋能为动力，推动线上线下深度融合、内贸外贸协同联动、商品服务无缝链接，更好地发挥消费在推动产业链、供应链和价值链优化升级中的积极作用。加快推动消费提质扩容，优化消费购物环境，提升上海消费贡献度、消费创新度、品牌集聚度、时尚引领度和消费满意度，更好地发挥消费在推动产业链、供应链和价值链优化升级中的积极作用，使"上海购物"品牌打得更响、辐射更广，逐步建成具有全球影响力、吸引力和竞争力的国际消费中心城市。提出到 2023 年，打响 160 个左右引领性本土品牌、新引进品牌首店 2400 家以上的发展目标

资料来源：上海市商务委网站。

二　上海品牌经济发展面临的瓶颈

尽管上海品牌经济发展总体向好，但是仍然存在部分亟待解决的问题，主要表现在现有品牌难以满足不断升级的消费需求、自有品牌的竞争能力相对有限、渠道建设仍需加强等方面。

（一）现有品牌经济发展水平不能满足国际消费中心城市的需求

对标现有国际消费中心城市的品牌建设情况和我国国际消费中心城市的

建设目标不难发现，上海仍存在一定差距，尚不足与世界著名购物天堂相媲美。上海在高端品牌的集聚程度和规模等方面还存在不足，难以全面满足全球旅游者和消费者需求。

（二）自有品牌竞争能力不足

上海自有品牌和国际高端品牌相比，在产品品质和竞争力上仍有差距。具有中国元素和上海特色的城市定制商品和高端定制品牌仍然较少；上海本土品牌的同质化竞争激烈，品牌生命周期较短，品牌推广平台建设仍然有所欠缺；老字号创新产品和销售模式较为有限，体制机制仍待完善。

（三）产品和服务品类与质量不能适应新形势下消费需求转变

随着经济发展，人们的需求不断升级，对产品品质等的要求不断提升。另外新冠肺炎疫情对消费市场产生冲击，尤其是零售、餐饮、住宿等行业，短时间内国内传统消费需求下降。同时疫情让社会生产关系、生活方式发生变化，新的消费需求不断出现，如生鲜电商、远程办公、线上金融、线上娱乐、线上医疗等在线新经济需求不断增加。

（四）传统商品销售渠道亟待更新

传统零售行业具有渠道较长、成本较高、效率较低等特点，涉及较多层级的代理商、分销商等，企业难以直接与消费者、供应商建立联系。尽管在数字化转型升级过程中，销售渠道不断更新，但是仍存在一定问题。例如，在销售端，电商平台在流量和数据方面对实体商业的支持力度仍相对有限；在物流端，智慧商贸物流体系建设仍处于初级阶段，物流标准化体系仍不明晰，区域物流枢纽、转运分拨中心、社区物流配送网点（前置仓）、末端配送设施四级城市商贸物流体系仍需要不断完善。

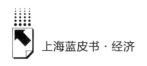

三 上海新型电商平台发展情况及其在本地品牌经济建设中的作用

（一）新型电商平台及其特点

我国电子商务起源于20世纪90年代，经过20多年的发展取得了巨大的成绩，在我国经济发展过程中发挥了巨大作用。但是，以阿里、京东为代表的传统电商业正面临流量饱和、新获客难、获客成本高等困境。在此背景下，新型电商平台不断出现，如社交电商、直播电商、私域电商、生鲜电商等。新电商平台的发展推动了新一轮品牌成长，其区别于传统电商平台，主要具有以下两大特点。

第一，平台服务去中心化。去中心化增强了商家和消费者之间的联系，为品牌成长提供空间。传统电商的中心化模式切断了商家与用户的沟通途径，导致用户对平台的黏性极高、对商家的认知度极低。商家想要维持销量，就必须不断地向平台购买流量，但基于平台的流量分发机制是用完即走式的，难以形成稳固的品牌资产。而新型电商平台强化了商家与用户之间的联系，多元化的交流机制为商家与用户深度互动提供了极大的便利。去中心化让商家与消费者之间建立了联系，并整合成数据闭环，促进客户沉淀并不断产生新的流量，从而助力品牌成长。

第二，更加依赖于私域流量。相较于公域流量而言，私域流量对品牌经济建设的促进作用更强，这主要是因为其具备以下优势。一是可控性强。在微信、抖音等社交平台独特的流量分发机制的作用下，用户可以搭建私域流量池，积累独属于自己的粉丝群体，增强对流量的掌控力。二是性价比高。在传统电商平台，商家获取公域流量需要支付一定的费用，相比而言私域流量费用较低，而且获取的流量具有长期性，归商家所有，可以给商家带来源源不断的经济利益。三是客户服务更加深入。以抖音、快手等短视频平台为例，如果用户对短视频产生了浓厚的兴趣，其可能会关注短视频的创作者，使其账号拥有私域流量池,便于其继续拓展其他服务。

在互联网高度渗透至生产和生活领域的今天,私域流量可以和品牌发展相互促进,成为品牌与用户共创的第一阵地,通常称为C2M。另外,积累私域流量可以帮助企业大幅提高营业收入,以飞鹤奶粉为例,其私域电商的营业收入(微信为主)已经达到了其电商总收入的35%,并有进一步增长的趋势。

(二)上海新型电商平台的发展情况

近年来,尤其是新冠肺炎疫情突袭而至,上海为支持新型电商平台发展制定了相关的支持政策,同时通过"五五购物节"等方式助力新型电商平台提升影响力与打造品牌。表2为2020年上海市出台的支持新型电商平台发展的相关政策。

表2　2020年上海市支持新型电商平台发展的相关政策

出台时间	政策名称	主要内容
2020年4月	《上海市促进在线新经济发展行动方案(2020~2022年)》	提出上海市未来要加快推动在线新经济大发展,全力打响新生代互联网经济品牌,全力支持新生代互联网企业发展壮大。围绕生鲜、餐饮、农产品、日用品等领域,将持续推动传统零售和渠道电商整合资源,线上建设网上超市、智慧微菜场,线下发展无人超市和智能售货机、无人回收站等智慧零售终端。积极鼓励发展直播电商、社交电商、社群电商、"小程序"电商等智能营销新业态
2020年12月	《市商务委关于促进本市直播电商创新发展若干措施的通知》	明确提出上海要打造具有全国影响力的直播电商平台,未来将形成一批在全国具有行业引领作用的直播电商平台,推动国内外头部平台在沪设立功能性总部,培育一批生活服务、工业品、农产品等专业直播电商平台。支持本市电子商务园区、电子商务基地、文创园区、产业园区等结合特色产业发展,加强内容制造、视频技术、直播场景等直播基础设施建设,吸引和集聚优质直播平台、MCN机构、专业服务机构入驻,形成集群效应

资料来源:上海市商务委网站。

2020 年，上海市无店铺零售额为 3041.75 亿元，增长 4.5%；网上商店零售额为 2606.39 亿元，增长 10.2%，占社会消费品零售总额的比重为 16.4%，相比于 2019 年占比增加 2.3 个百分点。线上消费增长迅速。

2020 年受新冠肺炎疫情影响，上海消费市场受到一定程度的冲击。为重启生产、流通、消费的良性循环，极大地促进消费回补和潜力释放，上海市在全国率先举办"五五购物节"，有力地推动了本土新型平台经济发展。首届"五五购物节"期间，在商业数字化转型方面，新世界城联合拼多多发放消费抵扣券，首发当日商场客流超 10 万人次；在直播带货引领消费方面，闵行区结合进口商品，宝山、嘉定等区结合老字号产品，松江、奉贤等区结合先进制造，青浦、金山、崇明等区结合农产品特色，书记、区长纷纷化身首席带货官；在内外贸易链路打通方面，举办"出海优品，云购申城"系列活动，i 百联、小红书、爱库存等平台设立上海外贸产品销售专区，采取快速入驻、流量扶持、佣金减免和快速结款等优惠措施，逾千家外贸企业实现国内销售额超过 50 亿元。

（三）新型电商平台自身发展模式创新与品牌建设的双向促进：来自盒马鲜生的案例分析

我们以盒马鲜生作为研究对象，以实际案例深入分析新型电商平台对上海品牌经济建设的促进作用。作为近 5 年内异军突起的生鲜电商平台——盒马鲜生自创立以来，企业规模扩张迅速、业态模式不断创新，从供需两端持续发力，通过实行赋能老字号品牌、联名其他品牌、发展自有品牌等品牌发展战略，不断提高企业知名度，同时积极主动承担企业社会责任，维护企业声誉，为上海市新型电商平台促进品牌经济发展发挥了很好的示范作用。

2016 年，第一家"盒马鲜生"在上海浦东创立，这是一家主打 O2O 的生鲜超市。盒马鲜生在创立后即实现了规模快速扩张，2019 年以年销售额过百亿元和门店数超百家的体量居中国快消品百强中的第 18 位。截至 2021 年 8 月，盒马在全国的线下门店超过 200 家，主要分布在一、二线城市。盒马鲜生有标准店、菜市、mini、F2、小站、便利店 Pick'n Go 和盒马里等七大新业态，产品种类包括生鲜类原材料、半成品、热食全成品、甜品小食、休闲零食等，成为中国电商企业中实现线上线下联动、新老品牌协同发展的典范。盒马之所以能够在生态完整、竞争激烈的快消领域脱颖而出，主要得益于其积极顺应智能化发展趋势，持续优化数字运营网络，供需融合发展。

在销售端，盒马通过全链路数字化运营，实现了线上线下统一销售与支付功能，实现了对消费者需求的识别、洞察、触达，近年来盒马线上线下订单率不断攀升，其中线上占比超过 70%。盒马鲜生背靠阿里集团拥有大量的数据，比起线下传统零售渠道，更容易通过大数据技术深入分析消费者需求和预测下一个"爆品"。在方便选购方面，盒马鲜生通过全渠道消费场景，为消费者多样化需求提供精准服务。例如，不同于传统用户自行查菜谱、列清单、跑超市不同区域买齐商品的方式，盒马鲜生将食谱及相应的食材清单嵌入 App，用户不仅不用将列清单功能与电商 App 的购买功能切割开，还能轻松地将需要的食材加入购物车。另外盒马鲜生 App 的菜谱功能存在多个入口，能满足不同的用户场景需求。在爆品推出方面，盒马鲜生借助大数据建立"物找人"的消费关系，直接把具备兴奋点的爆品摆在消费者面前，在提供更好消费体验的同时也为网红产品的产生建立基础。

在供给端，盒马通过零售科技将采购、生产、运输、运营等全链路数字化贯通，并将全球优质供应链体系与国内市场对接。在国内已建立了 46 个常温和冷链仓、16 个加工中心、4 个活鲜暂养仓，并与全国 500 家农产品基地合作建成超过 120 个盒马村，通过技术和数据指导农业生产、运输、加工、销售等整个流程，发展从田间地头到餐桌的订单农业。在采购方面，盒马鲜生积极搭建买手团队，在世界范围内寻找各种商品最佳的供给源头，缩减中间供应商环节，另外部分产品更是实现了与天猫统一采购，通过规模化采购，进一步降低成本。在生产方面，许多日日鲜产品采用本地化直采方式，在当地生产基地采摘蔬菜、水果等农产品，直供门店，最大限度地维持了农产品的品质。在运输方面，盒马鲜生通过自建体系的技术优势，进一步降低损耗率并且增强了对物流冷链成本的掌控力。在运营方面，店内悬挂链系统实现了高效打包订单，避免了工作人员到处跑取商品的低效率，很好地控制了店内的运营成本。各类成本优势促进盒马鲜生与更多的商家建立了合作关系，对销售端形成反哺，提高了产品差异性，也进一步吸引了各方流量。

以数字化为基础，盒马将经营模式的创新逐步延伸到品牌建设。这不仅体现为自身品牌价值的大幅提升，同时还通过优势互补、强强联合的商业合作，将其延伸到了其他企业与行业，产生了明显的品牌联动效应和良好的社会影响。具体而言，盒马在品牌建设方面做出的努力体现在以下三个方面。

1. 持续创新业态联动的商业模式以提升自身品牌价值

与同类竞争对手相比，盒马鲜生的经营模式从"大店"转为"小店"，采用店仓一体"到店＋到家"的商业模式。这样的模式促进了整体成本下降，同时以多种业态吸引不同用户场景下生鲜消费流量，并不断探索不同业态之间的联动关系，形成一定的整合效应，促使企业品牌知名度不断提升。

"到店"是指以线下门店为中心服务周边 1～3 公里范围内的用户。盒马鲜生的线下门店混合了生鲜超市、餐饮店、便利店等多种业态。业态的拓展可以满足更多的消费场景需求，进一步扩大线下流量规模。与线上配送服务相比，盒马门店的服务维度更多，包括海鲜抓捕、现场加工、现做现吃、慢慢逛货架等，区别于普通超市的差异化服务提高了盒马品牌的辨识度，大大增强了用户黏性。线下门店的最大价值是为企业提供低成本、持续不断的流量，变成线上线下全场景的流量。消费者可以先到门店实地了解和观察，以消除对线上销售产品不确定性的疑虑，增加后续线上使用 App 购买产品的可能性。

"到家"是指门店同时也作为自营前置仓，承担线上仓储配送功能，降低物流成本，提高企业经营效率。在线上平台，盒马鲜生不断探索调整模块布局，优化售前、售中、售后各个环节的用户体验，在使消费者选择多元化的同时，持续提高有效下单率。例如，在 App 首页推出了"猜你喜欢""推荐""菜谱"等模块；为了帮助消费者了解商品的详细信息，推出"盒马小蜜"智能售前客服,及时与消费者进行互动答疑。

2. 赋能老字号品牌与推动自有品牌建设双管齐下

盒马成功与全国五十多家"老字号"品牌合作,通过更新产品口味、包装等方式,促进经典产品再升级。这些商品和服务在平台经济的生态赋能下,打通了从供给侧到消费端的壁垒,在传承并弘扬中国美食文化的同时,也带给消费者美食新体验,使本土品牌价值和品牌文化在年轻消费者群体中得到新的传承。例如,盒马与光明联手,打造网友争相求代购的网红流心奶黄八宝饭,导致盒马八宝饭供不应求;联合梅龙镇等三大老字号复兴湖州枕头粽,推动老手艺的保护与传承;与新雅粤菜馆共同打造"网红"爆款青团,深受年轻消费者追捧,销量实现翻番;联合缸鸭狗汤圆成功研发标准化和创新产品,销售实现翻 15 倍;此外,还有六必居的酱菜、邵万生的醉货、青浦乔家栅的糕团、功德林的素菜等,也通过盒马新零售的供应链,再次焕发了品牌活力。

盒马也十分重视自有品牌发展。目前盒马自有品牌销售占比超过 10%,远超中国自有品牌占比的平均水平(2017 年销售占比仅为 1%)。盒马鲜生通过发展自有品牌不仅增强了差异化商品供应能力和消费者黏性,而且进一步提升了盈利水平。盒马鲜生通过与联名商合作,不断创造爆款,提高品牌知名度。例如,2020 年 3 月,采取预售、定时抢购的方式,携手喜茶推出了联名款青团;2020 年 4 月,和钟薛高联合推出了酸奶车厘子口味雪糕;2020 年 5 月,和奈雪的茶联名推出粽子。

3. 通过主动承担社会责任提升品牌知名度

盒马鲜生十分重视履行企业社会责任,例如,在疫情期间为武汉 30 多个小区的社区志愿者准备蔬菜和水果,给驻鄂部队的 300 多名官兵送去生活物资;推行"共享员工"举措,在多地临时雇用云海肴、青年餐厅的近 500 名员工,并支付其相应的劳务报酬,缓解了受疫情影响较严重行业的员工短期就业问题;主动对接浙江春笋、海南蜜瓜、广西砂糖橘等滞销果蔬,将这些滞销优质农产品陆续在全国各门店上架。

盒马鲜生积极开展多种品牌运营活动,不断提升品牌知名度,例如,充

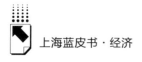

分利用年轻人云集的微博平台，宣传盒马鲜生店内的新奇商品（如奶茶味珍珠软糖、"断魂级辣"的干拌面、大鱿鱼冰淇淋、蚕宝宝、"可再生"蔬菜等）、策划有趣的话题（如门店里搬了棵杨梅树、让顾客去田头摘玉米等），新的理念吸引了消费者的关注，同时为盒马鲜生带来一定的关注度，也强化了盒马鲜生在消费者心中"新鲜"的品牌定位。

四 完善新型电商平台功能以促进上海品牌经济建设的相关政策建议

（一）大力支持数字技术发展，不断鼓励业态模式创新

为促进上海品牌经济建设，应大力支持各类新型电商平台企业积极开展技术研发及场景应用，运用5G、云计算、物联网、大数据、区块链、VR/AR、人工智能、高清影像（8K及以上）等技术，不断提升消费者消费体验，助力企业发展，不断提高市场竞争力和品牌知名度。借助新型电商平台的数字化升级，推动商贸主体向数字化、网络化、智能化、服务化方向发展。

此外，还要继续支持新型电商平台企业创新消费新业态和运营模式，提高消费创新度、时尚引领度、消费满意度及品牌影响力。对于新型电商平台中有模式创新、技术突破、引领推广作用的企业，给予政策扶持。积极建立完备的新型电商平台集货体系，打通设计研发、生产制造、品牌打造、线下网点和仓储物流体系等产业链各环节。

（二）制定新型电商平台运行规则，助力品牌发展生态形成

深入开展新型电商平台调查研究，逐步完善企业市场准入、管理制度和服务标准；加强事中、事后监管，依托平台建立市场信用监管体系，规范平台日常运营，探索形成顺应新型电商平台发展需求的管理模式，努力营造法治化营商环境。上海应在全国范围内率先建立新型电商平台统计制度，动态

监测平台运行情况，定期编制和发布本市新型电商平台发展报告，为行业发展提供服务。推动成立新型电商平台相关行业组织，制订行规行约，强化行业自律，为新型电商平台品牌化发展提供保障。

（三）加大个性化扶持政策力度，强化试点示范作用

用好本市区各项扶持政策，充分发挥自贸试验区和浦东综合配套改革试点优势，加大对不同类型新型电商平台个性化支持政策协调力度，推动新型电商平台整合产业链、延伸服务链，为各类新型电商平台起步、发展、壮大创造条件。建立新型电商平台项目滚动库，每年择优认定一批示范和培育项目，充分发挥导向作用，推动本市新型电商平台的理念创新、技术创新和业态创新。

（四）积极推进老字号品牌升级，大力培育新品牌

大力支持新型电商平台与传统老字号品牌合作，鼓励老字号品牌建立个性化电商平台，同时加快传统优质产品迭代更新，推出伴手礼、时尚款、定制款等各类新品，让好产品利用线上平台辐射国际国内市场，扩大产品销售范围。支持新型电商平台实施自有品牌战略，依托大数据精准挖掘消费需求，提升商品管控能力，运用先进生产工艺，提升自有品牌产品品质。依托"五五购物节"等重大商业节庆活动和展会平台，加强自有品牌宣传推广，培育自有品牌消费环境，提升自有品牌形象。

（五）加强金融保障力度，完善人才培养体系

支持金融机构与新型电商平台合作，创新有针对性的投融资服务，同时积极争取国家有关政策性金融机构的资金支持。对在境内外证券市场新上市的本地新型电商平台企业，按照有关上市政策给予奖励。鼓励社会各类风险投资等基金支持新型电商平台发展。积极支持经认定的新型电商平台企业高层次人才在落户、优先购房、购（租）房补贴、子女入学、医疗等方面享受相应待遇。鼓励在沪高校、新型电商平台培养适合市场需要的新型电商平

台专业人才。加强人才队伍建设，通过扩大招引、分类认定、培育培训、强化赋能、引领服务，全面加强新型电商平台人才队伍建设。建立新型电商平台企业纳税等市场化人才评价标准，为新型电商平台助力品牌经济发展提供人才支撑。

参考文献

胡懿新：《"老字号"振兴需要新思维、新探索、新作为——访上海国盛资本管理有限公司总经理周道洪》，《上海国资》2020年第2期。

郭美晨：《中国品牌发展的区域差异及动态演进》，《数量经济技术经济研究》2020年第4期。

谢京辉、闫彦明、安翱青、蔡海荣、凌燕：《上海品牌之都发展报告》，上海社会科学院出版社，2020。

元卉：《品牌新视野，新动能，新站位——第六届中国品牌经济（上海）论坛侧记》，《上海企业》2020年第12期。

宗和：《如何推进上海品牌经济发展——对话质量与品牌专家、上海市经信委调研员徐铭》，《上海质量》2021年第5期。

徐晶卉：《点燃消费新引擎，密码就在这些"热词"里》，《文汇报》2021年7月19日。

刘功润：《提振消费不仅要关注存量，更应顺势培育新消费动能》，《21世纪经济报道》2021年9月28日。

《上海：打造具有全国影响力的直播电商平台 培育优质MCN》，http：//www.weishangagent. com/newsInfo/290032. html，2020年12月8日。

《发挥大平台大流量优势，打响"上海云购物"新品牌》，https：//ishare. ifeng. com/c/s/7vuHQ13LB2K，2020年4月23日。

《上海"打造'100＋'品牌产品 建设在线新经济生态园"》，https：//baijiahao. baidu. com/s？id＝1664500459196012730&wfr＝spider&for＝pc，2020年4月20日。

《产品分析报告——盒马鲜生的前世今生》，http：//www. woshipm. com/evaluating/4078571. html，2020年7月13日。

《上海成"全国首店"TOP1，2021全国首店160＋》，https：//mp. weixin. qq. com/s/zvTGUgBrZ1MzIRZb3LRmDg，2021年7月29日。

《未来五年，新品牌要构建"反脆弱"能力》，https：//mp. weixin. qq. com/s/gZDyQFETxBByiygsDBM6lQ，2021年7月5日。

《〈光明日报〉头版关注上海：在线新经济托起新增量!》，https：//mp. weixin. qq. com/s/tJngcNj6VeBB8uu9QgVS2A，2020 年 4 月 14 日。

《互联网商业模式下的易货经济!》，https：//mp. weixin. qq. com/s/XLgZ8xzGXZd1KDezuGgYVQ，2021 年 8 月 11 日。

B.10
上海人工智能高质量发展赋能
城市数字化转型研究

谢婼青 *

摘　要： 2021 年是"十四五"开局之年，在开启全面建设社会主义现代化国家新征程、向第二个百年奋斗目标进军的交汇点上，上海全面推进城市数字化转型。人工智能是新一轮科技革命和产业变革的重要驱动力量，是上海落实国家战略部署而重点发展的三大先导产业之一。2017 年以来，上海从顶层设计、行动方案、人才培养、生态建设、治理体系等方面发展人工智能产业，建设人工智能的"上海高地"。2021 年 1 月，上海发布《关于全面推进上海城市数字化转型的意见》，本报告从建设智能数字底座、优化智能产品供给、深化智能应用赋能等三个方面探讨人工智能赋能上海城市数字化转型的推动作用，同时，通过梳理人工智能赋能城市数字化转型中可能存在的问题，提出相应的政策建议，为上海人工智能高质量发展赋能城市数字化转型提供决策支持。

关键词： 人工智能　数字化转型　高质量发展　上海

习近平总书记强调，人工智能是新一轮科技革命和产业变革的重要驱动力量，并在浦东开发开放 30 周年庆祝大会上赋予上海新的任务，"要聚焦

---

* 谢婼青，经济学博士，上海社会科学院经济研究所助理研究员，主要研究方向为计量经济建模与经济决策分析、金融统计与风险管理、科技统计。

关键领域发展创新型产业，加快人工智能领域打造世界级产业集群"。上海积极落实国家战略部署，将人工智能作为重点发展的三大先导产业之一，推动人工智能赋能城市数字化转型，围绕创新策源、应用示范、制度供给、人才集聚，加快建设具有全球影响力的人工智能"上海高地"。

新冠肺炎疫情突袭而至，人工智能等新一代信息技术加快重构经济活动各环节，催生了新技术、新产品、新产业、新业态。近年来，我国人工智能产业发展进入快车道，中国信通院数据研究中心测算 2020 年中国人工智能产业规模为 3031 亿元人民币，同比增长 15.1%。截至 2020 年底，上海人工智能重点企业 1149 家，规上产业规模 2246 亿元，从业人员 18.7 万人，形成从基础算法、核心芯片、智能软硬件产品到行业应用的全栈式产业链。2021 年，上海全面推进城市数字化转型，提出加快构筑数据全要素体系，全方位赋能城市升级。本研究旨在探讨人工智能在经济、生活、治理数字化转型中如何实现高质量赋能，以及可能产生的问题与相应对策建议。

一　上海人工智能产业发展现状和城市数字化转型

自 2016 年 DeepMind 公司开发的 AlphaGo 成功战胜世界围棋顶尖棋手开始，全球主要国家和地区纷纷重点关注人工智能领域，并加入事关未来科技革命的竞争中，我国针对人工智能领域不断推出相应的支持政策，其市场规模也逐年攀升。据 IDC 测算，2020 年全球人工智能产业规模达到 1565 亿美元，同比增长 12.3%。截至 2020 年 11 月，全球人工智能企业共有 5896 家，其中，美国、中国、英国、加拿大四国的企业数量领先。2016～2020 年，全球共有 39 个国家制定国家层面的人工智能战略和产业规划，均在人工智能领域持续加大投资、夯实研发基础、加强人才培养、促进开放合作、完善治理体系。

（一）人工智能产业发展的政策支持

我国人工智能产业的发展呈现三阶段推进特点，重视与实体经济的深度融合。第一阶段是"智能制造"时期，以 2015 年国务院发布的《关于积极推进"互联网＋"行动的指导意见》为代表，对于人工智能产业还未有明确定义，其算作"智能制造"生态体系的一部分。第二阶段是"互联网＋"时期，以2016年国家发改委发布的《关于请组织申报"互联网＋"领域创新能力建设专项的通知》为代表，提出促进人工智能技术发展，人工智能是新一代信息技术的一部分。第三阶段是"人工智能产业"国家战略时期，以2017年国务院发布的《关于印发新一代人工智能发展规划的通知》为代表，将人工智能产业健康发展上升至国家战略高度，至此，我国人工智能实现从核心技术攻坚到实际场景落地应用、从制造业领域到跨界全场景融合的转变。2017年以来，我国针对人工智能产业发展的政策演进经历了从顶层设计到行动方案，再到人才培养、生态建设、治理体系等各个方面拓展（见表1）。

表1　我国针对人工智能产业发展的政策支持

发布时间	政策支持	发布单位	核心内容
2017年7月	《关于印发新一代人工智能发展规划的通知》	国务院	按照"构建一个体系、把握双重属性、坚持三位一体、强化四大支撑"进行布局，形成人工智能健康持续发展的战略路径
2017年12月	《促进新一代人工智能产业发展三年行动计划（2018～2020年）》	工信部	以新一代人工智能技术的产业化和集成应用为重点，推动人工智能和实体经济深度融合，加快制造强国和网络强国建设
2018年4月	《高等学校人工智能创新行动计划》	教育部	到2020年，基本完成适应新一代人工智能发展的高校科技创新体系和学科体系的优化布局，在人工智能基础理论和关键技术研究等方面取得新突破
2018年11月	《新一代人工智能产业创新重点任务揭榜工作方案》	工信部	通过在人工智能领域树立标杆企业，培育创新发展主力军，加快我国人工智能产业与实体经济深度融合
2019年3月	《关于促进人工智能和实体经济深度融合的指导意见》	中央深改委会议	把握新一代人工智能发展特点，结合行业区域特点，探索创新成果转化路径，构建数据驱动、人机协同、跨界融合、共创分享的智能经济形态

发布时间	政策支持	发布单位	核心内容
2019 年 6 月	《新一代人工智能治理原则——发展负责任的人工智能》	国家新一代人工智能治理专业委员会	突出发展负责任的人工智能,强调和谐友好、公平公正、包容共享、尊重隐私、安全可控、共担责任、开放协作、敏捷治理等八条原则
2019 年 8 月	《国家新一代人工智能创新发展实验区建设工作指引》	科技部	到 2023 年,布局建设 20 个左右试验区,创新一批切实有效的政策工具,形成一批人工智能与经济社会发展深度融合的典型模式
2020 年 1 月	《关于"双一流"建设高校促进学科融合加快人工智能领域研究生培养的若干意见》	教育部、发改委、财政部	提出构建基础理论人才与"人工智能+X"复合型人才并重的培养体系,提升人工智能领域研究生培养水平
2020 年 7 月	《国家新一代人工智能标准体系建设指南》	网信办、发改委、科技部、工信部等	到 2023 年,初步建立人工智能标准体系,重点研制数据、算法、系统、服务等重点急需标准,并率先在制造、交通等重点行业和领域推进

资料来源:笔者依据公开资料整理。

上海深入贯彻落实国家人工智能发展战略,发布了全国第一个省市级人工智能政策性文件,2017 年 11 月发布了《关于本市推动新一代人工智能发展的实施意见》,上海成为全国发展人工智能产业的排头兵和先行者。2017~2019 年,上海陆续发布了三个关于人工智能顶层设计的政策文件,加快建设国家人工智能发展高地。2021 年 7 月,上海围绕算法创新,发布了全国第一个算法创新行动计划,打造从理论算法研发到行业应用转化的活跃创新生态;同时,上海围绕标准体系治理,揭牌上海市人工智能标准化技术委员会,并发布上海人工智能标准体系建设的指导意见(见表 2)。因此,上海从基础创新、行业应用、生态建设、标准治理等方面构建起人工智能产业发展的政策体系。

表 2　上海人工智能产业发展的政策支持

发布时间	政策支持	核心内容
2017 年 11 月	《关于本市推动新一代人工智能发展的实施意见》	发挥上海数据资源丰富、应用领域广泛、产业门类齐全的优势，立足国际视野、加强系统布局，全面实施"智能上海（AI@SH）"行动
2018 年 9 月	《关于加快推进人工智能高质量发展的实施办法》	集聚人工智能领域人才，突破关键核心技术，推进人工智能示范应用，加快建设国家人工智能发展高地
2019 年 9 月	《关于建设人工智能上海高地构建一流创新生态的行动方案（2019~2021 年）》	科学谋划创新资源，着力发挥市场作用，构建多元协同、根基扎实、富于活力的创新生态基础
2021 年 7 月	《上海新一代人工智能算法创新行动计划（2021~2023 年）》	为加快建设人工智能"上海高地"，打造世界级产业集群，发挥上海算力和数据资源的基础优势，打造从理论算法研发到行业转化应用的活跃创新生态
2021 年 7 月	《关于推进本市新一代人工智能标准体系建设的指导意见》	以人工智能标准化深度赋能上海城市数字化转型为抓手，培育人工智能高水平"上海标准"，加快形成标准引领人工智能产业高质量发展的新格局

资料来源：笔者依据公开资料整理。

（二）上海人工智能产业发展的现状

人工智能是指利用机器代替人类的认知、分析、识别和决策，是机器对人的意识、思维和决策过程的近似模拟。人工智能产业链是典型的分层结构，一般分为基础层、技术层和应用层，其中，基础层是人工智能产业的基础支撑，包括算法、算力和数据三大支撑，以 AI 智能芯片（包括 GPU、FPGA 和 ASIC）、数据资源、算法理论（机器学习）、开发平台（开源深度学习框架）等研发为主；技术层是人工智能产业的核心，利用海量数据在软件平台上进行算法的训练和推理，主要包括计算机视觉、自然语言处理、语音识别、知识图谱等应用技术；应用层是人工智能产业的延伸，以 AI 技术集成与应用开发为主，包括智能机器人等 AI 产品以及智能驾驶等 AI 与传统行业融合的解决方案（见图 1）。

上海人工智能产业总体发展水平处于全国前列，尤其是在计算机视觉领

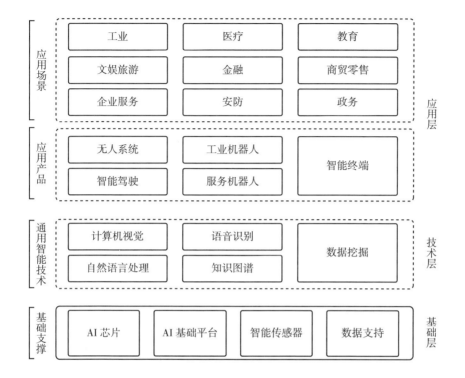

图 1　人工智能产业链图解

资料来源：笔者依据公开资料整理。

域，上海拥有商汤科技、依图科技等计算机视觉行业龙头。"十三五"期间，上海将人工智能作为重点布局发展的三大产业之一，着力发挥数据资源丰富、应用领域广泛、产业门类齐全的优势，立足国际视野、加强系统布局，建设人工智能的"上海高地"。

在基础层领域，上海加快多层次创新平台建设和创新主体培育。算法创新方面，上海缺少有影响力的企业和平台，仅有部分企业在算法领域有所涉及和钻研，例如商汤科技的原创深度学习平台 Sense Parrots 主要聚焦计算机视觉。当前，上海正在重点实施算法创新行动计划，致力于三年内打造出从算法研发到行业应用转化的创新生态。算力研发方面，上海不仅有一大批创新独角兽企业，也有重点算力平台。天数智芯的全国首款 7nm GPGPU 芯片、全球首款云端视觉推理定制 SoC 芯片在沪研发。阿里旗下的平头哥、燧原科技、依图科技、寒武纪等企业专注于 ASIC 智能芯片设计与量产。2020 年，商汤科技上海新一代人工智能计算与赋能平台启动建设，项目投资 56 亿元，是在建的亚洲规模最大的人工智能超算中心，这对上海基础算力使用效率和自主原创算法迭代效率的提升具有重要的作用。

在技术层领域，上海的商汤科技、依图科技等计算机视觉行业龙头的展业技术水平处于全球第一梯队，其中，商汤科技 SenseTime 是中国科技部指定的"智能视觉"国家新一代人工智能开放创新平台，依图科技专注深耕安防、医疗领域，在 2018 年美国标准与技术研究院（NIST）主办的人脸识别测试中获得全球人脸识别竞赛冠军。在自然语言处理领域，上海涌现出达观数据、小 i 机器人等本土代表企业，但在语音识别领域还没有像科大讯飞这样的有影响力的企业。在知识图谱领域，上海有明略科技、华院数据、星环科技等一批代表企业，但相较于北京而言，还处于跟随者的地位。

在应用层领域，上海作为超大城市，有着丰富的场景资源，尤其在医疗、金融、教育、智能驾驶、机器人等领域，在全国率先发布人工智能应用场景建设实施计划，累计开放 3 批 58 个应用场景，对接 280 余家企业、500 余个解决方案。上海的智能网联汽车整体建设与发展水平全国领先，已开放测试道路达 560 公里，向 23 家企业 155 辆车颁发了道路测试和示范应用资质，企业数量和牌照数量均位居全国第一，测试里程超 100 万公里。在无人驾驶领域，上海已建设全国第一个"陆、海、空无人系统综合示范区"，在东海大桥率先开展无人驾驶海铁联运，打造国内首个无人系统测试场景全覆盖地区；上线全国第一套 UTO"全自动无人驾驶"系统，申通地铁成为国内运营里程最长且具备最高等级全自动无人驾驶的轨道交通线路。

（三）上海城市数字化转型的推进现状

人工智能是引领这一轮科技革命和产业变革的战略性技术，具有溢出带动性很强的"头雁"效应。当前，数字化正以不可逆转的趋势改变人类社会，特别是新冠肺炎疫情进一步加速推动数字时代的全面到来。上海这样具有复杂巨系统特征的超大城市，人口多、流量大、功能密，有着丰富的应用场景，城市建设、发展、运行、治理等各方面情形交织、错综复杂，需要运用数字化转型的方式探索超大城市治理的新路子。

2021年1月，上海发布《关于全面推进上海城市数字化转型的意见》，在全国范围内率先打响发令枪，这成为上海主动服务新发展格局的重要战略，是打造具有世界影响力国际数字之都的要求。随后，上海围绕"整体性转变、全方位赋能、革命性重塑"的总体要求，在经济、生活、治理三个方面推进城市数字化转型，城市数字化转型依托城市数字底座，实现经济数字化形成新供给、生活数字化满足新需求、治理数字化优化新环境，三者相互协同、互为促进，助力"五型经济"的发展。

在经济领域，上海加快推动数字产业化、产业数字化，强化全球资源配置、科技创新策源、高端产业引领和开放枢纽门户"四大功能"，提升上海城市竞争力。2021年，上海统筹疫情防控和经济社会发展，保持经济运行稳中向好，新产业、新产品、新业态稳步增长，成为上海经济发展的新动能。2021年上半年，全市战略性新兴产业产值与上年同期相比增长19.6%，其中，数字创意产值增长65.1%，成为战略性新兴产业中增速最快的产业。在平台经济的带动下，全市信息传输、软件和信息技术服务业保持良好发展态势，生产总值同比增长16.1%，营业收入两年平均增速超过20%。在新产品领域，2021年1~9月，上海的工业机器人和集成电路产量与上年同期相比分别增长46.4%和30.9%，成为经济增长点。

在生活领域，2021年5月6日，上海市委、市政府聚焦创造高品质生活主题，前往瑞金医院和久事集团开展现场推进会，提出聚焦高频急难事项选对应用场景、聚焦难点堵点找到解决方案、聚焦重点突破形成示范标杆，提升上海城市软实力。上海重点推进便捷就医少等待、为老服务一键通、快捷停车助通畅、数字酒店智管家、数字赋能示范校、智能出行即服务、数字商圈无忧购、一站服务舒心游、数字社区生活圈、智慧早餐惠民心、民生保障贴心达等11项数字生活标杆应用，其中"便捷就医少等待"初见成效，已完成11家市级医院及4个区的试点工作，年底前将实现精准预约、智能预问诊、智慧急救等七大场景的全市覆盖。

在治理领域，上海打造科学化、精细化、智能化的超大城市"数治"新范式，提升上海城市治理能力。在《省级政府一体化政务服务能力调查评估报告（2021）》中，上海的"一网通办"能力排名全国第一，入选2020年联合国全球电子政务调查报告经典案例，成为上海首创的政务服务品牌。三年来，上海"一网通办"个人用户超过5401万人，企业用户达到227万家，共实施改革措施357项，接入事项3197项，累计办件量达到1.5亿件，实现以政府部门管理为中心向以用户为中心转变。"一屏观天下、一网管全城"，上海的另一张网"一网统管"在2021年4月上线系统2.0版，汇集全市50多个部门的185个系统、近千个应用，聚焦公共安全、应急管理、规划建设、城市网格化管理、交通管理、市场监管、生态环境等重点领域，初步形成贯通市、区、街镇三级的城市工作体系，实现城市全面感知、风险监测预警、趋势智能研判，从而提升城市治理体系现代化水平。

二 上海人工智能高质量发展赋能数字化转型的方面

人工智能技术正渗透到经济生产、市民生活、城市治理的数字化转型中，人工智能与城市数字化转型是相辅相成、相互融通的。人工智能是城市数字化转型的重要驱动力量，在城市数字化转型过程中发挥着引领性、赋能性作用，为弘扬城市精神品格和提升城市软实力增添新动能。城市数字化转型反哺人工智能技术创新。数据是人工智能算法研发和训练的原材料，大量的场景产生海量的、在线的、实时的数据，上海充满数据的大场景为人工智能技术的创新发展提供了肥沃的土壤。

2020年，随着人工智能的广泛应用，智能服务机器人、非接触智能设备、AI+城市治理等领域迎来快速增长，人工智能在城市数字化领域的落地应用加快推进。本部分讨论运用人工智能技术，在建设智能数字底座、优化智能产品供给、深化智能应用赋能三个方面助力城市数字化转型。

（一）建设智能数字底座

数据是算法研发和训练的原材料，也是城市数字化转型的基础底座。在人工智能时代，现代的数据采集技术已经逐渐转化成以智能传感器、高精地图为代表，毫米波雷达、激光雷达等传感器在城市数字化转型过程中成为把脉城市生命体征的重要工具。在生物、医学、汽车及交通、家电、电子装备、农业等领域，工业传感器、无线医疗传感器、车载传感器、激光雷达、智能水质传感器等各类智能传感器得到广泛应用，赋能多源异构数据的搜集和集成。国内人口多、场景多、数据资源丰富，但是高质量的数据集仍然较为缺乏，这是人工智能赋能各领域发展的主要瓶颈之一，也是上海作为改革开放的排头兵，在推动人工智能赋能城市数字化转型的过程中首先要解决的问题。

算法是人工智能的核心，是城市数字化转型过程中从数据到智慧的关键。算法的迭代创新引领了人工智能技术演进，也是未来人工智能突破发展的关键所在。人工智能的算法包括基础理论算法和技术应用算法。基础理论算法包括机器学习、类脑智能、群体智能、小样本学习、量子智能等领域，技术应用算法包括计算机视觉、自然语言处理、语音识别、知识图谱、文本识别、数据挖掘技术等通用技术领域。无论是基础理论算法还是技术应用算法，都是将原始的、海量的数据通过数据清洗、结构化、建模，进行研判、预测、分析，为数字化、智能化提供解决方案。当前，上海在算法领域还处于追赶阶段，缺少具有影响力的企业和平台，尤其在开源深度学习框架领域更是缺乏行业影响力。

算力是数字经济的引擎和智能社会的基石，智能芯片是人工智能技术架构的底层驱动，是关键的核心部件，为海量数据处理提供支撑。智能芯片按功能可以分为推理芯片和训练芯片两大类，训练芯片通过模拟人类接收、学习并理解外界信息能力，推理芯片通过模拟人类学习、判断、分析等心理活动获取信息的内在逻辑。世界范围内，主要由美国英伟达公司占据主导地位。上海有不少企业在智能芯片的赛道上发力，希望能打破英伟达在行业的垄断地位，如天数智芯、壁仞科技、复旦微电子、平头哥、燧原科技、依图科技等。

（二）优化智能产品供给

软件智能化将带动产品的演进迭代，智能软件产品是数字化转型的助推器。智能软件产品是通过人工智能技术开发的标准化软件产品，为数字化转型各领域打造标准化的智能软件解决方案，如面向图像、语音、文本、自然语言处理等多源异构数据开发和测试的工具组件，搭建人工智能分布式 IaaS、SaaS、PaaS、Daas 等平台产品；面向经济、生活、治理等数字化转型领域，开发的智能数据中台、智能医疗诊断系统、自适应学习系统、辅助教育与模拟学习系统、机器人流程智能化（RPA）等软件方案。

智能硬件产品是将人工智能服务于用户终端，以底层平台软硬件为基础，以智能传感互联、人机交互等人工智能技术为特征的新型终端服务产品，如智能摄像头、智能音箱、智能穿戴设备、智能家居等，最具代表的是智能机器人、智能驾驶和智能无人系统。

智能机器人的应用加速了产业数字化。人工智能技术的跨越式发展，促使工业机器人向服务机器人延伸，走向医疗、安防、教育、政务、文娱旅游等城市数字化转型的方方面面。人工智能与机器人相结合，产生了既具备机器人本体又具有智慧的智能机器人，并成为世界最热门的科技领域。上海在智能制造、智能机器人领域具有领先优势，汇聚了一批优质企业，如达闼、快仓、非夕等。在新冠肺炎疫情期间，达闼的云端智能机器人进驻武汉方舱医院，部署医护助理机器人、消毒清洁机器人、智能运输机器人等产品，助力抗击疫情。

智能驾驶包含智能网联道路和智能汽车两个方面，是人工智能赋能城市数字化转型的典型场景。作为人工智能技术在汽车行业、交通领域的延伸与应用，智能驾驶近几年在世界范围内受到社会各界的广泛关注。2020 年 2 月，国家发改委等 11 部门联合印发的《智能汽车创新发展战略》提出，展望 2035～2050 年，中国标准智能汽车体系全面建成、更加完善。2021 年，工信部成立智能网联汽车推进组，开展智慧城市与智能网联汽车试点。作为六大试点城市之一，上海抢抓产业智能化发展战略机遇，加快建设集聚全球汽车产业要素资源的核心区域,引领汽车产业创新变革的重要标杆,世界汽车产业链、价值链和创新链的关键枢纽,尤其是创新布局了"全车型、全出行链、全风险类别、全测试环节和融合新基建基础设施""四全一融合"的智能网联汽车测试场景,打造了错位互补的嘉定、临港、奉贤、金桥四大测试示范区。

智能无人系统的开发和应用是人工智能发展的重要成果,也是助推城市数字化转型的重要智能硬件产品。无人机在城市安防、应急救援、消防、公路巡逻、电网巡检、物流配送、工程进度、疫情防控、空域侦测、反恐等领域,无人船在海洋工程、水文监测、防汛救灾等领域,均具有巨大的发展潜力。上海建设国内第一个正式允许无人机开展多场景测试、应用的基地——华东无人机基地,打造产学研一体化发展的无人机产业体系,同时,上海还聚集了一批开展无人系统研究和开发的高校和企业,在智能无人系统方面具有一定的优势。

(三)深化智能应用赋能

城市数字化转型是城市、企业和市民的三方协同。城市是主场,有着丰富的应用场景;市民是主人,有着对美好生活的向往,为城市数字化转型提出更多的应用需求;企业是主体,通过数字化转型为经济发展注入新动能,带来新增量,为市民的应用需求提供快捷、最佳的解决方案。因此,深化智能应用赋能是人工智能赋能城市数字化转型这一课题的落脚点。

在经济领域,人工智能与实体经济深度融合,改造生产流程,提高生产效率,此外,人工智能也能赋能金融服务、商贸流通、农业等领域,助力"五型经济"发展。在制造业方面,运用人工智能、区块链、云计算、大数据等新兴技术,基于制造业数据集成和分析,与生产业务知识相结合,建立产品健康模型,实现生产流程、时间约束、成本控制、安全维护等方面的优化,改造大规模的智能工厂和数字车间,释放经济新动能。上海重点发展电子信息、生命健康、汽车、高端装备、先进材料、时尚消费品等六大产业领域,是人工智能与制造业广泛融合的大舞台。在金融方面,在上海建设金融科技中心和国际数字之都之际,金融数字化转型成为重要抓手,2021年3月英国智库Z/Yen集团发布的《全球金融中心指数报告》显示,上海蝉联全球第三的位置,金融科技水平排名升至全球第二。上海推动金融数字化转型的突破口是在数据安全和隐私保护的框架内释放数字要素价值,代表形态包含智能投顾、大数据征信、数字货币等,上海整体的金融数字化转型还处于从金融科技2.0(互联网金融阶段)向3.0过渡阶段,人工智能在金融领域的应用未形成集聚示范效应,未来将有巨大的空间。

在生活领域,人工智能渗透到市民生活的方方面面,如教育、医疗、交通、文娱、养老、旅游等,上海正在重点推进11项数字生活标杆应用。在医疗方面,人工智能在疾病诊断、疾病研究与预测、药物研究、手术治疗等领域已有所应用,部分已进入临床阶段。2018年以来,人工智能赋能医疗领域的热度显著提升。值得注意的是,2020年前三季度,医疗领域的融资金额占人工智能总体融资金额的18.9%,融资事件数量占人工智能总体融资事件数量的22.5%。国内医疗器械的商业化落地正在加速推进,2020年中国首次批准人工智能三类医疗器械注册证。上海具备医疗资源丰富、医学研究能力较强、医用场景数据众多等优势,高度重视医疗健康领域的智能化、智慧化发展,通过人工智能探索医疗服务新模式,建立快速精准的医疗体系。2020年,智慧医疗实现突破性发展,全市20多家三甲医院引入AI辅助诊断,一批人工智能疾病筛查产品全面进入医院临床落地环节,如联影智能推出基于AI的多疾病智能筛查系统,即"uAI新冠肺炎智能辅助分析系统"在疫情防控期间将5~10分钟的CT阅片时间缩短至1分钟以内,加快了病理分析和诊断。在教育方面,通过人工智能、大数据、云计算、物联网等新兴技术,为学校搭建教育数据可视化分析平台,助力教育管理者全面分析教学建设中的薄弱环节,提升教学管理水平;开发三维自适应学习系统,促进认知理论和社会实验的结合研究,发挥智能教育机器人在教学中的辅助作用;还可以推动人工智能技术在智能批改、VR/AR教学、口语测评、智能排课等精准化教学中的应用。上海打造的教育示范应用场景——上海世外教育集团,立足英语教学特色,运用机器学习、大数据分析、计算机视

觉、语音识别等人工智能技术，打造了一套自适应学习＋课堂实时分析＋口
语语音矫正的"AI＋学校"人工智能教学系统，实现知识点分析、学生能
力量化测试、记忆曲线与遗忘规律分析、自动组卷推题、知识点掌握推测等
功能。

在治理领域，人工智能技术赋能城市治理主要体现在把握城市的生命体
征，使城市管理智慧化、精细化、科学化。上海这样一座超大城市，运用人
工智能技术，聚焦公共安全、交通管理、生态环境等领域，数据分析、精准
施策、科学治理，实现城市运行风险监测预警、趋势智能研判、资源统筹调
度，保障了城市的健康安全运行，最具品牌效应的便是"一网通办"和
"一网统管"两张网的建设。上海轨道交通里程即将突破 800 公里，通车运
营里程保持全球第一的位置，每天有 1000 多万人次乘坐地铁，10 号线、
15 号线、18 号线和 APM 浦江线等四条线路实现全自动无人驾驶，保有量
位居全球第一。根据 2021 年 3 月《上海市推进新型基础设施建设行动方
案（2020～2022 年)》的总体部署，2021 年上海将新建智能终端传感器
12 万个，推动建设社区无人餐厅 10 个，新增智能取餐网点 100 个，新增
智能快件箱 5500 组，智慧零售终端 700 台等。"上海停车" App 全面联网
接入全市 4700 个经营性停车场（库）和收费道路停车场、100 万个公共泊
位的基础信息数据和动态运行数据，为缓解停车难问题进行资源统筹调
度。上海也是全球城市高楼大厦最多的，全市共计 4 万多座高楼、26 万多
部电梯，风险挑战无处不在，创新机遇也无处不在。数字化转型对城市的
安全管理和健康运行具有重要的作用，而城市的巨大场景也为人工智能技术
的落地提供了肥沃的土壤。

三　人工智能赋能城市数字化转型可能存在的问题

当前，数字化转型已经成为经济高质量发展的新引擎，也是不断满足人
民日益增长的美好生活需要。上海率先提出数字化转型的"上海意见"。在
"十四五"期间，上海不仅要打造人工智能的"上海高地"，同时也要做好

人工智能深度赋能上海城市数字化转型的课题，在这过程中可能存在以下问题。

（一）新一轮科技革命和产业革命引发的就业问题

人工智能作为新一代信息技术的重要方向，已经渗透到经济社会生活的各个环节和方方面面，悄然改变着经济社会组织运行的模式。人工智能赋能百业，一方面，增强经济动能、改善生活品质、提升治理效率；另一方面，替代部分劳动就业岗位，影响就业结构。

人工智能会产生新的就业机会，而相应的数字化转型人才缺乏。虽然在很多领域，机器会替代人工，如客服、家务、办公、运输、流水线等，甚至借助于3D打印还可以制作雕塑、服装、机器设备、建筑物等，此外人工智能还能写文章、设计、作诗、作曲等，但是，每一次技术的革新都创造出更多的工作岗位，如算法工程师、算法测试员、数据标注员、体验架构师等。

人工智能下一个发展阶段的重点将是深度赋能传统行业，与工业、商贸、零售、金融、医疗、交通、教育、文娱等各行各业发生化学反应。当前，人工智能的高端人才主要集中在互联网行业，而传统行业特别是制造业的产业人才对人工智能的理解、对AI技术的掌握稍显不足，较难支撑企业智能化的转型升级。因此，人工智能与制造业深度融合所需的复合型人才严重缺乏，这给传统产业的人才提供了新的机遇，主动转型、拥抱AI。

（二）数字化转型过程中存在隐私保护和数据孤岛的问题

当前，《个人信息保护法》《数据安全法》尚未正式实施，上海也缺乏数据隐私保护、数据安全、责任主体认定等方面的地方性法规。数据隐私涉及个人的身份信息、资产信息，以及人脸、指纹等生物识别信息。隐私已经成为人民对人工智能技术应用的最大担忧。近年来，常有数据泄露事件发生，2021年1月在国外某论坛上出现"以8.8个比特币总价售卖1679万笔包括客户姓名、账户信息等在内的数据"事件；2020年4月，出现上海多家银行数百万条客户数据资料被标价兜售事件。虽然相关机构发布声明表示不存在数据泄露的问题，但是随着大数据、人工智能、区块链等新一代信息技术在各个领域的应用逐渐深入，数据安全和隐私泄露等问题严重影响着社会秩序和人们生活。

在行业竞争、行政壁垒、数据安全、隐私保护等多方面压力下，各企业主体更偏向于构建数据私库，形成了"数据孤岛"，尤其是在医疗、金融、交通等领域，造成了数据采集滥用、数据储存资源浪费、数据泄露难溯源等问题。

（三）人工智能产业链安全、自主、可控的问题

人工智能产业链是典型的分层结构，一般分为基础层、技术层和应用层。从企业数量来看，上海人工智能企业主要集中分布在应用层，基础层企业数量较少。2019年上海人工智能企业1116家，其中基础类和技术类企业分别有154家和167家，占企业总数的28.8%，应用类企业有795家，占比71.2%。企业类型以应用类为主，这既是上海作为超大城市拥有超级场景的优势使然，也是多年来上海着力推动人工智能赋能百业的成果。

但是，上海人工智能产业在基础技术方面存在较多"卡脖子"的关键技术领域。基础研究是发展人工智能产业的基石。人工智能基础研究既包含算法创新、算力提升、智能芯片和智能传感器等关键软硬件研发，也包含人工智能理论研究、认知科学探索等。在基础研究领域，主流开源深度学习框架基本由国外互联网巨头企业研发，上海在开源深度学习框架领域缺少具有影响力的企业和平台，无论是GPGPU还是FPGA，都与国外先进水平具有较大的差距。虽然上海在计算机视觉领域有商汤科技、依图科技等龙头企业，但是在技术深度应用方面还有待加强，尤其是在自动驾驶、无人系统、服务机器人、自然语言处理等方面，关键核心技术仍然被国外企业所掌握。

近年来，人工智能领域中美竞争加剧，商汤、依图等企业被美国列入"实体名单"，一批企业的海外市场业务受到影响，人工智能产业链、供应链的安全风险凸显，为此，我们应关注产业链安全、自主、可控问题。

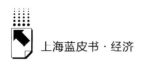

四　结论与政策建议

在上海建设具有全球影响力的科技创新中心和国际数字之都之际，城市数字化转型成为重要驱动力。人工智能作为新一轮科技革命和产业革命的重要抓手，已经成为各国在科技领域争夺的焦点。上海积极落实国家战略部署，将人工智能作为重点发展的三大先导产业之一，加快建设人工智能创新策源、应用示范、制度供给和人才集聚的"上海高地"，着力打造世界级产业集群，推动人工智能在全面城市数字化转型的进程中发挥重要的驱动和赋能作用。上海正在加快打造与具有世界影响力的社会主义现代化国际大都市相匹配的城市软实力，人工智能在城市善治、未来创新、国际对话等议题中扮演着不可或缺的角色，是增强上海全球叙事能力的重要载体。

针对上海面临的新一轮科技革命和产业革命引发的就业问题、隐私保护和数据孤岛的问题，以及人工智能产业链安全、自主、可控的问题，提出以下建议。

一是在数字化转型人才方面出台相关支持政策，大力吸引和培育数字化转型人才。人才是推动城市数字化转型的主体，大力培养和吸引人工智能人才已成为世界各国赢得国际竞争优势的战略性选择，人才战略已经成为科技创新最基本的诉求。建议将数字化转型人才作为人才引进的重点支持领域，对专业技术人员予以直接落户，针对急需的高端科技人才给予住房补贴、职称评定等方面的政策支持。围绕工业制造、交通、智慧城市、商贸等重点领域行业企业，培养一批精通人工智能算法和企业业务、牵头推动算法应用实践和企业智能化转型的数字化转型人才，支持行业企业构建核心数字化转型团队。发挥国有企业的引领带动作用，推动建立上海数字化转型联盟，形成推动城市数字化转型的中坚力量。发挥上海众多高校的力量，形成重点领域的数字化转型培养模式，依托高校、企业、行业组织建设一批人工智能平台基地、继续教育基地和高技能人才培养基地，培育人工智能与制造业深度融合所需的复合型人才。

二是完善制度治理体系，强化数据使用规范和数据共享。研究推动制定符合上海人工智能等技术发展趋势的法律法规，加快数据安全和隐私保护的立法进程，扩大新一代信息技术在金融、医疗、交通等重点领域的应用范围。依托上海市人工智能标准化技术委员会，推进重点领域的地方标准制订工作，尽快制定数据安全、隐私保护在重点领域的技术标准，加强数据的分类分级管理，实现在数据安全保护下的信息共享，扩大应用范围，为科学技术和产品输出提供规则支撑，推动上海标准成为中国标准甚至国际准则。推动行业自律自治，发挥各个行业组织和联盟的作用，发布数据使用的倡议，协助相关政府部门建立数据共享机制，构建信息共享平台，加强数据治理使用规范。加强信息安全技术攻关，推动加密计算技术、联邦学习、区块链等安全技术在人工智能赋能数字化转型中的应用，增强技术的安全性和数据的保护功能，推动建立人工智能技术的可信、可控、可用。

三是加强核心技术攻关，构建安全、自主、可控的人工智能产业生态。加强研发支持力度，通过财政专项资金、社会资本，完善研发支持资金保障体系。制定人工智能赋能数字化转型的创新专项支持计划，依托上海人工智能产业投资基金，推动专业投资机构、行业龙头企业成立市场化基金，加大对核心技术攻关的企业与团队的资金支持力度。完善科技创新体制机制，推动产学研的科技成果转化，畅通人工智能技术从实验室到应用落地的渠道。搭建多层次人工智能创新平台，发挥上海人工智能实验室、上海期智研究院、上海脑科学与类脑研究中心、上海人工智能算法研究院、微软亚洲研究院（上海）等科研机构的作用，加强战略性科学研究与关键核心技术的攻关。在建设国内大规模算力平台的同时，支持国内的自主芯片企业参与建设，并在不断使用过程中迭代成熟，带动国产芯片技术实现突破性发展，以此来打破国外的技术垄断，努力实现产业链、供应链的安全、自主、可控，为城市数字化转型保驾护航。

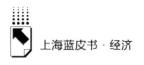

参考文献

郑志峰：《人工智能时代的隐私保护》，《法律科学》（西北政法大学学报）2019年第2期。

蔡跃洲、陈楠：《新技术革命下人工智能与高质量增长、高质量就业》，《数量经济技术经济研究》2019年第5期。

郭凯明：《人工智能发展、产业结构转型升级与劳动收入份额变动》，《管理世界》2019年第7期。

肖旭、戚聿东：《产业数字化转型的价值维度与理论逻辑》，《改革》2019年第8期。

吕铁：《传统产业数字化转型的趋向与路径》，《人民论坛·学术前沿》2019年第18期。

吴静、张凤、孙翊、朱永彬、刘昌新：《抗疫情助推我国数字化转型：机遇与挑战》，《中国科学院院刊》2020年第3期。

毛发宗：《人工智能和大数据技术在银行数字化转型中的应用》，《中国新通信》2020年第5期。

陈冬梅、王俐珍、陈安霓：《数字化与战略管理理论——回顾、挑战与展望》，《管理世界》2020年第5期。

章燕华、王力平：《国外政府数字化转型战略研究及启示》，《电子政务》2020年第11期。

李文钊：《数字界面视角下超大城市治理数字化转型原理——以城市大脑为例》，《电子政务》2021年第3期。

企业和空间载体篇

Enterprise and Space Carrier Reports

B.11
新时期上海民营企业促进
"五型经济"发展研究

陈明艺*

摘　要： 上海经济是典型的创新型经济、服务型经济、开放型经济、总部
　　　　　型经济和流量型经济，即"五型经济"。在全球经济缓慢复苏的
　　　　　复杂形势下，做强做优"五型经济"是上海提升城市能级和核
　　　　　心竞争力、建设"五个中心"的有效路径。在国际国内双循环
　　　　　节点中，作为上海发展"五型经济"的生力军，民营企业抓住
　　　　　机遇实现高质量发展，具有十分重要的意义。本报告分析了上海
　　　　　民营企业发展"五型经济"的优势，以及存在的问题和面临的
　　　　　瓶颈制约，从政府层面、社会层面和企业层面提出了上海民营企
　　　　　业促进"五型经济"发展的政策建议。

---

* 陈明艺，经济学博士，上海社会科学院经济研究所副研究员，主要研究方向为财税理论与政
策、低碳经济。

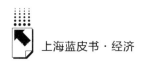

关键词： 民营企业　创新　在线新经济

发展"五型经济"是上海在新发展阶段实践新发展理念的重要举措。上海民营经济呈现出蓬勃发展的态势，经济总量稳步增长，结构调整步伐加快，已经成为与国有经济、外资经济并驾齐驱的"三驾马车"之一。2020年，上海市民营企业实现增加值 1.11 万元，占比达 28.7%，税收收入达 4777.7 亿元，占比达 38.6%。2021 年上半年，上海民营经济运行良好，税收收入同比增长 18.2%，新设民营市场主体增长 34.95%，固定资产投资增长 19%。在全球经济复苏一波三折的背景下，上海民营经济取得了如此亮眼的成绩，为"十四五"经济高质量发展奠定了扎实的基础，也为民营企业未来发展提供了重大机遇。

本报告在分析上海民营企业已有优势、发展现状的基础上，梳理其存在的问题和面临的瓶颈制约，继而根据国际国内发展背景，提出激励民营企业发展、促进上海"五型经济"发展的政策建议。

一　上海民营企业发展"五型经济"的现状和优势

民营经济是上海社会经济发展中不可或缺的重要力量，是城市经济活力的重要体现。"十三五"时期，上海民营企业增加值由 2015 年的 6655 亿元增加到 2019 年的 11170 亿元，占全市生产总值的 29.3%。民营企业完成税收收入由 2015 年的 2664.80 亿元（占全市税收收入的比重为 27.0%）增加到 2019 年的 4868.78 亿元（占全市税收收入的比重为 37.1%）；科创板已上市 37 家上海企业中，民营企业有 22 家。民营企业成为促进上海经济增长的重要引擎，是推动创新发展的重要主体、增强市场活力的重要力量、创造就业岗位的重要渠道。

（一）民营企业在服务业领域凸显专业优势

随着上海营商环境不断优化、旅游购物吸引力不断提升，上海民营企业抓住机遇，在服务业领域的资产规模和效益不断增加。民营企业在促进创新、增加就业、改善民生方面发挥了重要作用，是推动上海经济发展的重要力量。本报告根据"五型经济"特征，梳理了 2015～2021 年上海百强民营企业数量变化情况，具体如图 1 所示。

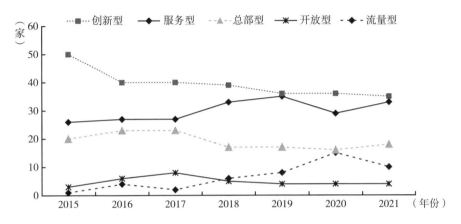

图 1　2015～2021 年上海百强民营企业按"五型经济"分类的发展趋势

资料来源：《2015 年上海市民营企业 100 强企业排行榜名单》，产业信息网，2015 年 12 月 3 日。2016～2021 年上海百强民营企业数据来自 2016～2021 年《上海企业》，经笔者整理而得。

2015～2021 年上海百强民营企业中来自服务业的企业数量稳中上升，2020 年受新冠肺炎疫情影响，人员流动减少，服务业发展面临巨大困难，上海情况亦是如此。基于一流的营商环境、便捷的交通等综合因素，上海的服务业发展成绩始终在国际国内十分抢眼。在这一过程中，上海民营企业的发展成绩也十分抢眼，涌现出携程、春秋国际、美团点评、拼多多、中通快递等；与此同时，这些公司也在加快现代化和智能化转型，以 2019 年数据为例，携程、拼多多、美团点评的研发投入居上海民营企业百强的前三位，[①] 积极发展在线新经济，激活流量型经济，这是上海民营企业的最大特色。

---

① 上海市企业联合会百强企业课题组：《2020 上海民营百强企业发展报告》，《上海企业》2020 年第 10 期。

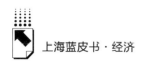

（二）民营企业在国际贸易领域具有"因势而变"的柔性优势

民营企业发挥自身机制灵活、市场洞察力强的特点，积极克服新冠肺炎疫情、中美贸易摩擦等带来的不利影响，灵活适应外贸拼单化、碎片化、定制化发展趋势，主动衔接国内国际双循环战略，外贸型民企发展成绩令人瞩目。2020年上海市民营企业实现进出口总额8335.9亿元，占全市的23.9%，同比增长11.3%，增速较2019年提高1.9个百分点，民营企业对外贸易实现逆势增长，成为拉动出口的重要力量。

近年来，上海民营企业抓住机遇，不断提升竞争力，在上海进出口总额中占比不断提升。表1显示，2014年私营企业在进出口总额中所占比重为1.82%，2020年上升为23.63%。这与上海近年来服务贸易蓬勃发展、在线新经济快速发展息息相关。相较于国有企业、外商投资企业，民营企业具有规模小、转型升级快、发展快的特点，即"因势而变"的优势。

表1 2014～2020年上海市进出口总额情况

单位：亿元，%

年份	国有企业		外商投资企业		私营企业		总额
	总额	比重	总额	比重	总额	比重	
2014	38506	90.86	3103	7.32	768	1.82	42379
2015	4438	15.94	18745	67.34	4653	16.72	27836
2016	4503	15.86	18909	66.61	4974	17.52	28385
2017	4608	14.39	21481	67.07	5938	18.54	32026
2018	5127	15.19	21942	65.01	6684	19.80	33753
2019	4546	13.48	21838	64.77	7334	21.75	33718
2020	3966	11.45	22482	64.92	8182	23.63	34630

资料来源：2014～2020年上海市国民经济和社会发展统计公报，http://tjj.sh.gov.cn/sjfb/index.html。

（三）民营企业在创新领域具备产业集群优势

近二十年来上海民营企业在新增高新企业中的占比从25%提高到80%，

在创新活力方面，新设民营市场主体占全市的比重达到 96.5%；上海市累计注册科技型中小企业 17191 家，专精特新企业超过 3000 家，民营企业占比超 90%；科创板已上市的 39 家企业中民营企业有 24 家。上海民营企业成为促进经济增长的重要引擎、推动创新发展的重要主体、增强市场活力的重要力量、创造就业岗位的重要渠道。

民营企业中隐藏着一大批不为人熟知的"隐形冠军"。在近二十年的发展过程中，它们以过硬的科技研发能力、蓬勃的创新内生力、卓越的品牌建设力、全面的发展综合力成为各行业的佼佼者，如中微半导体设备（上海）股份有限公司和澜起科技股份有限公司，分别是各自所处细分行业的龙头。这些企业率先走出了"高端发展、创新发展、立足上海、放眼全球"之路。为"十四五"期间上海民营企业发展"五型经济"、实现高质量发展起到了很好的示范和引领作用。课题组根据上海企业联合会发布的"民营企业 100强排行榜"按"五型经济"划分民营企业类型，具体如图 2 所示。

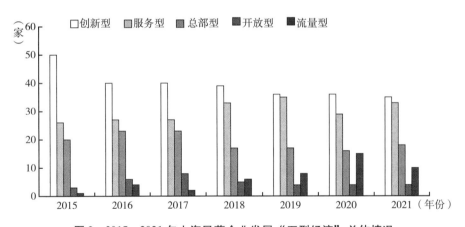

图 2　2015～2021 年上海民营企业发展"五型经济"总体情况

资料来源：《2015 年上海市民营企业 100 强企业排行榜名单》，产业信息网，2015 年 12 月3 日。2016～2021 上海百强民营企业数据来自 2016～2021 年《上海企业》，经整理而得。

2015～2021 年，民营企业在发展创新型、服务型、总部型经济方面总体情况良好。2015～2020 年流量型经济迅速增加，但是 2021 年受疫情影响，流量型经济增长出现波动。总部型经济在 2018～2021 年增长总体保持稳定。在经济下行压力加大的情况下，民营企业始终坚持创新发展理念和实践。以2019年数据为例，百强民营企业中研发费用增长率为25.26%，与此同时，66家企业的专利数达到19802个，其中发明专利8645个。科技企业上海韦尔半导体股份有限公司的专利数达3957个、美团点评达2468个、欧普照明达2114个。持续增加的研发投入和专利数，使得上海民营企业整体实力不断提高、发展质量持续改善、创新能力不断增强。

（四）民营企业总部上海的总量和规模不断增长

近年来，随着上海营商环境的持续优化，民营企业总部在上海集聚的态势愈发明显。民营企业总部在产业链、供应链、价值链中的话语地位进一步提升。以2020年上海民企百强榜为例，近一半企业具有对产业链、供应链的掌控力，成为头部企业。这为上海成为服务国内大循环中心节点城市做出巨大贡献。从2014年至2020年上海企业百强榜来看，民营企业一直占50%左右。上海凭借着一流的营商环境不断吸引民营企业落户。

2019年5月，上海发布了《上海市鼓励设立民营企业总部的若干意见》（以下简称《若干意见》）。根据《若干意见》，对于认定的民营企业总部，各区给予开办、租房等资助，对区域经济发展有突出贡献的，可以给予奖励。与此同时，上海将加大对民营企业总部的金融支持力度，充分发挥户籍政策的激励和导向作用，通过居住证积分、居转户和直接落户等梯度化人才引进政策体系，大力支持民营企业总部引进所需的高级管理人员、专业技术人才、有特殊贡献者等各类优秀人才。截至2021年1月，上海共认定民营企业总部274家。[①]

（五）民营企业已具备"流量为王"的先发优势

近年来，一批以互联网科技、现代物流、金融投资等流量经济为特色的

[①] 吴卫群：《上海新认定129家企业总部　三批民营企业总部达到274家》，上观新闻，2021年1月12日。

民营企业迅速崛起，如携程、哔哩哔哩、拼多多、上海圆迈、圆通等代表新业态的企业快速涌现。从 2020 年上海百强民营企业构成看，在 40 家百亿级企业中，近半数企业属于互联网科技、现代物流、生物医药、金融投资等新兴行业，其营业收入增速大多达到了 30%～100%，远高于其他传统行业的企业增速。在 2020 年度认定为民营企业总部中，在线新经济企业占比较高，在新认定的 81 家民营企业总部中，在线新经济相关行业企业占比达 30%，具有代表性的有喜马拉雅、途虎、哔哩哔哩等一批知名线上平台企业。

表 2　2015～2020 年上海百强民营企业发展"五型经济"的趋势

单位：家

年份	创新型	服务型	总部型	开放型	流量型
2015	50	26	20	3	1
2016	40	27	23	6	4
2017	40	27	23	8	2
2018	39	33	17	5	6
2019	36	35	17	4	8
2020	36	29	16	4	15

资料来源：《2015 年上海市民营企业 100 强企业排行榜名单》，产业信息网，2015 年 12 月 3 日。2016～2021 年上海百强民营企业数据来自 2016～2021 年《上海企业》，经笔者整理而得。

表 2 是基于 2015～2020 年上海百强民营企业名单梳理而得，数据显示，2015 年上海民营企业百强榜中仅苏宁的经营业务属于流量型经济，到 2020 年该类型企业快速增长为 15 家，凸显了民营企业在流量型经济发展中的爆发力。

以上数据表明，民营企业在创新型经济、流量型经济、服务型经济领域已经具有了一定能级，凸显了民营企业有动力、有活力、市场意识强的特性，为下一步其发挥自身优势，促进上海"五型经济"发展奠定了良好的基础。在线新经济是上海发展"五型经济"的重点，也是上海民营企业最具发展潜力的领域。

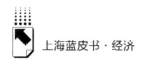

二 上海民营企业发展"五型经济"存在的问题

上海民营企业在"五型经济"中具备坚实的发展基础，然而民营企业在内部治理和外部发展中依然存在的一些问题制约了民营经济为"五型经济"发展做出更大贡献，主要表现如下。

（一）民营企业需要扩大品牌影响力

服务型经济重在辐射和赋能更广区域，关键看品牌。上海民营企业主要以长三角区域为基础发展壮大，基于这一地区良好的营商环境，民营企业向全国其他区域市场拓展的闯劲不足。一批民企满足于长三角等区域市场，不愿进一步开拓全国其他区域市场和国际市场，企业家对本地市场的熟悉局限了其融入更大市场空间，服务模式适应力不足。服务型民营企业的品牌影响力无论是在纵向上与国企外企相比，还是在横向上与其他地区民企相比，尤其是与浙江、江苏等省份的民营企业相比，都存在一定差距。民企在提升品牌影响力方面，存在内部要素整合赋能较弱、外部影响力拓展手段单一等问题。

以2020年长三角百强民营企业榜为例，其中的56家民营企业，分别为江苏23家、浙江21家、上海8家、安徽4家。为此，根据"五型经济"特征分类整理后的民营企业情况如图3所示①。数据显示，浙江和江苏民营企业整体实力强，尤其是江苏民营企业的品牌影响力颇强。从规模上看，位居长三角百强榜前十的4家民营企业中，江苏占3席，分别是排第二位的太平洋建设、排第三位的苏宁控股和排第四位的恒力集团。其中，从品牌影响力看，这3家企业在国内外颇具影响力。上海民企在长三角百强企业中最佳排名为复星国际，居第32位。

---

① 《2020长三角三省一市企业百强榜出炉，你家企业上榜了吗？（附榜单）》，上观新闻，2020年11月19日。

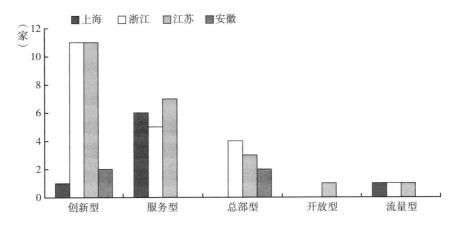

图3　2020 年长三角百强榜中民营企业与发展"五型经济"态势

（二）民营企业亟须提升团队创新力

创新型经济的发展重点是激发创新活力，关键是人才。上海一直以来十分重视科技创新。近年来，上海全面推进科技创新中心建设，形成了集成电路、人工智能、生物医药的"上海方案"，制定了智慧城市、数字经济等政策措施，不断提升科技创新中心的策源功能。在这一过程中，民营企业发挥了巨大的作用，但是仍存在突出问题，主要表现为缺乏具有综合创新力的领军型人才。创新型经济发展需要具有核心竞争力的产品作为支撑，为此需要团队创新力，尤其是领军型人才。目前，上海民营企业虽然已经拥有一定规模的创新团队，但是具备市场敏锐度、内部整合力、综合创新力的领军型人才少之又少。与北京、深圳等城市相比，创新团队的实力不强和缺少领军型人才导致上海民营企业在发展创新型经济中优势不明显。2021 年 5 月笔者所做的"'十四五'上海民营企业发展"的问卷调查显示，科研人员占比在 5% 以下的企业占 49.06%，科研人员占比超过 20% 的企业占 20.75%。制约企业创新发展的第一因素是缺乏技术人才（42.45%）。在实地调研中企业也反映了以下问题：第一，获得合适人才的成本很高。企业提供的待遇与人才的要求不匹配（占比 56.6%）。第二，上海生活成本高，人才难以留下。

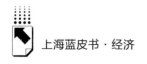

第三，社会中缺乏合适的人才。第四，人才教育培育培养机制与企业需求错配。第四，社会环境中的创新氛围不足。

上海民营企业中高新技术企业占比高，不足之处在于缺少具有世界影响力的龙头企业，突出问题在于缺少核心竞争力、行业引领性不足。以长三角企业百强榜为例，就业务发展的创新情况来看，浙江、江苏各有11家，安徽有2家，上海仅有1家民营企业上榜。创新型经济重在打造源源不断的创新活力，关键看人才、看产品的科技含量及企业在行业的领先地位。上海民营企业要发展创新型经济，亟须提升创新能力。

（三）民营企业开拓国际市场的能力仍显不足

开放型经济重在提升经济联通性，关键看通道；需要对国内外市场的供应链具有更强的影响力。上海民营企业在国内国际市场开拓能力整体不足。通过梳理2015~2020年上海民企百强榜发现，大量企业从事国际投资贸易业务、设有海外实验室等，但是能够起到关键通道作用、强化国内外经济联通性的企业则较少。开放型民企数字化赋能水平不高。面对世界"东升西降"的新机遇，民营企业还未积极做好数字产业化、产业数字化的准备工作，尚未形成联通世界经济的场景和动能。

在发展开放型经济中，上海民营企业最具代表性的是复星国际，但是整体而言企业数量少、规模小。江苏是开放型民企最好的省份，企业数量多、规模大、经济联通性强，如恒力集团，其产品获得"国家科技进步奖"，在新加坡设有原油和化工产品国际采购中心；高端差别化化学纤维、纺织新材料以及面料等产品销往80多个国家和地区，树立了"以质取胜、科技领先"的良好国际形象。居长三角百强榜第40位的江苏中天钢铁集团基于产品创新，搭建全球销售网络，产品销往全球50多个国家，2020年获得江苏"外贸进出口十强企业"证书。

课题组2021年5月关于"'十四五'上海民营企业发展"的问卷调查显示，超过70%的民营企业对拓展海外业务持保守态度，占比基本控制在20%以内；对于全球布局，43.4%的企业打算布局欧美股市，34.91%的企业计划布局东南亚地区。总体而言,企业在拓展海外业务方面十分谨慎,对于在线经济在全球的发展没有详细规划。

(四)民营企业总部落户上海面临巨大的成本压力

上海市统计局发布的数据显示,2021 年上半年民间投资增速高于固定资产投资总额增速 7.6%,高于全国民间投资增速 3.1%。其中,工业民间投资增长 32.7%。上海对于民营企业的吸引力持续增加,越来越多的民营企业在上海设立国际总部、研发总部、第二总部等,提升全球竞争力。与此同时,也需要看到上海民营企业在发展"总部型经济"中面临的困难和挑战。

1. 居高不下的生活成本阻碍了民营企业总部落户上海

近年来,上海物价持续走高,总体上抑制了人才流入、企业落户。2021年 6 月 25 日,人力资源管理机构美世咨询(Mercer)发布了 2021 年度全球城市生活成本排名,结果显示,全球生活成本最高的前十位城市中,中国的香港排第 2、上海排第 6、北京排第 9,并且上海和北京排名与 2020 年相比均上升了 1 个位次。生活成本居高不下,加之便捷的交通,促使不少民营企业选择将总部落户到上海以外的其他城市。

2. 不断攀升的经营成本降低了民营企业落户上海的吸引力

除了居高不下的生活成本之外,上海楼市成交价总体呈上升趋势,导致企业购房、租房成本上升,明显增加了经营成本,使得不少处于创业期、快速发展期的民营企业选择将总部落户到其他城市。与此同时,长三角地区的浙江、江苏、安徽三省发展质量快速提升,吸引了不少民营企业落户。2021年 10 月 25 日全球管理咨询公司科尔尼发布的 2021 年全球城市潜力排名,从居民幸福感、经济状况、创新和治理四个维度评估了城市未来发展潜力,我国上榜的城市中除了北京(第 23 位)、深圳(第 26 位)、上海(第 30 位)、广州(第 34 位)之外,长三角地区是全国进入前 80 位城市最多的地区,包括苏州(第 45 位)、高雄(第 53 位)、香港(第 54 位)、无锡(第 59 位)、南京(第 63 位)、杭州(第 64 位)、宁波(第 74 位)、合肥(第 76 位)。这说明,一是上海综合实力不断提升,二是国内其他城市综合实力也在快速提

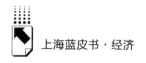

升，尤其是长三角地区的杭州、南京、苏州，粤港澳地区的香港、广州、深圳等。可以看出，在地区经济一体化的进程中，城市群的发展情况良好，同时也相应分流了总部落户上海的企业，浙江、江苏的总部最多，其次是安徽，最后是上海的主要原因也在于此。

（五）民营企业亟须在发展"流量型经济"中做大做强

以在线新经济为代表的流量型新经济发展迅速，相关资料显示，上海的在线新经济发展水平位居全国前列，这得益于上海多年来致力于发展数字经济，也为其进一步确立全球级城市地位奠定了深厚的基础。在线新经济是上海"五型经济"中增长速度最快、优势最为突出的领域，与此同时，其也仍存在一些问题。

1. 实力做强规模做大

根据上海民营企业百强榜，2018 年以来民营企业在流量型经济发展中异军突起，以美团点评、拼多多、携程为代表的民营企业迅速做大做强，但是其竞争力仍需进一步加强。与此同时，哔哩哔哩、喜马拉雅等新兴在线经济体仍需做强做大。这一领域竞争颇为激烈，民营企业如何做大做强仍需进一步政策激励。

2. 人才资源缺乏和配置错位

流量型经济发展需要大量科技类人才，目前这一领域整体资源错配，缺乏专业技术人才和产业应用人才。上海人才落户标准与这一领域需求存在错配，也不利于吸引人才。

三 上海民营企业发展"五型经济"面临的瓶颈与机遇

（一）新时期民营企业发展"五型经济"面临的瓶颈

1. 聚焦核心生产要素的政策力度还不够大

经过多年发展，上海拥有国内一流的营商环境，这是十分值得肯定的成绩。与此同时，上海高质量发展对政策、环境提出了更多要求。目前上海在人才、土地使用等方面聚焦核心生产要素的扶持政策力度不足，在激励创新、提升对创新失败的宽容度和促进科技成果转化方面仍有较大的改进空间。

2. 适应新经济新业态发展的制度规则体系需加快构建

国有企业对民营企业的挤出效应依然存在，在一些领域，民营企业难以享受与国有企业同等的政策待遇；没有形成一套完整、有机的促进民企发展的外部治理服务制度体系。积极促进民企健康有序发展的社会氛围还没有形成。

（二）上海民营企业促进"五型经济"发展面临的挑战与机遇

1. 新冠肺炎疫情下国际国内双循环中心节点为民营企业发展带来机遇

疫情扰乱了全球经济发展节奏，各国经济在波动中恢复，形势错综复杂。民营企业整体规模不大、具有"船小好掉头"的优势，有利于根据国际国内供求情况及时调整生产经营模式。与此同时，随着新冠疫苗接种率的提高，2023 年全球有望控制住疫情，各国生产生活逐步恢复；国际航空、国际海运也将恢复正常。这又加剧了市场竞争，增加供求不确定性。民营企业要尽快解决自身问题，把握住发展机遇，积极开拓国际市场，争取做强做大。

2. 推进长三角一体化深入发展，为民营企业发展拓展空间

2020 年美世（Mercer）发布的 2020 年全球生活成本排名中，上海排第 7 位、北京排第 10 位、深圳排第 13 位。高企的物价，不利于民营企业、人才落户上海。对于上海民营企业而言，降低经营成本的压力较大。与此同时，经过多年发展，长三角一体化成效显著，尤其是便捷的交通有利于该区域产业优势互补、协同发展，如企业生产总部设在长三角低成本地区，研发、管理等总部设在上海。为此，应进一步推动长三角高质量一体化发展，发挥上海、浙江、江苏和安徽各自的优势，降低企业经营成本，共同促进经济发展。

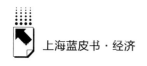

四 上海民营企业促进"五型经济"发展的政策建议

"五型经济"是基于中央对上海发展的战略定位、基于上海已有的产业基础及其城市秉性提出的新发展方向。经过多年努力,上海已经形成了国际国内一流的营商环境,在促进企业发展方面的激励政策不断完善和优化,有利于企业做大做强。在这一基础上,上海的民营企业抓住机遇、积极参与国际国内双循环市场,强品牌、拓市场,为发展上海"五型经济"做出更大贡献。

(一)激发民企源头活力,着力强健创新型经济的"心脏"

1. 进一步整合优化促进创新的政策体系

多年来,上海致力于"五个中心"建设,科技创新中心已有基本框架,但仍然缺少具有世界影响力的创新型龙头企业。"十四五"期间,新生代民营企业具有万众创新的澎湃动力,应扩大高企培育库规模、增加民企特殊人才落户名额等。科技工作者是科技创新的主体,要继续优化激励机制和学术环境,创造更有利于各类研发成果潮涌的良好生态,全面激发企业的创新创造活力。

2. 民营企业加大研发投入,提高专利数量和质量

民营企业应加大研发投入,形成更多专利技术。上海民营企业在研发费用投入方面整体水平提升。以上海 2020 年百强民营企业的数据为例,其中仅 1 家企业研发费用在 100 亿元以上,5 家企业为 10 亿~100 亿元,38 家企业为 1 亿~10 亿元,33 家企业低于 1 亿元。与 2018 年相比,2019 年研发费用占企业营业收入的比例为 2.06%,比上一年增长 0.09%。[①] 因此,为了在创新型经济发展中获得更多机遇,民营企业需要进一步加大研发投入。2019 年上海百强民营企业中,排前 20 名企业的专利数共计 17272 个,占比达到

---

① 上海市企业联合会百强企业课题组:《2020 上海民营百强企业发展报告》,《上海企业》2020 年第 10 期。

87.22%，专利高度集中。以上数据表明，上海民营企业在创新方面投入仍需进一步加大，以增强发展活力。

3. 优化产业布局，高水平打造产学研平台

产学研联合是激励创新的关键一环。在这一方面，上海民营企业与科研机构、高校、产业平台的合作仍有待进一步深化。上海在产学研方面具有供给端优势，需要进一步通过各区、产业园区、五大新城等建设，将创新成果及时进行孵化。通过打造新的价值链提升企业资产质量，增强创新发展实力，促进上海"五型经济"发展。

（二）放开放宽市场准入，着力培育民营企业的活力

1. 进一步优化营商环境，为民营企业发展提供更加平等开放的机会

上海以服务业为主的经济结构基本形成，在服务市场开放和服务领域放开中民企的独特优势：专业、高效、优质，拥有一大批不为人熟知的"隐形冠军"（如天马赛车场 VS 某国营赛车场）。应更大力度放宽市场准入条件。充分尊重市场规律，国有企业、外商投资企业、民营企业作为不同类型的市场主体，其经营特点不同。民营企业明显的特点是具有灵活性、创新性，为此，上海需进一步开放市场，发挥民营企业的"鲶鱼"效应，坚持"专精特新"发展，推动民营企业高质量发展，促进上海"服务型经济"发展。

2. 培育民营企业的产业价值链地位，提升品牌影响力

服务型经济重在辐射和赋能更广区域，关键看品牌。上海民营企业发展态势良好，一些企业已具有国际影响力，如携程；具有一定国内影响力包括喜马拉雅、美团点评等。政府应积极搭建平台，支持企业做大做强，提升上海民营企业总体辐射能力。通过政策引导和激励，促使民营企业加快研发更多的核心技术，增强核心竞争力，扩大品牌影响力。

（三）加大政策支持力度，着力厚植民营企业落户规模

1. 作为国内大循环布局的中心节点，做实民企总部服务中心

企业家是经济创新的主力军，要把激发企业家创新精神放在更加突出的

位置，为其干事创业提供更大的舞台和更优的环境。要提高各级领导干部的主动性、创造性，不断创新党领导经济发展的方式方法，真正适应新经济产业趋势，让政府在推进经济发展中发挥更好的作用。

2. 完善技术创新平台、创新服务平台，降低企业经营成本

总部型经济重在对产业链、供应链的掌控力，关键看头部企业。上海民营企业做大做强的过程中，控制经营成本是前提。通过充分整合、挖掘高校、科研结构等资源，搭建技术创新平台吸引科技类企业落户上海；进一步地，搭建创新服务平台，为企业发展提供全环节服务，有利于民营企业落户上海，并提升对全产业链、供应链的影响力。上海作为全球城市，处于国际国内双循环的中心节点，在拓展技术创新平台、创新服务平台的基础上，应促进民营企业发展，强化其对产业链、供应链的掌控力。

（四）加快基础设施建设，着力提升民营企业的国际化能力

1. 完善适应贸易新业态的规则体系，营造公平透明的制度型开放环境

如需要更多类似于"特斯拉速度"的成熟定型的规则上升至制度层面，需要不断增强开放型经济的制度优势。同时，对标 RCEP、中欧投资协定和 CPTPP 等，在知识产权、电子商务、国有企业等方面加大制度型开放力度，在跨境电商、共享经济、数字经济等新领域参与规则、标准等治理体系建设，形成更多"上海方案"和"上海标准"。及时助力民营企业融入"五型经济"发展。

2. 充分发挥上海引领开放的经验和优势，提升民营企业的产业联通性

"开放型经济"重在提升经济联通性，关键看通道。上海作为我国开放桥头堡，面对复杂多变的国际环境，积累了丰富的经验。对于极具灵活性的民营企业来讲，应充分吸取经验，抓住上海作为国际国内双循环的中心节点这一机遇，发挥其在全球产业链、供应链中的带动效应。为此，上海民营企业要主动拓展市场、积极与海内外企业开展合作，进一步提升自身竞争力。同时作为引领我国开放的示范区，上海应发挥更大作用，为我国其他地区提供制度创新案例。

（五）加强政策资金聚焦，拓宽民营企业发展流量型经济的通道

"十四五"期间，凭借着大数据、云计算、深度学习，民营企业加速构建新型经济型态具有先发优势，将成为驱动上海"五型经济"发展的关键力量。

一大批民营在线新经济流量平台茁壮成长，应强化对民营头部平台企业的政策聚焦、资金聚焦、服务聚焦，助力上海抢占流量时代入口。从国内来看，从沿海到内地全面开放的格局加速形成，新兴城市加快占据"数字经济"新赛道的制高点。上海应主动应对流量之变，积极做强流量型经济成为上海未来发展的新命题。在"十四五"开局之年，上海应打造强大的流量需求引力场。进一步深化改革创新，提供更便利的入口、平台、设施和通道，切实推进货物、资金、信息、人才等自由流动，促进国内外各类高端要素流量集聚。同时，提供高质量、巨能量的流量空间供给。打造更多更强的创新高地、人才高地、金融高地、数字高地，培育更具国际竞争力和影响力的平台、市场和企业，掌握更多标准、计量、规则等核心话语权，塑造不可替代、不可复制的功能优势。

上海市在激励企业创新方面采取了多项措施，从人才引进、财政补贴、税收优惠等方面给予政策支持。在政府提供的激励措施与企业获取信息方面仍然存在资源错配现象。接下来，要充分利用上海"一网通办"的优势，提供精准服务，提高资源配置效率，帮助企业提高创新整合能力。这是民营企业发展"五型经济"的关键所在。"五型经济"之间具有密切联系，是互相影响、环环相扣的状态。开放、创新是上海经济发展的核心取向，民营企业要着力发挥服务型经济和流量型经济已有优势，强化开放、创新，为"十四五"时期上海经济发展增创新优势。

参考文献

上海市企业联合会百强企业课题组：《2020 上海民营百强企业发展报告》，《上海企

业》2020 年第 10 期。

谭云清等：《上海民营企业创新现状、问题与对策》，《科学发展》2021 年第 10 期。

吴卫群：《上海新认定 129 家企业总部　三批民营企业总部达到 274 家》，上观新闻，2021 年 1 月 12 日。

B.12
上海五大新城建设与"五型经济"发展

李培鑫　李丽霞*

摘　要：　发展"五型经济"是上海五大新城增强城市新动能、提高城市
吸引力、提升城市辐射力，建成独立综合性节点城市的必然选
择。本报告分析了五大新城发展"五型经济"的现实基础和面
临的挑战，发现新城已经具备了一定的产业基础，各具特色的产
业体系初步形成，但是经济规模和人口规模并不具备显著优势，
还面临着人才、总部企业集聚不足，综合交通体系尚不完善，与
上海中心城区、近沪城市之间的竞争关系比较突出等挑战。为
此，本报告围绕不断优化人才发展环境、提升新城现代服务业能
级、促进总部企业集聚、打造线上和线下相结合的流量型经济平
台以及建设完善的综合交通枢纽等方面，提出了五大新城发展
"五型经济"的政策建议。

关键词：　五大新城　"五型经济"　上海

一　五大新城建设依托"五型经济"的必要性

"十四五"时期，上海对外面临着深刻复杂的全球发展环境，对内面临
着必须更好地发挥引领作用推动国内经济高质量发展和全面建设社会主义现

---

*　李培鑫，经济学博士，上海社会科学院经济研究所助理研究员，主要研究方向为区域与城市
经济；李丽霞，经济学博士，上海理工大学管理学院讲师，主要研究方向为区域与城市经济。

代化国家重要使命，为此，上海须通过自身高质量发展成为"国内大循环的中心节点、国内国际双循环战略链接"，更好地服务于长三角一体化区域发展。上海市"十四五"规划提出促进"新城发力"，将"嘉定、青浦、松江、奉贤、南汇"五大新城打造成具有较强自我循环能力和较高辐射能级的"独立综合性节点城市"。五大新城建设是上海优化城市空间功能布局，促进城市多中心发展，打造新的增长极，强化国际经济、金融、贸易、航运、科技创新中心的重要空间载体，同时也是上海更好地发挥长三角一体化辐射带动作用、增强辐射能级、加强与长三角城市联动发展的重要举措。

从"十五"时期的"一城九镇"到《上海市城市总体规划（1999年—2020年）》首次提出建设11个具有更强自主性的中等规模的"新城"，再到"十四五"时期的"独立综合性节点城市"，上海郊区城镇与中心城区之间的关系、发展定位以及承担的历史使命随着上海发展战略及其所处国内外环境变化不断调整，从单纯承接中心城区人口疏解到具有更强自主性的中等规模城市再到"十四五"时期的"独立综合性节点城市"，[1]"新城发力"要在强化上海核心功能、培育新的增长极的基础上更好地发挥与长三角城市联动发展并辐射带动长三角地区一体化发展的作用。这就要求新城发展必须具备自我循环功能，通过承接中心城区核心功能，打造独具特色的产业体系，建成"产城融合、功能完备、职住平衡、生态宜居、交通便利"、辐射带动能力强的独立的综合性节点城市。

新时期，发展"深度融入全球、创新内核高能"的开放型经济和创新型经济是上海经济体系的基本特征，"服务经济为主、总部高度集聚"的服务型经济和总部型经济是上海经济体系的重要组成部分，"流量高频汇聚"是上海经济发展的主要载体。[1] 而新城在强化自身的专业性功能特色的同时，要想成为上海新的增长极，必须对标更高水平、更高标准，形成高能级产业基础、完善基础设施和提高现代化城市治理水平，城市功能与上海中心城区相匹配。

---

① 《"流量"何以助力经济?》，澎湃新闻，2021年1月21日。

综上所述，五大新城要建成集聚百万人口、吸引高端人才、产业和科技基础雄厚、交通基础设施完善、公共服务配套设施齐全的人文之城、创新之城、生态之城、智慧之城，以及长三角城市联动的节点与上海新的增长极和战略支点，就要围绕各自的产业特色及其在长三角一体化中的功能定位发展"五型经济"，增强城市新动能、提高城市吸引力、提升城市辐射力。

二 五大新城发展"五型经济"的现实基础

自《上海市城市总体规划（1999 年—2020 年）》首次提出新城概念至今，五大新城人口规模和经济规模均有了显著的提升，也逐渐形成了具有特色的主导产业，城市功能、交通基础设施、公共服务设施等不断完善。本部分主要基于五大新城城市规模、经济密度、产业基础及其与毗邻县市和上海市其他区的比较，分析五大新城在发展"五型经济"中已经具备的基础。

（一）五大新城经济和人口规模

21 世纪以来，上海市五大新城经过 20 多年的发展，经济实力有了较大提升，城市人口规模不断扩大。如图 1 所示，从经济规模来看，五大新城所在的区①与周边县市相比，不具备显著优势，尤其是与百强县之首的昆山相比尚有较大差距。2020 年，与太仓、平湖、嘉善等毗邻县市相比，嘉定区的地区生产总值在五大新城中处于第一位，为 2488.4 亿元，但是仅为昆山的 58.18%，松江排名第三位，地区生产总值为 1637.11 亿元，略高于太仓，地区生产总值仅为昆山的 38.28%。青浦和奉贤的地区生产总值均低于太仓，略高于平湖和嘉善。从经济密度来看，嘉定经济密度超过了昆山，在所有 8 个县市区中排第一位，每平方公里的地区生产总值为 5.37 亿元，而昆山为 4.59 亿元/平方公里，松江、青浦、奉贤均高于太仓、平湖和嘉善。从人均地区生产总值来看，五大新城均显著低于昆山和太仓，松江和青浦是

---

① 由于尚没有五大新城的统计数据，这里所用的数据为五大新城所在区的数据。

8 个县市区中人均地区生产总值最低的。可见，无论从经济规模、经济密度还是从人均地区生产总值来看，五大新城均不具备显著优势，尤其是与昆山相比存在较大差距，而要建成独立的综合性节点城市，首先应该提高经济规模和经济密度。

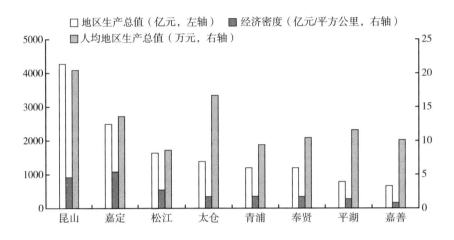

图 1　2020 年五大新城与毗邻县市地区生产总值对比

注：南汇数据缺失。

资料来源：笔者根据各县市"2020 年国民经济和社会发展统计公报"整理得到。

从人口规模来看，在毗邻县市范围内，五大新城所在区的人口规模和人口密度处于较高的水平。如图 2 所示，2020 年，嘉定、松江、青浦和奉贤的常住人口均超过了 100 万人，其中松江居五大新城之首，常住人口为 190.97 万人，但是常住人口规模还是低于昆山（209.25 万人）。从人口密度来看，嘉定在 8 个县市区中处于首位，达到了 3956.98 人/平方公里，松江居第二位（3158.43 人/平方公里），两市的人口密度均高于昆山市（2247.58 人/平方公里），此外，青浦和奉贤的人口密度高于平湖、太仓和嘉善。在上海市范围内，松江、嘉定、青浦和奉贤的总人口分别居于第 5、第 6、第 7、第 9 位，但是从人口密度来看，四大新城的人口密度仅高于金山和崇明，与 16 区的平均水平（12961 人/平方公里）相比尚有很大的差距。

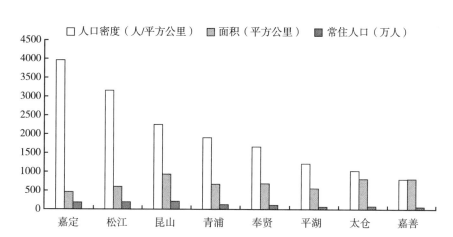

图2　2020年五大新城与毗邻县市人口情况对比

资料来源：笔者根据各县市"2020年国民经济和社会发展统计公报"整理得到。

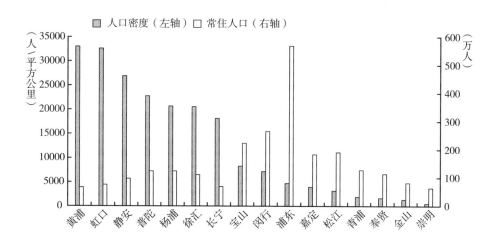

图3　上海市16区人口规模和人口密度对比

资料来源：笔者根据各区"2020年国民经济和社会发展统计公报"整理得到。

（二）五大新城产业发展现状

夯实产业基础，实现产城融合、以产带城是五大新城建设独立的综合性节点城市的基础。"十三五"时期以来，五大新城坚持规划引领、高质量发展理念，城市功能、城市面貌、公共服务不断完善，产业能级不断提升，各具特色的产业体系初现雏形。

嘉定新城已成为国内首屈一指的汽车产业高地，世界级汽车产业中心核心承载区建设稳步推进，并初步形成了"以汽车产业为支撑、以高端制造和电子商务为特色的产业体系"。[①]"十三五"时期嘉定新城重点推进的四大新兴产业集群（集成电路及物联网、新能源汽车及汽车智能化、高性能医疗设备及精准医疗、智能制造及机器人）快速增长。2020年，嘉定新城规模以上工业总产值达到了5341.7亿元，战略性新兴产业产值为1227.7亿元，占到全区规模以上工业总产值的比重为23.0%，四大新兴产业产值占全区规模以上工业总产值的比重为15.4%。区内企业集聚度不断提升，嘉定新城累计集聚了7.4万家企业（工商登记企业），其中高新技术企业1834家。此外，嘉定新城打造了数个高能级的产业平台，包括上汽大众MEB工厂、全球首个5G智慧交通示范项目、国家智能传感器创新中心等。[②]

松江人文之城、科创之城建设初显成效，依托G60科创走廊，聚焦人工智能、集成电路、生物医药、智慧安防、新能源、新材料等"6+X"战略性新兴产业，逐步打造具有世界影响力的先进制造业集群，先进制造业成为松江新城经济高质量发展的重要引擎，以"高端产业为引领、先进制造业为根本、现代服务业为保障的经济发展格局"初步形成。[③] 松江新城科技影都建设稳步推进，影视产业链逐步完善，世界级的影视产业集群正在加快建设。2020年，松江区地区生产总值达到了1637.11亿元，规模以上工业总产值4072.65亿元，其中战略性新兴产业贡献了29.0%。区内集聚了1755家高新技术企业，其中，累计上市挂牌企业408家，上市企业29家，集聚了6900多家影视文化企业。此外，松江新城发展动能强劲，多个高能级的产业平台相继落地，包括大学城双创集聚区、总部研发功能区、科技影都、经开区西区、经开区东区、松江综合保税区、智慧物流功能区等7个功

---

① 《嘉定新城"十四五"规划建设行动方案》。
② 《上海市嘉定区国民经济和社会发展第十四个五年规划和二〇三五年远景目标纲要》。
③ 《上海市松江区国民经济和社会发展第十四个五年规划和二〇三五年远景目标纲要》。

能区，以及"恒大新能源汽车、腾讯长三角 AI 超算中心、上海超硅半导体、复宏汉霖、海尔智谷"等先进制造业重大项目。

青浦新城以服务"进口博览会"和"长三角一体化发展"两大国家战略为契机，深入推进"三大两高一特色"产业体系加快构建，围绕"大物流、大会展、大商贸、高端信息技术、高端智能制造、文旅健康产业"，已经形成了千亿级快递物流产业集群，软件信息业、金融服务业以及商贸业加快发展。2020 年，青浦区地区生产总值达到了 1194.01 亿元，三次产业结构为 0.5∶34.3∶65.2（2020 年第三季度），实现规模以上工业总产值 1590.89 亿元，战略性新兴产业产值 392.38 亿元，快递物流业（2019 年）业务收入达 1013 亿元，占上海市的 78.6%。就市场主体而言，集聚了 147009 家企业，其中，战略性新兴产业（制造业部分）企业 160 家，市科技小巨人（培育）企业 119 家，高新技术企业 637 家，总部企业 31 家。[①] 同时，松江新城拥有以长三角一体化示范区（上海）金融产业园、产值超千亿元的松江工业园区、大型战略性新兴产业园区、市西软件园、青浦综合保税区、北斗产业园等为代表的多个高能级产业平台，能够为新城发力提供持续的强劲动能。

奉贤新城在"十三五"时期立足"东方美谷"和"未来空间"两大引擎，逐步形成了特色鲜明的产业体系，化妆品、生物医药、医疗器械、智能制造[②]等产业的品牌效应逐步显现，并正在围绕奉贤新城（南桥）智能网联新能源汽车核心技术创新承载区，打造智能网联新能源汽车"未来空间"。2020 年，奉贤地区生产总值达到了 1190 亿元，东方美谷产业规模达到了 693 亿元，集聚了 1350 家高新技术企业和 283 家上市和挂牌企业，以及 139 家科创型企业。在产业平台方面，东方美谷核心区、临港南桥智行生态谷、奉贤化工新材料园区、临港新片区生命科技产业园为奉贤新城产业发展提供了高能级创新平台，同时，每年定期举办的"东方美谷国际化妆品大会"

---

① 《上海市青浦区国民经济和社会发展第十四个五年规划和二〇三五年远景目标纲要》以及《2020 年上海市青浦区国民经济和社会发展统计公报》。
② 《奉贤新城"十四五"规划建设行动方案》。

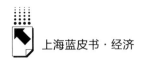

为新城带来了源源不断的流量。此外，上海奉贤智能网联汽车特殊场景道路测试区为未来空间的打造提供了重要的平台。

南汇新城是"中国（上海）自由贸易试验区"临港新片区的主城区，同时也是临港新片区建设特殊经济功能区和现代化新城的核心承载区。相较于其他四大新城，南汇新城自 2019 年临港新片区成立以来才进入加速发展期，主要聚焦"智能新能源汽车和高端装备制造"，加快打造产业集群，并将集成电路、人工智能、生物医药、民用航空等前沿产业作为主攻方向，积极推进现代服务业发展。2020 年，南汇新城实现工业总产值 1613.3 亿元，并启动建设滴水湖金融湾。

三 五大新城发展"五型经济"面临的挑战

五型经济发展的关键包括人才的智力支撑、头部企业的引领带动、综合交通体系的保障等诸多方面，而从五大新城的发展现状来看，仍面临着人才和总部企业集聚不足、综合交通体系有待完善等约束。此外，如何处理好与上海中心城区以及近沪城市之间的关系也是五大新城面临的重大挑战。

人才集聚不足，尤其缺乏对高端人才的吸引力是五大新城面临的最大约束。习近平总书记指出，创新驱动实质是人才驱动。人才是发展"五型经济"尤其是创新型经济的关键，而国际一流水平的战略科技人才和全球科技领军人才以及高水平的创新团队是引领经济高质量发展的内生动力。当前五大新城尚没有建立起符合城市发展定位的人才体系，缺乏具有吸引力和竞争力的人才引进和激励政策，人才发展环境与中心城区相比缺乏竞争力，导致对高层次人才的吸引力不足，包括突破相关产业关键核心技术的领军人才、创新创业人才、卓越的企业家以及各类金融人才，缺乏能够引领产业创新发展的产业人才队伍，以及有助于提升城市现代化治理水平的城市发展人才等。此外，缺乏完善的人才创新创业服务体系，人才生活环境有待优化，住房服务、子女入学、就医环境等方面的配套制度尚不完善。还需进一步营造良好的创新环境和宽容的科研环境，在人才培养、人才使用以及人才成长方面缺乏相应的制度保障，缺乏鼓励创新、支持创新的相关政策和制度保障。

总部企业集聚不足，从五大新城总部型经济的发展现状来看，单从总部企业的数量来看，尚没有形成集聚优势，且已有的总部企业在产业链、价值链和创新链所处的位置并不高。此外，总部型经济不等于总部经济，总部型经济是对习近平主席提出的"发展更高能级的总部经济"的深化和拓展，"发展总部型经济"的关键是根据本地的产业资源特色，集聚包括创新型企业、科技企业的各类总部企业和机构，从而占据相关产业链和价值链的优势地位，提高在全球资源配置中的影响力和控制力。而从发展现状来看，五大新城对大型企业总部缺乏吸引力，营商环境尚不能够支撑企业总部发展，如公共服务基础设施有待完善，没有联通内外的综合性交通体系，教育、医疗以科研院所等公共服务设施数量不足、质量不高，博物馆、美术馆、剧院等文化设施供给不足，如五大新城对大型剧院、美术馆、博物馆、音乐厅、科技馆、图书馆等的需求严重依赖于市中心。

外联内通的综合交通体系不够完善。发展五型经济是五大新城发挥独立综合性城市的节点作用，对内作为上海的增长极为经济发展提供新动能，对外作为长三角的节点城市发挥辐射带动作用。在此过程中，高效便捷地连接上海中心城区和长三角其他城市以及五大新城的综合性交通体系，是促进城市间要素流动和为五大新城带来源源不断的资金、信息、知识、技术、人才等流量的重要基础。然而从当前的发展现状来看，"五大新城"仅有松江和嘉定有高铁站，高铁运量总体水平不高，与毗邻的昆山、嘉善市县等相比缺乏竞争力。就五大新城与上海中心城区的交通联系而言，嘉定、松江、青浦、奉贤、南汇分别依赖于 11 号线、9 号线、17 号线、5 号线、16 号线，线路较长、停靠站点较多，导致通勤效率较低。此外，尚没有直接连接五大新城的轨道交通体系。

五大新城还面临着处理好与上海中心城区、近沪城市之间关系的挑战。与国际最高标准和最好水平相比，上海城市综合实力以及国际影响力、竞争力和全球要素资源配置能力还亟待加强，须进一步加强五大中心的建设，大力发展"五型经济",促进资源要素高度集聚。而五大新城要建成为独立的综合性节点城市,促进人才、资本、知识、技术、企业等各类要素的集聚是前提也是基础,并且在此过程中,面临着如何与中心城区之间协调资源配置的问题。因此,五大新城应促进产业和功能的空间布局优化,并作为上海五大功能的核心承载区与中心城区功能互补,助力上海核心功能的建设是五大新城在发展中应该坚持的方向。此外,接收上海的辐射带动效应,吸引更多的优质资源要素流入是近沪城市发展动力的重要来源,从经济规模、发展基础、城市功能等方面来看,五大新城与昆山等地相比尚有一定差距。五大新城面临着如何处理好与近沪城市之间关系的问题。因此,五大新城需要进一步增强城市能级,更好地发挥长三角一体化节点和门户枢纽作用。

四 对策建议

五大新城发展"五型经济",必须以人才为依托、总部企业为引领、现代服务业为引擎、平台为基础、交通为保障,不断优化人才发展环境、提升新城现代服务业能级、促进总部企业集聚、打造线上和线下相结合的流量型经济平台以及建设完善的综合交通枢纽。

一是进一步优化人才发展环境,强化各类人才集聚。通过制定完善的人才政策、良好的人才发展环境等进一步壮大与新城产业经济社会发展相适应的人才队伍。聚焦人才引进、人才培育、人才激励、人才评价等方面,制定更有效的人才政策,围绕住房、落户、社会保障、子女入学、配偶就业等制定更加有吸引力的人才引进政策;围绕科技成果使用、收益分配、绩效工资等环节实施更加有效的人才激励政策;加大对各类人才的创新投入,通过财政资金支持或者设立创新创业基金对基础性研究和前沿领域技术研发以及成果转化给予资金支持;优化人才评价体系,"健全以创新能力、质量、实效、贡献为导向的科技人才评价体系",减少对科研人员科研管理、科技成果使用、科研经费支配的行政干预,尤其是提高科研经费的使用效率,引入与国际接轨的市场化的科研评价体系,设置合理的科研成果评价周期,避免短期化和频繁、重复的科研评价使得科研人员疲于应付,注重过程和结果评价,建立分类评价体系,对不同学科领域、不同岗位的科技人才设置不同的评价标准。

二是进一步提升现代服务业能级,促进生产性服务业、公共性服务业以及消费性服务业协调发展,使服务业成为经济增长的新引擎,这不仅是吸纳更多的就业人口、实现百万人口城市规模目标的要求,同时也是增强新城城市发展动能的现实需要。具体地,以提升服务业自主创新能力为目标推动服务业创新发展,加强新一代信息技术在服务业领域的应用,推动服务业的数字化、智能化、自动化转型,创新应用场景,不断培育新业态新模式,坚持在线新经济的引领带动作用,结合五大新城特色产业,推动科技、文化信息、商贸等产业加快发展。促进服务业与其他产业尤其是先进制造业的融合发展,大力发展生产性服务业,推动生产性服务业专业化、高端化发展。具体而言,嘉定新城可以围绕汽车产业,聚焦企业研发服务业,打造汽车专业化公共服务平台;松江新城加快打造国家级先进制造业和现代服务业深度融合发展示范区;南汇新城通过打造现代服务业开放区促进新型国际贸易、跨境金融服务、现代航运服务、科技创新服务、数字信息服务等的发展;青浦新城进一步围绕会展服务、快递物流等推动现代服务业快速发展;奉贤新城聚焦美丽健康和智能网联汽车,大力促进生产性服务和先进制造业融合发展。

三是培育和吸引主导产业部门的国内外地区和全球总部,打造专业化的总部企业集聚区,增强资源配置能力。具体地,通过打造平台、制定政策、优化营商环境等大力发展总部型经济。首先,打造专业化的总部企业集聚区,构筑总部型经济发展平台,与上海中心城市综合型的中央商务区(CBD)总部经济集聚区相区别,五大新城应依托已有的产业园区,通过提升产业园区的配套设施、完善政策制度、优化营商环境等,提高园区对新城主导产业国内外总部企业、行业协会、国际组织的吸引力,打造嘉定新城汽车总部企业、松江影视文化企业、青浦物流会展企业、奉贤化妆品和生物医药企业、南汇智能新能源汽车和高端装备制造业集聚区,通过总部企业带动园区内其他企业产业链、价值链升级，打造相关特色产业的增长极。此外，大力发展平台型总部经济，推动新一代信息技术与五大新城主导产业的深度融合发展，通过物联网、大数据、人工智能等赋能传统经济转型升级，打造基于数字技术、依托"互联网"等新型基础设施的总部经济平台，形成与上海中心城区中央商务区的总部经济差异化的发展模式。其次，通过建立完备的政策支持和完善的公共基础设施等打造适合总部企业发展的营商环境，主要围绕打造公平公正的竞争环境、便捷高效的法治环境、规范的市场秩序等目标，推动跨国公司立法、商事制度改革，在此基础上，进一步提升公共服务基础设施水平，构建国际一流的营商环境。

四是通过打造线上和线下相结合的流量型经济的平台载体提高对人才、资本、技术、知识以及数据、人工智能等传统流量和新型流量的吸引力，进而提升新城在资源配置中的节点作用和吸引力。一方面，提升传统线下流量型经济发展能级，大力发展现代商贸业，着力激活消费市场活力、优化消费环境、引领消费结构升级，对标五角场等城市副中心，打造地标性的具有特色的购物商圈和商业街区；与此同时，推动新一代信息技术赋能传统线下经济发展，推动互联网、大数据、人工智能等与传统商贸业融合发展，挖掘更多的新型商业形态。另一方面，大力发展在线新经济打造线上流量型经济平台，加快建设政务服务"一网通办"和社会治理"一网统管"基础支撑平台，以及大数据、云服务、新一代高性能计算设施、大规模人工智能计算与赋能平台等数字化基础设施，聚焦工业互联网、远程办公、在线文娱、电商零售、无接触配送、在线教育、新型移动出行、在线研发设计等领域，积极引进、培育、发展在线新经济企业、新型在线平台企业，积极培育数字化解决方案服务商，助力与在线经济相关的企业实现数字化转型以及产业互联网发展。此外，更为重要的是，加快发展能够带来人流、增加新城影响力和吸引力的文化体育旅游等产业，建设高水平的文化体育基础设施、引入重大项目，如松江推动上海科技影都综合城市功能完善，打响上海科技影都品牌，嘉定以南翔动漫游戏产业为支撑打造全国知名的动漫游戏和电子竞技平台，并进一步提升江南历史文化名城的影响力，奉贤升级发展文体旅节会展演赛，提升上海奉贤大地艺术节、上海庄行伏羊节、奉城庙会、东海梵音等品牌活动的影响力，青浦通过举办顶级体育赛事、做强青西户外运动产业链等发挥体育产业的拉动效应。

五是建设完善的综合交通枢纽。建成交通枢纽节点城市，形成连接长三角、新城之间相互串联的高效快捷的交通体系是五大新城发挥长三角地区节点和上海增长极作用的重要基础，同时也是发展五型经济的重要保障。首先，规划建设五大新城与长三角城市尤其是近沪城市之间的城际铁路。具体地，嘉定依托安亭枢纽和嘉定北枢纽全力打造嘉定新城枢纽，依托京沪高铁、沪宁城际铁和沪苏通铁路，提升安亭北站和安亭西站的能级，嘉定北枢纽依托沪苏通铁路和沿江高铁站做好相关站点的规划布局；青浦依托沪苏嘉城际、嘉青松金线全力打造青浦新城枢纽；松江新城依托沪苏湖铁路、沪杭城际和沪昆高速铁路促进松江枢纽的服务功能升级，加强对长三角地区的交通辐射效应；奉贤依托沪乍杭铁路积极促进奉贤站的规划建设，打造区域性交通枢纽；南汇依托浦东枢纽、沪乍杭铁路、沪苏通二期和南枫线的建设全力打造四团枢纽。其次，增强与市中心的交通联系。在提升现有城郊轨道交通运行效率的基础上，研究制定直达中心城市的快速轨道交通方案。具体地，嘉定依托 11 号线和嘉闵线、嘉闵线北延伸以及 14 号线等增强与市中心的联系，青浦依托 17 号线以及沪苏嘉城际、嘉青松金线的规划建设等打造"米"字形轨道交通网络，松江依托 9 号线以及规划假设的嘉青松金线、东西联络线、12 号线延伸等增强与中心城、浦东枢纽的轨道交通联系，奉贤依托 5 号线和规划建设的 15 号线南延伸、南汇依托 16 号线等加强与中心城的快速轨道交通联系。最后，通过打造快速轨道交通网络加强五大新城之间的交通联系。

参考文献

王丹、彭颖、柴慧、谷金、郑露荞：《上海五大新城打造独立综合性节点城市研

究》，《科学发展》2021 年第 149 期。

林华、范宇、王世营：《建设面向未来的综合性节点城市——上海新一轮新城发展战略研究》，《上海城市规划》2021 年第 4 期。

王振：《五大新城发力构建上海城乡融合发展新格局》，《上海农村经济》2021 年第 4 期。

王增文、陈玉成、胡国恒、陈耀锋：《服务业结构优化与服务型经济建构》，《中国软科学》2021 年第 8 期。

张武晴：《上海构建国际一流总部经济生态圈的关键及建议》，《科学发展》2020 年第 7 期。

B.13
后　记

　　《上海经济发展报告》已走过 23 个年头。它紧抓上海经济发展形势，跟踪、观察上海经济运行轨迹，从理论高度总结上海经济发展实践经验，展望上海经济发展前景，较全面地反映上海经济发展总体状况及当年经济运行的特点、难点和重点。它是上海社会科学院经济研究所青年科研人员成长的学术平台之一，促使科研人员更加关注现实问题，以自己的知识为上海经济建设和经济发展服务，同时其自身也在鲜活的现实生活中汲取营养、获得智慧和启迪。它也是上海社会科学院蓝皮书成果品牌的重要组成部分。

　　"十四五"期间，上海将进一步强化全球资源配置功能、科技创新策源功能、高端产业引领功能、开放枢纽门户功能"四大功能"和全球经济、金融、贸易、航运、科技创新"五个中心"建设，优化经济发展格局，推动经济高质量发展。对此，要"牢牢把握国际大都市经济的特征和优势，加快发展服务经济为主、创新内核高能、总部高度集聚、流量高频汇聚、深度融入全球的经济形态"，以"五型经济"即创新型经济、服务型经济、总部型经济、开放型经济、流量型经济的发展作为重要的抓手和载体。在此背景下，课题组把《上海经济发展报告（2022）》的主题确定为"聚焦'五型经济'发展"，通过资料整理、实地调研、数据分析和客观评判，从多个角度对上海"五型经济"的发展逻辑、现状、不足与优化建议进行了探讨，并从上海科创板建设、新型研发机构发展、医疗和健康产业发展、自贸区建设、新型电商平台和人工智能发展等视角切入对具体各类型经济形态发展进行了分析，同时结合上海民营经济发展和五大新城建设现状分析了"五型经济"的推进路径和载体。

　　在《上海经济发展报告（2022）》付梓之际，课题组真诚地感谢支持本

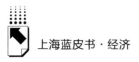

书出版的上海社会科学院领导和院科研处等相关部门负责人,感谢为本书的写作和出版付出辛勤努力的所有研究和工作人员。另外感谢李培鑫博士在本书统稿过程中所付出的时间和精力。

沈开艳

2021 年 11 月

Contents

Ⅰ General Reports

Abstract: In 2021, Shanghai rebounded more than expected, showing the characteristics of rising first and then falling; The service economy is still the "ballast stone" for the steady economic growth of Shanghai. New economy leads industrial economy to improve quality and efficiency; Modern service industry strongly promotes the recovery growth of service industry; Shanghai's five-type economy has maintained a good momentum of growth. Shanghai's GDP is expected to grow by 7.9 percent in 2021. In 2022, the impact of the epidemic will be further reduced, and Shanghai's economic operation will be basically stabilized. Growth will return to the normal track and converge to a new normal of around 5.5%. In 2022, we will continue to step up efforts to ensure the stability of the economy, implement the six-pronged policy, and ensure sound and steady economic growth. In particular, we will work hard to smooth out economic fluctuations that may occur after the base number and policy effects are phased out, and defuse "risk pressure" in the five areas.

Keywords: Shanghai Economy; Exogenous Shock; "Five Type of Economy"

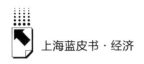

B.2 The Development of "Five Types of Economy" in Shanghai:
Logic, Situation and Suggestions

Lei Xinjun, Zhang Xiaodi and Zhang Shen / 010

Abstract: "Five Types of Economy" is an important content of Shanghai's 14th Five Year Plan, which would help Shanghai to become the central joint of domestic economic cycle as well as the strategic link of domestic and foreign dual circulation. As the inherent economic types with advantages, which would also be improved, "Five Types of Economy" have achieved good accumulations and have outstanding performance on factors gathering, innovative research and development, service radiation, circulation and open-up, resource allocation and so on. At present, with the background of "changes unseen in a century", which means the profound changes in domestic and international situation and industry, in order to further promote the development of "Five Types of Economy", Shanghai should be based on its important opportunities that includes "internet plus" cultivation, infrastructure construction, system and mechanism optimizing, human and intelligence resources gathering, cultivate innovation strategy source capability, brand influence, controlling ability of industry chain and supply chain, connectivity ability of global value chain, value-added chain of factors efficient fluxion by focusing on innovation, thereby making the over-all improvement of Shanghai's city-level and global influence come true.

Keywords: Five Types of Economy; City-level; Innovation; Global Influence

Ⅱ Innovative Economy Reports

B.3 Current Situation and Prospect of Sci-tech Innovation Center
Building in Shanghai based on STAR Market   *Wu You* / 031

Abstract: Shanghai's construction of science and technology (Sci-tech)

innovation center with global influence, Shanghai Stock Exchange's establishment of STAR Market and pilot registration system, which are two major tasks entrusted to Shanghai in new era. At present, the basic framework system of Shanghai Sci-tech Innovation Center has been established, the number and quality of Sci-tech Innovation have achieved "double improvement", Sci-tech innovation capacity has been greatly improved, and the ecological environment for Sci-tech innovation has been significantly improved. How to grasp the strategic opportunity of establishing Sci-tech innovation board in Shanghai, push the construction of Sci-tech innovation center into the fast lane, and then realize the joint development of Shanghai's "two centers" has become a major topic of political and academic attention. Therefore, this paper first reviews the basic situation of the construction of Shanghai sci-tech innovation center. Then, this paper sorts out the basic situation and evaluated the status quo of the STAR Market. The research finds that the STAR Market has broadened financing channels, supplemented development funds, improved innovation incentives, standardized corporate governance, and opened up the innovation capital chain for Shanghai sci-tech enterprises. However, there are still weak links needed to be improved, such as the regulation system, cultivation mechanism and financing system. Finally, optimization measures are put forward from the rules of STAR Market, financing system of sci-tech innovation enterprises and transformation of innovation achievements, so as to further exert the traction role of STAR Market and promote Shanghai to be built into a sci-tech innovation center with global influence.

Keywords: Shanghai; Sci-tech Innovation Center; STAR Market

B.4 Research Report on New R&D Institutions of Public

Institutions in Shanghai   *Zhang Yuan*, *Zhang Bochao* / 050

Abstract: New R&D institutions are the product of scientific and technological revolution and industrial reform. They are of great significance for revitalizing innovation resources, realizing the organic reorganization of innovation chain and accelerating the construction of Shanghai Science and innovation center. Among all types of R&D institutions, the new R&D institutions of public institutions in Shanghai still face the bottleneck of system and mechanism and need to break through, which is mainly reflected in their "four more and four less" in human, financial, material and management. Based on the development experience of domestic new R&D institutions, this paper puts forward useful suggestions for the development of new R&D institutions of public institutions in Shanghai. It is suggested that Shanghai should focus on the development pain points and blocking points of such institutions, speed up the improvement of the top-level design that gives research institutions full autonomy, so as to further release the advantages of system and mechanism, improve the efficiency of innovation system Stimulate scientists' innovative vitality and provide an important driving force.

Keywords: New R&D Institutions of Public Institutions; Scientific and Technological Innovation; Global Science and Innovation Center; Shanghai

Ⅲ Service-oriented Economy Reports

B.5 Study on the Current Situation, Challenges and Countermeasures of medical institutions opening to the outside world in Shanghai

Zhou Ting, Liu Yubo and Zhang Guoliang / 062

Abstract: In recent years, the central government and Shanghai municipal government have continuously issued documents to speed up the opening-up of the health services industry, providing strong opening-up policy support. This paper analyses the opening-up characteristics of Shanghai health institutions from the aspects of ownership structure, regional distribution, institution types and patient sources, and analyzes the opening-up advantages and opportunities of Shanghai in terms of huge potential consumer market, strong medical technical support and superior internal and external systems. Subsequently, this paper discusses the bottlenecks and challenges faced by Shanghai's foreign health institutions in terms of the negative impact of COVID-19, the bottleneck of talent development policy, the barriers to market access and development and operation system, and finally puts forward corresponding countermeasures and suggestions.

Keywords: Foreign Funded; Health Institutions; Opening up to the Outside World; Health Services Industry

B.6　The Study on the Development of Shanghai's Great Health Industry Promoted by the New Digital Technology

Liu Feng / 089

Abstract: The digital new technology transformation represented by the Internet, Big Data, Artificial Intelligence, Blockchain, Cloud Computing and the Internet of Things has accelerated the business integration, model innovations and structural reconstruction, and has become a new engine and new momentum to promote the development of Shanghai's great health industry. This paper mainly pays attention to the following three problems. Firstly, this paper analyses the current situation, characteristics, problems, challenges and opportunities of the Shanghai's great health industry development which is promoted by the new digital technology. Secondly, this paper discusses the development trend of the new digital technology application in Shanghai's great health industry. Finally, relevant policy suggestions are made for the challenges and problems faced by data security and fairness, big health industrial structure and big health matching.

Keywords: GreatHealth Industry; Digital Technology; Current Characteristics; Opportunity and Challenge

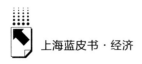
IV   Open Economy Reports

B . 7   Analysis of Open Economy Development in Shanghai Under the
New Development Paradigm

Chen Jianhua , Guo Wangyuerui / 112

Abstract: Since the development and opening of Pudong, Shanghai's
economic and social development has entered a new stage. As the vanguard of
China's reform and opening up and the pioneer of innovative development,
Shanghai continues to develop an open economy, improves economic production
efficiency, and promotes the rapid development of the economic and social
development of Shanghai and the Yangtze River Delta. As our country enters the
construction of a "dual circulation" development pattern in which domestic
economic cycle plays a leading role while international economic cycle remains its
extension and supplement, the functions and forms of Shanghai's opening to the
outside world will be upgraded and developed accordingly. Shanghai will play a
better role in promoting the growth of China's domestic demand, promoting the
development of new types of consumption, improving China's technological
innovation capabilities, and promoting the upgrading of the industrial structure in
the Yangtze River Delta. Based on the market and resources of the Yangtze River
Delta, Shanghai will continue to play its role as the first city in the Yangtze River
Delta, promote the optimal allocation of resources, and improve the global resource
allocation function. In the next stage, Shanghai will rely on the advantages of the
domestic super-large-scale market, with the integration of the Yangtze River Delta
region, the construction of the Pudong Socialist Leading Area, and the Shanghai
Free Trade Zone to promote Shanghai's economic transformation and innovation-
driven development, and further promote Shanghai to a higher level open economy.

Keywords: The New Development Paradigm; Open Economy; Innovation
Driven; Shanghai

Abstract: This chapter aims to summarize the achievements of institutional innovation since the establishment of Shanghai Pilot Free Trade Zone and Lin-gang Special Area. Then compare them with the high-standard economic and trade rules of CPTPP to find out the gap between the economic and trade rules of Shanghai Pilot Free Trade Zone and Lin-gang Special Area and the standards of CPTPP. In order to promote all-round and high-level opening-up in deeper and wider fields with greater efforts, and to accumulate experience for China's accession to the CPTPP in the future, we need to benchmark various high-standard rules of the CPTPP, try first, increase pressure testing, and comprehensively expand from factor based opening to institutional opening, take the lead in establishing a new open economic system interconnected with international prevailing rules.

Keywords: Shanghai Pilot Free Trade Zone and Lin-gang Special Area; CPTPP; Institutional Opening

V Flow Economy Reports

Abstract: The development of Shanghai brand economy started early and has made some achievements, but there are still bottlenecks for further development. New e-commerce platforms are decentralized and rely on private traffic. Shanghai has formulated a number of incentive policies to support new e-commerce platforms, while promoting the rapid development of local new platform economy through " May 5 Shopping Festival" and other ways. Through continuously innovating business models, polishing old brand, promoting its own brand construction and taking the initiative to assume social responsibility, the representative of the new e-commerce platforms Hemaxiansheng continuously enhances the brand value, and extends brand effect to other enterprises and industries to form good social effects. So far, it has played a good demonstration and promotion role in the construction of Shanghai brand economy. In future, Shanghai should vigorously support new electric business platform for enterprises to carry out technology research and development and forms mode innovation, speed up the new e-commerce platforms operation rules, strengthen personalized support policy, support the old brands and its own brands, strengthen the financial support and talents to encourage the development of new e-commerce platforms.

Keywords: New E-commerce Platform; Brand Economy; Hemaxiansheng

B.10   Research on Digital Transformation Empowered by High

quality Development of Artificial Intelligence in Shanghai

Xie Ruoqing / 174

Abstract: 2021 is the first year of the 14th five-year plan. At the intersection of starting a new journey of building a socialist modern country and marching towards the Second Centennial Goal, Shanghai comprehensively promotes the urban digital transformation. Artificial intelligence is an important driving force for the new round of scientific and technological revolution and industrial reform. It is one of the three leading industries which Shanghai focuses on in implementing the national strategic deployment. Since 2017, Shanghai has developed artificial intelligence industry on top-level design, action plan, talent training, ecological construction and governance system, to build a "Shanghai Highland" of artificial intelligence. In January 2021, Shanghai issued the policy on comprehensively promoting Shanghai's urban digital transformation. This paper discusses the role of artificial intelligence in promoting the digital transformation of Shanghai from three aspects: building an intelligent digital base, improving the supply of intelligent products and deepening the empowerment of intelligent applications. What's more, by discussing the possible problems in the digital transformation of AI, this paper puts forward corresponding policy suggestions of the high-quality development of AI in Shanghai.

Keywords: Artificial Intelligence; Digital Transformation; High Quality Development; Shanghai

Ⅵ   Enterprise and Space Carrier Reports

B. 11   Research on the Development of Private Enterprise to Promoting "Five-type economy of Shanghai in the new era
Chen Mingyi / 193

Abstract: Shanghai economy is a typical innovation-oriented economy, service-oriented economy, open economy, headquarters economy and flow economy, namely "five-type economy". In the complex situation of global economic recovery, strengthening and optimizing the "five-type economy" is an effective way for Shanghai to improve the city's energy level and core competitiveness and build the "five centers". In the international and domestic double circulation node, as the new force of Shanghai's development of "five-type economy", private enterprises seize the opportunity to develop high-quality, to promote the development of Shanghai's "five type economy" has very important strategic significance. This report analyzes the advantages of private enterprises in Shanghai to develop the "five-type economy", points out the existing problems and bottlenecks, and give some suggestions of private enterprises in Shanghai to promote the development of the "five-type economy" from the government level, social level and enterprise level.

Keywords: Private Enterprise; Innovate; Online New Economy

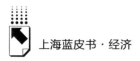

B.12 The Construction of the Five Major New Cities of Shanghai and the Development of Five-type Economy

Li Peixin, Li Lixia / 211

Abstract: The development of five-type economy is the inevitable choice for the five major new cities of Shanghai to promote economic development, increase attractiveness, expand radiation, and build an independent comprehensive node city. This paper analyzes the foundation and challenges of the five major new cities to develop the five-type economy, and finds that the new cities have already possessed a certain industrial foundation and initially formed a distinctive industrial system. However, the economic and population scale of the five major new cities are relatively small, the concentration of talents and headquarters is not enough, and the transportation infrastructure needs to be improved. Finally, policy recommendations are put forward for the five major new cities to develop the five-type economy from continuously optimizing the talent development environment, developing modern service industry, promoting the agglomeration of headquarters, creating a flow economy platform combining online and offline, and building comprehensive transportation hub.

Keywords: Five Major New Cities; "Five-type Economy"; Shanghai

皮 书

智库成果出版与传播平台

✤ 皮书定义 ✤

皮书是对中国与世界发展状况和热点问题进行年度监测，以专业的角度、专家的视野和实证研究方法，针对某一领域或区域现状与发展态势展开分析和预测，具备前沿性、原创性、实证性、连续性、时效性等特点的公开出版物，由一系列权威研究报告组成。

✤ 皮书作者 ✤

皮书系列报告作者以国内外一流研究机构、知名高校等重点智库的研究人员为主，多为相关领域一流专家学者，他们的观点代表了当下学界对中国与世界的现实和未来最高水平的解读与分析。截至2021年底，皮书研创机构逾千家，报告作者累计超过10万人。

✤ 皮书荣誉 ✤

皮书作为中国社会科学院基础理论研究与应用对策研究融合发展的代表性成果，不仅是哲学社会科学工作者服务中国特色社会主义现代化建设的重要成果，更是助力中国特色新型智库建设、构建中国特色哲学社会科学"三大体系"的重要平台。皮书系列先后被列入"十二五""十三五"国家重点出版规划项目；2013~2022年，重点皮书列入中国社会科学院国家哲学社会科学创新工程项目。

基本子库
SUB DATABASE

中国社会发展数据库（下设 12 个专题子库）

紧扣人口、政治、外交、法律、教育、医疗卫生、资源环境等 12 个社会发展领域的前沿和热点，全面整合专业著作、智库报告、学术资讯、调研数据等类型资源，帮助用户追踪中国社会发展动态、研究社会发展战略与政策、了解社会热点问题、分析社会发展趋势。

中国经济发展数据库（下设 12 专题子库）

内容涵盖宏观经济、产业经济、工业经济、农业经济、财政金融、房地产经济、城市经济、商业贸易等 12 个重点经济领域，为把握经济运行态势、洞察经济发展规律、研判经济发展趋势、进行经济调控决策提供参考和依据。

中国行业发展数据库（下设 17 个专题子库）

以中国国民经济行业分类为依据，覆盖金融业、旅游业、交通运输业、能源矿产业、制造业等 100 多个行业，跟踪分析国民经济相关行业市场运行状况和政策导向，汇集行业发展前沿资讯，为投资、从业及各种经济决策提供理论支撑和实践指导。

中国区域发展数据库（下设 4 个专题子库）

对中国特定区域内的经济、社会、文化等领域现状与发展情况进行深度分析和预测，涉及省级行政区、城市群、城市、农村等不同维度，研究层级至县及县以下行政区，为学者研究地方经济社会宏观态势、经验模式、发展案例提供支撑，为地方政府决策提供参考。

中国文化传媒数据库（下设 18 个专题子库）

内容覆盖文化产业、新闻传播、电影娱乐、文学艺术、群众文化、图书情报等 18 个重点研究领域，聚焦文化传媒领域发展前沿、热点话题、行业实践，服务用户的教学科研、文化投资、企业规划等需要。

世界经济与国际关系数据库（下设 6 个专题子库）

整合世界经济、国际政治、世界文化与科技、全球性问题、国际组织与国际法、区域研究 6 大领域研究成果，对世界经济形势、国际形势进行连续性深度分析，对年度热点问题进行专题解读，为研判全球发展趋势提供事实和数据支持。

法律声明